MERCIFUL WRITING BIBLE

야훼밑글씨

성령님과 함께 쓰는

은혜로운 필사성경

7

이사야 – 예레미야애가

필 사 자 : ________________

시작한 날 : ________________

끝 난 날 : ________________

서울말씀사

일러두기

1. 성경 각 권의 서론을 수록하여 성경의 이해를 도왔습니다.

2. 성경의 장과 절이 인쇄되어 있어 보기 쉽고 쓰기 쉽습니다. 또한 밑글씨가 인쇄되어 있어, 성경 없이 누구나 쉽게 필사할 수 있습니다.

3. 성경의 순서에 관계없이 자유롭게 필사할 수 있습니다.

4. 성경과 같이 2단 편집으로 되어 있어 쓰기 쉽고, 여백 활용을 최대화하였습니다.

5. [성령님과함께쓰는 은혜로운 필사성경](개정)은 총 10권으로 구성되어 있습니다.
   1 : 구약 1 _ 율법서 1 (창세기 ~ 출애굽기)
   2 : 구약 2 _ 율법서 2 (레위기 ~ 신명기)
   3 : 구약 3 _ 역사서 1 (여호수아 ~ 룻기)
   4 : 구약 4 _ 역사서 2 (사무엘상 ~ 열왕기하)
   5 : 구약 5 _ 역사서 3 (역대상 ~ 에스더)
   6 : 구약 6 _ 시가서 (욥기 ~ 아가)
   7 : 구약 7 _ 예언서 1 (이사야 ~ 예레미야애가)
   8 : 구약 8 _ 예언서 2 (에스겔 ~ 말라기)
   9 : 신약 1 _ 마태복음 ~ 사도행전
   10 : 신약 2 _ 로마서 ~ 요한계시록

머리말

지식의 홍수 속에서 살아가는 현대인들의 영혼에 가장 필요한 지식은 무엇일까요? 그것은 바로 '하나님을 아는 지식'입니다. 하나님께서는 호세아 6장 6절에서 "나는 인애를 원하고 제사를 원하지 아니하며 번제보다 하나님을 아는 것을 원하노라"라고 말씀하셨습니다. 이처럼 하나님께서 가장 원하시는 것은 우리가 하나님을 알고 하나님의 뜻대로 사는 것입니다.

하나님을 알아가는 가장 좋은 방법은 하나님의 말씀인 성경을 가까이하는 것이며, 성경을 가까이하는 가장 좋은 방법들 중 하나는 성경을 직접 쓰는 것입니다. 성경을 필사하는 시간은 성경을 읽고 묵상하는 시간과 더불어 또 하나의 은혜의 시간, 축복의 시간이 될 것입니다. 이렇게 귀한 성경 필사에 도움이 되고자 이번에 『성령님과 함께 쓰는 은혜로운 필사성경』을 펴내게 되었습니다. 이 책은 말씀을 읽는 것에서 더 나아가 말씀을 직접 기록하며 하나님을 더욱 알기를 원하는 모든 분들에게 큰 유익이 될 것입니다. 인내와 정성이 깃든 성경 필사를 통해 성령님의 음성을 듣고 하나님 말씀의 더 깊은 세계로 나아가는 은혜를 체험하게 되시기를 간절히 바랍니다.

여의도순복음교회
위임목사 이영훈

ISAIAH

이사야

저 자	이사야
주 제	유다와 주변 국가들에 대한 심판 및 유다의 회복과 메시아를 통한 구원 예언
기록목적	유다와 주변 열국들에게 임할 하나님의 심판의 말씀을 전하는 데 목적이 있다. 또한 하나님께서 미래에 있을 바벨론 포로 생활에서 이스라엘 민족을 회복하여 이방인의 빛이 되도록 하신다는 것과, 종국적으로 다윗 혈통의 메시아를 보내셔서 모든 열국들에게 구원을 베푸신다는 희망을 알리는 데 목적이 있다.
기록배경	이사야는 유다의 웃시야 왕 때부터 히스기야 왕 때[주전 740년~680년경]까지 예언 사역을 하였다. 이 시기는 앗수르가 가나안 지역을 위협하여 아람과[주전 733년] 북이스라엘을[주전 722년] 차례로 멸망시키고 유다마저 위협하던 때였다. 자구책을 구하던 유다는 하나님을 의지하기보다는 애굽이나 바벨론과 동맹하여 위기를 모면하려고 하였다. 이와 같은 역사적 상황 속에서 이사야는 이스라엘과 유다와 주변 국가들의 죄악상을 고발하고, 그들에게 임할 하나님의 심판을 선포하고 있다. 더 나아가 이사야는 바벨론의 멸망과 이스라엘의 회복, 그리고 예수 그리스도의 고난과 메시아 왕국에까지 예언을 확대시켜 나아가고 있다.
특 징	• 예수 그리스도에 관한 복음을 풍부하고 명확하게 증거하였다[7:14; 9:1-7; 11:1-5; 49:5-7; 52:13-15; 53장; 61:1-3]. 특히 53장은 메시아의 고난과 부활, 그리고 대속적 죽음으로 인한 전인적 구원의 내용을 담고 있다. • 예언서들 중 가장 신학적이며 포괄적인 내용을 담고 있다. 하늘과 땅과 인간을 지으신 하나님[42:5]에 관하여 깨닫게 하고 역사의 종말과 새 하늘과 새 땅[65:17; 66:22]을 내다보고 있다. • 유일하신 하나님[43:10-13; 44:6, 8; 45:5, 6, 21], 창조주 하나님[40:26; 42:5; 45:8], 거룩하신 하나님[5:16; 6:3; 17:7; 29:23]을 표현함으로써 하나님의 속성을 자세히 보여 준다.

나의 기도

1 유다 왕 웃시야와 요담과 아하스
와 히스기야 시대에 아모스의 아들
이사야가 유다와 예루살렘에 관하
여 본 계시라
2 하늘이여 들으라 땅이여 귀를 기울
이라 야훼께서 말씀하시기를 내가
자식을 양육하였거늘 그들이 나를
거역하였도다
3 소는 그 임자를 알고 나귀는 그 주
인의 구유를 알건마는 이스라엘은
알지 못하고 나의 백성은 깨닫지
못하는도다 하셨도다
4 슬프다 범죄한 나라요 허물 진 백
성이요 행악의 종자요 행위가 부패
한 자식이로다 그들이 야훼를 버리
며 이스라엘의 거룩하신 이를 만홀
히 여겨 멀리하고 물러갔도다
5 너희가 어찌하여 매를 더 맞으려고
패역을 거듭하느냐 온 머리는 병들
었고 온 마음은 피곤하였으며
6 발바닥에서 머리까지 성한 곳이 없
이 상한 것과 터진 것과 새로 맞은
흔적뿐이거늘 그것을 짜며 싸매며
기름으로 부드럽게 함을 받지 못하
였도다
7 너희의 땅은 황폐하였고 너희의 성
읍들은 불에 탔고 너희의 토지는
너희 목전에서 이방인에게 삼켜졌
으며 이방인에게 파괴됨 같이 황폐
하였고
8 딸 시온은 포도원의 망대 같이, 참
외밭의 원두막 같이, 에워 싸인 성
읍 같이 겨우 남았도다
9 만군의 야훼께서 우리를 위하여 생
존자를 조금 남겨 두지 아니하셨더
면 우리가 소돔 같고 고모라 같았
으리로다
10 너희 소돔의 관원들아 야훼의 말씀
을 들을지어다 너희 고모라의 백성
아 우리 하나님의 법에 귀를 기울
일지어다
11 야훼께서 말씀하시되 너희의 무수
한 제물이 내게 무엇이 유익하뇨
나는 숫양의 번제와 살진 짐승의
기름에 배불렀고 나는 수송아지나
어린 양이나 숫염소의 피를 기뻐하
지 아니하노라
12 너희가 내 앞에 보이러 오니 이것을
누가 너희에게 요구하였느냐 내 마
당만 밟을 뿐이니라
13 헛된 제물을 다시 가져오지 말라 분
향은 내가 가증히 여기는 바요 월삭
과 안식일과 대회로 모이는 것도 그
러하니 성회와 아울러 악을 행하는
것을 내가 견디지 못하겠노라
14 내 마음이 너희의 월삭과 정한 절

기록일 : . . .

기를 싫어하나니 그것이 내게 무거
운 짐이라 내가 지기에 곤비하였느
니라
15 너희가 손을 펼 때에 내가 내 눈을
너희에게서 가리고 너희가 많이 기
도할지라도 내가 듣지 아니하리니
이는 너희의 손에 피가 가득함이라
16 너희는 스스로 씻으며 스스로 깨끗
하게 하여 내 목전에서 너희 악한
행실을 버리며 행악을 그치고
17 선행을 배우며 정의를 구하며 학대
받는 자를 도와 주며 고아를 위하
여 신원하며 과부를 위하여 변호하
라 하셨느니라
18 야훼께서 말씀하시되 오라 우리가
서로 변론하자 너희의 죄가 주홍
같을지라도 눈과 같이 희어질 것이
요 진홍 같이 붉을지라도 양털 같
이 희게 되리라
19 너희가 즐겨 순종하면 땅의 아름다
운 소산을 먹을 것이요
20 너희가 거절하여 배반하면 칼에 삼
켜지리라 야훼의 입의 말씀이니라
21 신실하던 성읍이 어찌하여 창기가
되었는고 정의가 거기에 충만하였
고 공의가 그 가운데에 거하였더니
이제는 살인자들뿐이로다
22 네 은은 찌꺼기가 되었고 네 포도
주에는 물이 섞였도다
23 네 고관들은 패역하여 도둑과 짝하
며 다 뇌물을 사랑하며 예물을 구
하며 고아를 위하여 신원하지 아니
하며 과부의 송사를 수리하지 아니
하는도다
24 그러므로 주 만군의 야훼 이스라엘
의 전능자가 말씀하시되 슬프다 내
가 장차 내 대적에게 보응하여 내
마음을 편하게 하겠고 내 원수에게
보복하리라
25 내가 또 내 손을 네게 돌려 네 찌
꺼기를 잿물로 씻듯이 녹여 청결하
게 하며 네 혼잡물을 다 제하여 버
리고
26 내가 네 재판관들을 처음과 같이,
네 모사들을 본래와 같이 회복할
것이라 그리한 후에야 네가 의의
성읍이라, 신실한 고을이라 불리리
라 하셨나니
27 시온은 정의로 구속함을 받고 그
돌아온 자들은 공의로 구속함을 받
으리라
28 그러나 패역한 자와 죄인은 함께
패망하고 야훼를 버린 자도 멸망할
것이라
29 너희가 기뻐하던 상수리나무로 말
미암아 너희가 부끄러움을 당할 것
이요 너희가 택한 동산으로 말미암
아 수치를 당할 것이며
30 너희는 잎사귀 마른 상수리나무 같
을 것이요 물 없는 동산 같으리니

기록일 : . . .

31 강한 자는 삼오라기 같고 그의 행
위는 불티 같아서 함께 탈 것이나
끌 사람이 없으리라

2

아모스의 아들 이사야가 받은 바
유다와 예루살렘에 관한 말씀이라
2 말일에 여호와의 전의 산이 모든 산
꼭대기에 굳게 설 것이요 모든 작
은 산 위에 뛰어나리니 만방이 그
리로 모여들 것이라
3 많은 백성이 가며 이르기를 오라
우리가 여호와의 산에 오르며 야곱
의 하나님의 전에 이르자 그가 그
의 길을 우리에게 가르치실 것이라
우리가 그 길로 행하리라 하리니 이
는 율법이 시온에서부터 나올 것이
요 여호와의 말씀이 예루살렘에서부
터 나올 것임이니라
4 그가 열방 사이에 판단하시며 많은
백성을 판결하시리니 무리가 그들
의 칼을 쳐서 보습을 만들고 그들
의 창을 쳐서 낫을 만들 것이며 이
나라와 저 나라가 다시는 칼을 들
고 서로 치지 아니하며 다시는 전쟁
을 연습하지 아니하리라
5 야곱 족속아 오라 우리가 여호와의
빛에 행하자
6 주께서 주의 백성 야곱 족속을 버
리셨음은 그들에게 동방 풍속이 가
득하며 그들이 블레셋 사람들 같이
점을 치며 이방인과 더불어 손을 잡
아 언약하였음이라
7 그 땅에는 은금이 가득하고 보화가
무한하며 그 땅에는 마필이 가득하
고 병거가 무수하며
8 그 땅에는 우상도 가득하므로 그들
이 자기 손으로 짓고 자기 손가락
으로 만든 것을 경배하여
9 천한 자도 절하며 귀한 자도 굴복
하오니 그들을 용서하지 마옵소서
10 너희는 바위 틈에 들어가며 진토에
숨어 여호와의 위엄과 그 광대하심의
영광을 피하라
11 그 날에 눈이 높은 자가 낮아지며
교만한 자가 굴복되고 여호와께서 홀
로 높임을 받으시리라
12 대저 만군의 여호와의 날이 모든 교
만한 자와 거만한 자와 자고한 자
에게 임하리니 그들이 낮아지리라
13 또 레바논의 높고 높은 모든 백향
목과 바산의 모든 상수리나무와
14 모든 높은 산과 모든 솟아 오른 작
은 언덕과
15 모든 높은 망대와 모든 견고한 성
벽과
16 다시스의 모든 배와 모든 아름다운
조각물에 임하리니
17 그 날에 자고한 자는 굴복되며 교
만한 자는 낮아지고 여호와께서 홀로
높임을 받으실 것이요
18 우상들은 온전히 없어질 것이며

기록일 : . . .

19 사람들이 암혈과 토굴로 들어가서
야훼께서 땅을 진동시키려고 일어
나실 때에 그의 위엄과 그 광대하
심의 영광을 피할 것이라
20 사람이 자기를 위하여 경배하려고
만들었던 은 우상과 금 우상을 그
날에 두더지와 박쥐에게 던지고
21 암혈과 험악한 바위 틈에 들어가서
야훼께서 땅을 진동시키려고 일어
나실 때에 그의 위엄과 그 광대하
심의 영광을 피하리라
22 너희는 인생을 의지하지 말라 그의
호흡은 코에 있나니 셈할 가치가
어디 있느냐

3

보라 주 만군의 야훼께서 예루살
렘과 유다가 의뢰하며 의지하는 것
을 제하여 버리시되 곧 그가 의지
하는 모든 양식과 그가 의지하는
모든 물과
2 용사와 전사와 재판관과 선지자와
복술자와 장로와
3 오십부장과 귀인과 모사와 정교한
장인과 능란한 요술자를 그리하실
것이며
4 그가 또 소년들을 그들의 고관으로
삼으시며 아이들이 그들을 다스리
게 하시리니
5 백성이 서로 학대하며 각기 이웃을
잔해하며 아이가 노인에게, 비천한
자가 존귀한 자에게 교만할 것이며
6 혹시 사람이 자기 아버지 집에서 자
기의 형제를 붙잡고 말하기를 네게
는 겉옷이 있으니 너는 우리의 통치
자가 되어 이 폐허를 네 손아래에
두라 할 것이면
7 그 날에 그가 소리를 높여 이르기
를 나는 고치는 자가 되지 아니하
겠노라 내 집에는 양식도 없고 의
복도 없으니 너희는 나를 백성의
통치자로 삼지 말라 하리라
8 예루살렘이 멸망하였고 유다가 엎
드러졌음은 그들의 언어와 행위가
야훼를 거역하여 그의 영광의 눈을
범하였음이라
9 그들의 안색이 불리하게 증거하며
그들의 죄를 말해 주고 숨기지 못
함이 소돔과 같으니 그들의 영혼에
화가 있을진저 그들이 재앙을 자취
하였도다
10 너희는 의인에게 복이 있으리라 말
하라 그들은 그들의 행위의 열매를
먹을 것임이요
11 악인에게는 화가 있으리니 이는 그
의 손으로 행한 대로 그가 보응을
받을 것임이니라
12 내 백성을 학대하는 자는 아이요
다스리는 자는 여자들이라 내 백성
이여 네 인도자들이 너를 유혹하여
네가 다닐 길을 어지럽히느니라
13 야훼께서 변론하러 일어나시며 백

기록일 : . . .

성들을 심판하려고 서시도다
14 야훼께서 자기 백성의 장로들과 고
관들을 심문하러 오시리니 포도원
을 삼킨 자는 너희이며 가난한 자
에게서 탈취한 물건이 너희의 집에
있도다
15 어찌하여 너희가 내 백성을 짓밟으
며 가난한 자의 얼굴에 맷돌질하느
냐 주 만군의 야훼 내가 말하였느
니라 하시도다
16 야훼께서 또 말씀하시되 시온의 딸
들이 교만하여 늘인 목, 정을 통하
는 눈으로 다니며 아기작거려 걸으
며 발로는 쟁쟁한 소리를 낸다 하
시도다
17 그러므로 주께서 시온의 딸들의 정
수리에 딱지가 생기게 하시며 야훼
께서 그들의 하체가 드러나게 하시
리라
18 주께서 그 날에 그들이 장식한 발
목 고리와 머리의 망사와 반달 장
식과
19 귀 고리와 팔목 고리와 얼굴 가리
개와
20 화관과 발목 사슬과 띠와 향합과
호신부와
21 반지와 코 고리와
22 예복과 겉옷과 목도리와 손 주머
니와
23 손 거울과 세마포 옷과 머리 수건
과 너울을 제하시리니
24 그 때에 썩은 냄새가 향기를 대신
하고 노끈이 띠를 대신하고 대머
리가 숱한 머리털을 대신하고 굵은
베 옷이 화려한 옷을 대신하고 수
치스러운 흔적이 아름다움을 대신
할 것이며
25 너희의 장정은 칼에, 너희의 용사
는 전란에 망할 것이며
26 그 성문은 슬퍼하며 곡할 것이요 시
온은 황폐하여 땅에 앉으리라

4

그 날에 일곱 여자가 한 남자를
붙잡고 말하기를 우리가 우리 떡을
먹으며 우리 옷을 입으리니 다만 당
신의 이름으로 우리를 부르게 하여
우리가 수치를 면하게 하라 하리라
2 그 날에 야훼의 싹이 아름답고 영
화로울 것이요 그 땅의 소산은 이
스라엘의 피난한 자를 위하여 영화
롭고 아름다울 것이며
3 시온에 남아 있는 자, 예루살렘에
머물러 있는 자 곧 예루살렘 안에
생존한 자 중 기록된 모든 사람은
거룩하다 칭함을 얻으리니
4 이는 주께서 심판하는 영과 소멸하
는 영으로 시온의 딸들의 더러움을
씻기시며 예루살렘의 피를 그 중에
서 청결하게 하실 때가 됨이라
5 야훼께서 거하시는 온 시온 산과
모든 집회 위에 낮이면 구름과 연

기록일 : . . .

기, 밤이면 화염의 빛을 만드시고
그 모든 영광 위에 덮개를 두시며
6 또 초막이 있어서 낮에는 더위를 피
하는 그늘을 지으며 또 풍우를 피
하여 숨는 곳이 되리라

5

나는 내가 사랑하는 자를 위하여
노래하되 내가 사랑하는 자의 포도
원을 노래하리라 내가 사랑하는 자
에게 포도원이 있음이여 심히 기름
진 산에로다
2 땅을 파서 돌을 제하고 극상품 포
도나무를 심었도다 그 중에 망대를
세웠고 또 그 안에 술틀을 팠도다
좋은 포도 맺기를 바랐더니 들포도
를 맺었도다
3 예루살렘 주민과 유다 사람들아 구
하노니 이제 나와 내 포도원 사이
에서 사리를 판단하라
4 내가 내 포도원을 위하여 행한 것
외에 무엇을 더할 것이 있으랴 내
가 좋은 포도 맺기를 기다렸거늘
들포도를 맺음은 어찌 됨인고
5 이제 내가 내 포도원에 어떻게 행
할지를 너희에게 이르리라 내가 그
울타리를 걷어 먹힘을 당하게 하며
그 담을 헐어 짓밟히게 할 것이요
6 내가 그것을 황폐하게 하리니 다
시는 가지를 자름이나 북을 돋우
지 못하여 찔레와 가시가 날 것이
며 내가 또 구름에게 명하여 그 위
에 비를 내리지 못하게 하리라 하셨
으니
7 무릇 만군의 야훼의 포도원은 이스
라엘 족속이요 그가 기뻐하시는 나
무는 유다 사람이라 그들에게 정의
를 바라셨더니 도리어 포학이요 그
들에게 공의를 바라셨더니 도리어
부르짖음이었도다
8 가옥에 가옥을 이으며 전토에 전토
를 더하여 빈 틈이 없도록 하고 이
땅 가운데에서 홀로 거주하려 하는
자들은 화 있을진저
9 만군의 야훼께서 내 귀에 말씀하시
되 정녕히 허다한 가옥이 황폐하리
니 크고 아름다울지라도 거주할 자
가 없을 것이며
10 열흘 갈이 포도원에 겨우 포도주
한 바트가 나겠고 한 호멜의 종자
를 뿌려도 간신히 한 에바가 나리
라 하시도다
11 아침에 일찍이 일어나 독주를 마시
며 밤이 깊도록 포도주에 취하는
자들은 화 있을진저
12 그들이 연회에는 수금과 비파와 소
고와 피리와 포도주를 갖추었어도
야훼께서 행하시는 일에 관심을 두
지 아니하며 그의 손으로 하신 일
을 보지 아니하는도다
13 그러므로 내 백성이 무지함으로 말
미암아 사로잡힐 것이요 그들의 귀

기록일 : . . .

한 자는 굶주릴 것이요 무리는 목
마를 것이라
14 그러므로 스올이 욕심을 크게 내어
한량 없이 그 입을 벌린즉 그들의
호화로움과 그들의 많은 무리와 그
들의 떠드는 것과 그 중에서 즐거
워하는 자가 거기에 빠질 것이라
15 여느 사람은 구푸리고 존귀한 자는
낮아지고 오만한 자의 눈도 낮아질
것이로되
16 오직 만군의 야훼는 정의로우시므
로 높임을 받으시며 거룩하신 하나
님은 공의로우시므로 거룩하다 일
컬음을 받으시리니
17 그 때에는 어린 양들이 자기 초장
에 있는 것 같이 풀을 먹을 것이요
유리하는 자들이 부자의 버려진 밭
에서 먹으리라
18 거짓으로 줄을 삼아 죄악을 끌며
수레 줄로 함 같이 죄악을 끄는 자
는 화 있을진저
19 그들이 이르기를 그는 자기의 일
을 속속히 이루어 우리에게 보게
할 것이며 이스라엘의 거룩한 이는
자기의 계획을 속히 이루어 우리가
알게 할 것이라 하는도다
20 악을 선하다 하며 선을 악하다 하
며 흑암으로 광명을 삼으며 광명으
로 흑암을 삼으며 쓴 것으로 단 것
을 삼으며 단 것으로 쓴 것을 삼는
자들은 화 있을진저
21 스스로 지혜롭다 하며 스스로 명철
하다 하는 자들은 화 있을진저
22 포도주를 마시기에 용감하며 독주
를 잘 빚는 자들은 화 있을진저
23 그들은 뇌물로 말미암아 악인을 의
롭다 하고 의인에게서 그 공의를
빼앗는도다
24 이로 말미암아 불꽃이 그루터기를
삼킴 같이, 마른 풀이 불 속에 떨어
짐 같이 그들의 뿌리가 썩겠고 꽃
이 티끌처럼 날리리니 그들이 만군
의 야훼의 율법을 버리며 이스라엘
의 거룩하신 이의 말씀을 멸시하였
음이라
25 그러므로 야훼께서 자기 백성에게
노를 발하시고 그들 위에 손을 들
어 그들을 치신지라 산들은 진동하
며 그들의 시체는 거리 가운데에
분토 같이 되었도다 그럴지라도 그
의 노가 돌아서지 아니하였고 그의
손이 여전히 펼쳐져 있느니라
26 또 그가 기치를 세우시고 먼 나라
들을 불러 땅 끝에서부터 자기에게
로 오게 하실 것이라 보라 그들이
빨리 달려올 것이로되
27 그 중에 곤핍하여 넘어지는 자도 없
을 것이며 조는 자나 자는 자도 없
을 것이며 그들의 허리띠는 풀리지
아니하며 그들의 들메끈은 끊어지

기록일 : . . .

지 아니하며
28 그들의 화살은 날카롭고 모든 활은
당겨졌으며 그들의 말굽은 부싯돌
같고 병거 바퀴는 회오리바람 같을
것이며
29 그들의 부르짖음은 암사자 같을 것
이요 그들의 소리지름은 어린 사자
들과 같을 것이라 그들이 부르짖으
며 먹이를 움켜 가져가 버려도 건질
자가 없으리로다
30 그 날에 그들이 바다 물결 소리 같
이 백성을 향하여 부르짖으리니 사
람이 그 땅을 바라보면 흑암과 고
난이 있고 빛은 구름에 가려서 어두
우리라

6

웃시야 왕이 죽던 해에 내가 본
즉 주께서 높이 들린 보좌에 앉으
셨는데 그의 옷자락은 성전에 가
득하였고
2 스랍들이 모시고 섰는데 각기 여섯
날개가 있어 그 둘로는 자기의 얼
굴을 가리었고 그 둘로는 자기의
발을 가리었고 그 둘로는 날며
3 서로 불러 이르되 거룩하다 거룩하
다 거룩하다 만군의 야훼여 그의
영광이 온 땅에 충만하도다 하더라
4 이같이 화답하는 자의 소리로 말미
암아 문지방의 터가 요동하며 성전
에 연기가 충만한지라
5 그 때에 내가 말하되 화로다 나여
망하게 되었도다 나는 입술이 부
정한 사람이요 나는 입술이 부정한
백성 중에 거주하면서 만군의 야훼
이신 왕을 뵈었음이로다 하였더라
6 그 때에 그 스랍 중의 하나가 부젓
가락으로 제단에서 집은 바 핀 숯
을 손에 가지고 내게로 날아와서
7 그것을 내 입술에 대며 이르되 보
라 이것이 네 입에 닿았으니 네 악
이 제하여졌고 네 죄가 사하여졌느
니라 하더라
8 내가 또 주의 목소리를 들으니 주
께서 이르시되 내가 누구를 보내며
누가 우리를 위하여 갈꼬 하시니
그 때에 내가 이르되 내가 여기 있
나이다 나를 보내소서 하였더니
9 야훼께서 이르시되 가서 이 백성에
게 이르기를 너희가 듣기는 들어도
깨닫지 못할 것이요 보기는 보아도
알지 못하리라 하여
10 이 백성의 마음을 둔하게 하며 그
들의 귀가 막히고 그들의 눈이 감
기게 하라 염려하건대 그들이 눈으
로 보고 귀로 듣고 마음으로 깨닫
고 다시 돌아와 고침을 받을까 하
노라 하시기로
11 내가 이르되 주여 어느 때까지니이
까 하였더니 주께서 대답하시되 성
읍들은 황폐하여 주민이 없으며 가
옥들에는 사람이 없고 이 토지는

황폐하게 되며
12 야훼께서 사람들을 멀리 옮기셔서
이 땅 가운데에 황폐한 곳이 많을
때까지니라
13 그 중에 십분의 일이 아직 남아 있
을지라도 이것도 황폐하게 될 것이
나 밤나무와 상수리나무가 베임을
당하여도 그 그루터기는 남아 있는
것 같이 거룩한 씨가 이 땅의 그루
터기니라 하시더라

7
웃시야의 손자요 요담의 아들인
유다의 아하스 왕 때에 아람의 르
신 왕과 르말리야의 아들 이스라엘
의 베가 왕이 올라와서 예루살렘을
쳤으나 능히 이기지 못하니라
2 어떤 사람이 다윗의 집에 알려 이
르되 아람이 에브라임과 동맹하였
다 하였으므로 왕의 마음과 그의
백성의 마음이 숲이 바람에 흔들림
같이 흔들렸더라
3 그 때에 야훼께서 이사야에게 이르
시되 너와 네 아들 스알야숩은 윗
못 수도 끝 세탁자의 밭 큰 길에 나
가서 아하스를 만나
4 그에게 이르기를 너는 삼가며 조
용하라 르신과 아람과 르말리야의
아들이 심히 노할지라도 이들은 연
기 나는 두 부지깽이 그루터기에
불과하니 두려워하지 말며 낙심하
지 말라
5 아람과 에브라임과 르말리야의 아
들이 악한 꾀로 너를 대적하여 이
르기를
6 우리가 올라가 유다를 쳐서 그것을
쓰러뜨리고 우리를 위하여 그것을
무너뜨리고 다브엘의 아들을 그 중
에 세워 왕으로 삼자 하였으나
7 주 야훼의 말씀이 그 일은 서지 못
하며 이루어지지 못하리라
8 대저 아람의 머리는 다메섹이요 다
메섹의 머리는 르신이며 육십오 년
내에 에브라임이 패망하여 다시는
나라를 이루지 못할 것이며
9 에브라임의 머리는 사마리아요 사
마리아의 머리는 르말리야의 아들
이니라 만일 너희가 굳게 믿지 아
니하면 너희는 굳게 서지 못하리라
하시니라
10 야훼께서 또 아하스에게 말씀하여
이르시되
11 너는 네 하나님 야훼께 한 징조를
구하되 깊은 데에서든지 높은 데에
서든지 구하라 하시니
12 아하스가 이르되 나는 구하지 아니
하겠나이다 나는 야훼를 시험하지
아니하겠나이다 한지라
13 이사야가 이르되 다윗의 집이여 원
하건대 들을지어다 너희가 사람을
괴롭히고서 그것을 작은 일로 여겨
또 나의 하나님을 괴롭히려 하느냐

기록일 : . . .

14 그러므로 주께서 친히 징조를 너희
에게 주실 것이라 보라 처녀가 잉태
하여 아들을 낳을 것이요 그의 이
름을 임마누엘이라 하리라
15 그가 악을 버리며 선을 택할 줄 알
때가 되면 엉긴 젖과 꿀을 먹을 것
이라
16 대저 이 아이가 악을 버리며 선을
택할 줄 알기 전에 네가 미워하는
두 왕의 땅이 황폐하게 되리라
17 야훼께서 에브라임이 유다를 떠날
때부터 당하여 보지 못한 날을 너
와 네 백성과 네 아버지 집에 임하
게 하시리니 곧 앗수르 왕이 오는
날이니라
18 그 날에는 야훼께서 애굽 하수에서
먼 곳의 파리와 앗수르 땅의 벌을
부르시리니
19 다 와서 거친 골짜기와 바위 틈과
가시나무 울타리와 모든 초장에 앉
으리라
20 그 날에는 주께서 하수 저쪽에서
세내어 온 삭도 곧 앗수르 왕으로
네 백성의 머리 털과 발 털을 미실
것이요 수염도 깎으시리라
21 그 날에는 사람이 한 어린 암소와
두 양을 기르리니
22 그것들이 내는 젖이 많으므로 엉긴
젖을 먹을 것이라 그 땅 가운데에
남아 있는 자는 엉긴 젖과 꿀을 먹
으리라
23 그 날에는 천 그루에 은 천 개의 가
치가 있는 포도나무가 있던 곳마다
찔레와 가시가 날 것이라
24 온 땅에 찔레와 가시가 있으므로
화살과 활을 가지고 그리로 갈 것
이요
25 보습으로 갈던 모든 산에도 찔레와
가시 때문에 두려워서 그리로 가지
못할 것이요 그 땅은 소를 풀어 놓
으며 양이 밟는 곳이 되리라

8 야훼께서 내게 이르시되 너는 큰
서판을 가지고 그 위에 통용 문자
로 마헬살랄하스바스라 쓰라
2 내가 진실한 증인 제사장 우리야와
여베레기야의 아들 스가랴를 불러
증언하게 하리라 하시더니
3 내가 내 아내를 가까이 하매 그가
임신하여 아들을 낳은지라 야훼께
서 내게 이르시되 그의 이름을 마
헬살랄하스바스라 하라
4 이는 이 아이가 내 아빠, 내 엄마라
부를 줄 알기 전에 다메섹의 재물
과 사마리아의 노략물이 앗수르 왕
앞에 옮겨질 것임이라 하시니라
5 야훼께서 다시 내게 말씀하여 이르
시되
6 이 백성이 천천히 흐르는 실로아 물
을 버리고 르신과 르말리야의 아들
을 기뻐하느니라

7 그러므로 주 내가 흉용하고 창일한 큰 하수 곧 앗수르 왕과 그의 모든 위력으로 그들을 뒤덮을 것이라 그 모든 골짜기에 차고 모든 언덕에 넘쳐

8 흘러 유다에 들어와서 가득하여 목에까지 미치리라 임마누엘이여 그가 펴는 날개가 네 땅에 가득하리라 하셨느니라

9 너희 민족들아 함성을 질러 보아라 그러나 끝내 패망하리라 너희 먼 나라 백성들아 들을지니라 너희 허리를 동이라 그러나 끝내 패망하리라 너희 허리에 띠를 띠라 그러나 끝내 패망하리라

10 너희는 함께 계획하라 그러나 끝내 이루지 못하리라 말을 해 보아라 끝내 시행되지 못하리라 이는 하나님이 우리와 함께 계심이니라

11 야훼께서 강한 손으로 내게 알려 주시며 이 백성의 길로 가지 말 것을 내게 깨우쳐 이르시되

12 이 백성이 반역자가 있다고 말하여도 너희는 그 모든 말을 따라 반역자가 있다고 하지 말며 그들이 두려워하는 것을 너희는 두려워하지 말며 놀라지 말고

13 만군의 야훼 그를 너희가 거룩하다 하고 그를 너희가 두려워하며 무서워할 자로 삼으라

14 그가 성소가 되시리라 그러나 이스라엘의 두 집에는 걸림돌과 걸려 넘어지는 반석이 되실 것이며 예루살렘 주민에게는 함정과 올무가 되시리니

15 많은 사람들이 그로 말미암아 걸려 넘어질 것이며 부러질 것이며 덫에 걸려 잡힐 것이니라

16 너는 증거의 말씀을 싸매며 율법을 내 제자들 가운데에서 봉함하라

17 이제 야곱의 집에 대하여 얼굴을 가리시는 야훼를 나는 기다리며 그를 바라보리라

18 보라 나와 및 야훼께서 내게 주신 자녀들이 이스라엘 중에 징조와 예표가 되었나니 이는 시온 산에 계신 만군의 야훼께로 말미암은 것이니라

19 어떤 사람이 너희에게 말하기를 주절거리며 속살거리는 신접한 자와 마술사에게 물으라 하거든 백성이 자기 하나님께 구할 것이 아니냐 산 자를 위하여 죽은 자에게 구하겠느냐 하라

20 마땅히 율법과 증거의 말씀을 따를지니 그들이 말하는 바가 이 말씀에 맞지 아니하면 그들이 정녕 아침빛을 보지 못하고

21 이 땅으로 헤매며 곤고하며 굶주릴 것이라 그가 굶주릴 때에 격분하여

기록일 : . . .

자기의 왕과 자기의 하나님을 저주
할 것이며 위를 쳐다보거나
22 땅을 굽어보아도 환난과 흑암과 고
통의 흑암뿐이리니 그들이 심한 흑
암 가운데로 쫓겨 들어가리라

9 전에 고통 받던 자들에게는 흑암
이 없으리로다 옛적에는 야훼께서
스불론 땅과 납달리 땅이 멸시를
당하게 하셨더니 후에는 해변 길과
요단 저쪽 이방의 갈릴리를 영화롭
게 하셨느니라
2 흑암에 행하던 백성이 큰 빛을 보
고 사망의 그늘진 땅에 거주하던
자에게 빛이 비치도다
3 주께서 이 나라를 창성하게 하시며
그 즐거움을 더하게 하셨으므로 추
수하는 즐거움과 탈취물을 나눌 때
의 즐거움 같이 그들이 주 앞에서
즐거워하오니
4 이는 그들이 무겁게 멘 멍에와 그
들의 어깨의 채찍과 그 압제자의
막대기를 주께서 꺾으시되 미디안
의 날과 같이 하셨음이니이다
5 어지러이 싸우는 군인들의 신과 피
묻은 겉옷이 불에 섶 같이 살라지
리니
6 이는 한 아기가 우리에게 났고 한
아들을 우리에게 주신 바 되었는데
그의 어깨에는 정사를 메었고 그의
이름은 기묘자라, 모사라, 전능하신
하나님이라, 영존하시는 아버지라,
평강의 왕이라 할 것임이라
7 그 정사와 평강의 더함이 무궁하며
또 다윗의 왕좌와 그의 나라에 군
림하여 그 나라를 굳게 세우고 지
금 이후로 영원히 정의와 공의로
그것을 보존하실 것이라 만군의 야
훼의 열심이 이를 이루시리라
8 주께서 야곱에게 말씀을 보내시며
그것을 이스라엘에게 임하게 하셨
은즉
9 모든 백성 곧 에브라임과 사마리아
주민이 알 것이어늘 그들이 교만하
고 완악한 마음으로 말하기를
10 벽돌이 무너졌으나 우리는 다듬은
돌로 쌓고 뽕나무들이 찍혔으나 우
리는 백향목으로 그것을 대신하리
라 하는도다
11 그러므로 야훼께서 르신의 대적들
을 일으켜 그를 치게 하시며 그의
원수들을 격동시키시리니
12 앞에는 아람 사람이요 뒤에는 블레
셋 사람이라 그들이 모두 입을 벌
려 이스라엘을 삼키리라 그럴지라
도 야훼의 진노가 돌아서지 아니하
며 그의 손이 여전히 펴져 있으리라
13 그리하여도 그 백성이 자기들을 치
시는 이에게로 돌아오지 아니하며
만군의 야훼를 찾지 아니하도다
14 그러므로 야훼께서 하루 사이에 이

스라엘 중에서 머리와 꼬리와 종려
나무 가지와 갈대를 끊으시리니
15 그 머리는 곧 장로와 존귀한 자요
그 꼬리는 곧 거짓말을 가르치는
선지자라
16 백성을 인도하는 자가 그들을 미
혹하니 인도를 받는 자들이 멸망을
당하는도다
17 이 백성이 모두 경건하지 아니하며
악을 행하며 모든 입으로 망령되
이 말하니 그러므로 주께서 그들의
장정들을 기뻐하지 아니하시며 그
들의 고아와 과부를 긍휼히 여기지
아니하시리라 그럴지라도 야훼의
진노가 돌아서지 아니하며 그의 손
이 여전히 펴져 있으리라
18 대저 악행은 불 타오르는 것 같으
니 곧 찔레와 가시를 삼키며 빽빽
한 수풀을 살라 연기가 위로 올라
가게 함과 같은 것이라
19 만군의 야훼의 진노로 말미암아 이
땅이 불타리니 백성은 불에 섶과
같을 것이라 사람이 자기의 형제를
아끼지 아니하며
20 오른쪽으로 움킬지라도 주리고 왼
쪽으로 먹을지라도 배부르지 못하
여 각각 자기 팔의 고기를 먹을 것
이며
21 므낫세는 에브라임을, 에브라임은
므낫세를 먹을 것이요 또 그들이
합하여 유다를 치리라 그럴지라도
야훼의 진노가 돌아서지 아니하며
그의 손이 여전히 펴져 있으리라

10

불의한 법령을 만들며 불의한 말
을 기록하며
2 가난한 자를 불공평하게 판결하여
가난한 내 백성의 권리를 박탈하며
과부에게 토색하고 고아의 것을 약
탈하는 자는 화 있을진저
3 벌하시는 날과 멀리서 오는 환난
때에 너희가 어떻게 하려느냐 누구
에게로 도망하여 도움을 구하겠으
며 너희의 영화를 어느 곳에 두려
느냐
4 포로 된 자 아래에 구푸리며 죽임
을 당한 자 아래에 엎드러질 따름
이니라 그럴지라도 야훼의 진노가
돌아서지 아니하며 그의 손이 여전
히 펴져 있으리라
5 앗수르 사람은 화 있을진저 그는
내 진노의 막대기요 그 손의 몽둥
이는 내 분노라
6 내가 그를 보내어 경건하지 아니한
나라를 치게 하며 내가 그에게 명
령하여 나를 노하게 한 백성을 쳐
서 탈취하며 노략하게 하며 또 그
들을 길거리의 진흙 같이 짓밟게 하
려 하거니와
7 그의 뜻은 이같지 아니하며 그의
마음의 생각도 이같지 아니하고 다

만 그의 마음은 허다한 나라를 파
괴하며 멸절하려 하는도다
8 그가 이르기를 내 고관들은 다 왕
들이 아니냐
9 갈로는 갈그미스와 같지 아니하며
하맛은 아르밧과 같지 아니하며 사
마리아는 다메섹과 같지 아니하냐
10 내 손이 이미 우상을 섬기는 나라
들에 미쳤나니 그들이 조각한 신상
들이 예루살렘과 사마리아의 신상
들보다 뛰어났느니라
11 내가 사마리아와 그의 우상들에게
행함 같이 예루살렘과 그의 우상들
에게 행하지 못하겠느냐 하는도다
12 그러므로 주께서 주의 일을 시온
산과 예루살렘에 다 행하신 후에
앗수르 왕의 완악한 마음의 열매와
높은 눈의 자랑을 벌하시리라
13 그의 말에 나는 내 손의 힘과 내 지
혜로 이 일을 행하였나니 나는 총
명한 자라 열국의 경계선을 걷어치
웠고 그들의 재물을 약탈하였으며
또 용감한 자처럼 위에 거주한 자
들을 낮추었으며
14 내 손으로 열국의 재물을 얻은 것
은 새의 보금자리를 얻음 같고 온
세계를 얻은 것은 내버린 알을 주
움 같았으나 날개를 치거나 입을
벌리거나 지저귀는 것이 하나도 없
었다 하는도다
15 도끼가 어찌 찍는 자에게 스스로
자랑하겠으며 톱이 어찌 켜는 자에
게 스스로 큰 체하겠느냐 이는 막
대기가 자기를 드는 자를 움직이려
하며 몽둥이가 나무 아닌 사람을
들려 함과 같음이로다
16 그러므로 주 만군의 야훼께서 살
진 자를 파리하게 하시며 그의 영
화 아래에 불이 붙는 것 같이 맹렬
히 타게 하실 것이라
17 이스라엘의 빛은 불이 되고 그의
거룩하신 이는 불꽃이 되실 것이니
라 하루 사이에 그의 가시와 찔레
가 소멸되며
18 그의 숲과 기름진 밭의 영광이 전
부 소멸되리니 병자가 점점 쇠약하
여 감 같을 것이라
19 그의 숲에 남은 나무의 수가 희소
하여 아이라도 능히 계수할 수 있
으리라
20 그 날에 이스라엘의 남은 자와 야
곱 족속의 피난한 자들이 다시는
자기를 친 자를 의지하지 아니하고
이스라엘의 거룩하신 이 야훼를 진
실하게 의지하리니
21 남은 자 곧 야곱의 남은 자가 능하
신 하나님께로 돌아올 것이라
22 이스라엘이여 네 백성이 바다의 모
래 같을지라도 남은 자만 돌아오리
니 넘치는 공의로 파멸이 작정되었

기록일 : . . .

음이라
23 이미 작정된 파멸을 주 만군의 야
훼께서 온 세계 중에 끝까지 행하
시리라
24 그러므로 주 만군의 야훼께서 이르
시되 시온에 거주하는 내 백성들아
앗수르가 애굽이 한 것처럼 막대기
로 너를 때리며 몽둥이를 들어 너
를 칠지라도 그를 두려워하지 말라
25 내가 오래지 아니하여 네게는 분을
그치고 그들은 내 진노로 멸하리라
하시도다
26 만군의 야훼께서 채찍을 들어 그를
치시되 오렙 바위에서 미디안을 쳐
죽이신 것 같이 하실 것이며 막대기
를 드시되 바다를 향하여 애굽에서
하신 것 같이 하실 것이라
27 그 날에 그의 무거운 짐이 네 어깨
에서 떠나고 그의 멍에가 네 목에
서 벗어지되 기름진 까닭에 멍에가
부러지리라
28 그가 아얏에 이르러 미그론을 지나
믹마스에 그의 장비를 두고
29 산을 넘어 게바에서 유숙하매 라
마는 떨고 사울의 기브아는 도망
하도다
30 딸 갈림아 큰 소리로 외칠지어다
라이사야 자세히 들을지어다 가련
하다 너 아나돗이여
31 맛메나는 피난하며 게빔 주민은 도
망하도다
32 아직 이 날에 그가 놉에서 쉬고 딸
시온 산 곧 예루살렘 산을 향하여
그 손을 흔들리로다
33 보라 주 만군의 야훼께서 혁혁한
위력으로 그 가지를 꺾으시리니 그
장대한 자가 찍힐 것이요 그 높은
자가 낮아질 것이며
34 쇠로 그 빽빽한 숲을 베시리니 레
바논이 권능 있는 자에게 베임을
당하리라

11 이새의 줄기에서 한 싹이 나며 그
뿌리에서 한 가지가 나서 결실할 것
이요
2 그의 위에 야훼의 영 곧 지혜와 총
명의 영이요 모략과 재능의 영이요
지식과 야훼를 경외하는 영이 강림
하시리니
3 그가 야훼를 경외함으로 즐거움을
삼을 것이며 그의 눈에 보이는 대
로 심판하지 아니하며 그의 귀에
들리는 대로 판단하지 아니하며
4 공의로 가난한 자를 심판하며 정직
으로 세상의 겸손한 자를 판단할
것이며 그의 입의 막대기로 세상을
치며 그의 입술의 기운으로 악인을
죽일 것이며
5 공의로 그의 허리띠를 삼으며 성실
로 그의 몸의 띠를 삼으리라
6 그 때에 이리가 어린 양과 함께 살

기록일 : . . .

며 표범이 어린 염소와 함께 누우며
송아지와 어린 사자와 살진 짐승이
함께 있어 어린 아이에게 끌리며
7 암소와 곰이 함께 먹으며 그것들의
새끼가 함께 엎드리며 사자가 소처
럼 풀을 먹을 것이며
8 젖 먹는 아이가 독사의 구멍에서
장난하며 젖 뗀 어린 아이가 독사
의 굴에 손을 넣을 것이라
9 내 거룩한 산 모든 곳에서 해 됨도
없고 상함도 없을 것이니 이는 물이
바다를 덮음 같이 야훼를 아는 지
식이 세상에 충만할 것임이니라
10 그 날에 이새의 뿌리에서 한 싹이
나서 만민의 기치로 설 것이요 열방
이 그에게로 돌아오리니 그가 거한
곳이 영화로우리라
11 그 날에 주께서 다시 그의 손을 펴
사 그의 남은 백성을 앗수르와 애
굽과 바드로스와 구스와 엘람과 시
날과 하맛과 바다 섬들에서 돌아오
게 하실 것이라
12 야훼께서 열방을 향하여 기치를 세
우시고 이스라엘의 쫓긴 자들을 모
으시며 땅 사방에서 유다의 흩어진
자들을 모으시리니
13 에브라임의 질투는 없어지고 유다
를 괴롭게 하던 자들은 끊어지며
에브라임은 유다를 질투하지 아니
하며 유다는 에브라임을 괴롭게 하
지 아니할 것이요
14 그들이 서쪽으로 블레셋 사람들의
어깨에 날아 앉고 함께 동방 백성
을 노략하며 에돔과 모압에 손을
대며 암몬 자손을 자기에게 복종시
키리라
15 야훼께서 애굽 해만을 말리시고 그
의 손을 유브라데 하수 위에 흔들
어 뜨거운 바람을 일으켜 그 하수
를 쳐 일곱 갈래로 나누어 신을 신
고 건너가게 하실 것이라
16 그의 남아 있는 백성 곧 앗수르에
서 남은 자들을 위하여 큰 길이 있
게 하시되 이스라엘이 애굽 땅에서
나오던 날과 같게 하시리라

12 그 날에 네가 말하기를 야훼여 주
께서 전에는 내게 노하셨사오나 이
제는 주의 진노가 돌아섰고 또 주
께서 나를 안위하시오니 내가 주께
감사하겠나이다 할 것이니라
2 보라 하나님은 나의 구원이시라 내
가 신뢰하고 두려움이 없으리니 주
야훼는 나의 힘이시며 나의 노래시
며 나의 구원이심이라
3 그러므로 너희가 기쁨으로 구원의
우물들에서 물을 길으리로다
4 그 날에 너희가 또 말하기를 야훼
께 감사하라 그의 이름을 부르며
그의 행하심을 만국 중에 선포하며
그의 이름이 높다 하라

기록일 : . . .

5 여호와를 찬송할 것은 극히 아름다운
일을 하셨음이니 이를 온 땅에 알
게 할지어다
6 시온의 주민아 소리 높여 부르라
이스라엘의 거룩하신 이가 너희 중
에서 크심이니라 할 것이니라

13

아모스의 아들 이사야가 바벨론
에 대하여 받은 경고라
2 너희는 민둥산 위에 기치를 세우고
소리를 높여 그들을 부르며 손을
흔들어 그들을 존귀한 자의 문에
들어가게 하라
3 내가 거룩하게 구별한 자들에게 명
령하고 나의 위엄을 기뻐하는 용
사들을 불러 나의 노여움을 전하게
하였느니라
4 산에서 무리의 소리가 남이여 많은
백성의 소리 같으니 곧 열국 민족이
함께 모여 떠드는 소리라 만군의
여호와께서 싸움을 위하여 군대를 검
열하심이로다
5 무리가 먼 나라에서, 하늘 끝에서
왔음이여 곧 여호와와 그의 진노의
병기라 온 땅을 멸하려 함이로다
6 너희는 애곡할지어다 여호와의 날이
가까웠으니 전능자에게서 멸망이
임할 것임이로다
7 그러므로 모든 손의 힘이 풀리고
각 사람의 마음이 녹을 것이라
8 그들이 놀라며 괴로움과 슬픔에 사
로잡혀 해산이 임박한 여자 같이
고통하며 서로 보고 놀라며 얼굴이
불꽃 같으리로다
9 보라 여호와의 날 곧 잔혹히 분냄과
맹렬히 노하는 날이 이르러 땅을
황폐하게 하며 그 중에서 죄인들을
멸하리니
10 하늘의 별들과 별 무리가 그 빛을
내지 아니하며 해가 돋아도 어두우
며 달이 그 빛을 비추지 아니할 것
이로다
11 내가 세상의 악과 악인의 죄를 벌
하며 교만한 자의 오만을 끊으며
강포한 자의 거만을 낮출 것이며
12 내가 사람을 순금보다 희소하게 하
며 인생을 오빌의 금보다 희귀하게
하리로다
13 그러므로 나 만군의 여호와가 분하여
맹렬히 노하는 날에 하늘을 진동시
키며 땅을 흔들어 그 자리에서 떠
나게 하리니
14 그들이 쫓긴 노루나 모으는 자 없
는 양 같이 각기 자기 동족에게로
돌아가며 각기 본향으로 도망할 것
이나
15 만나는 자마다 창에 찔리겠고 잡히
는 자마다 칼에 엎드러지겠고
16 그들의 어린 아이들은 그들의 목전
에서 메어침을 당하겠고 그들의 집
은 노략을 당하겠고 그들의 아내는

기록일 : . . .

욕을 당하리라
17 보라 은을 돌아보지 아니하며 금을
기뻐하지 아니하는 메대 사람을 내
가 충동하여 그들을 치게 하리니
18 메대 사람이 활로 청년을 쏘아 죽
이며 태의 열매를 긍휼히 여기지 아
니하며 아이를 애석하게 보지 아니
하리라
19 열국의 영광이요 갈대아 사람의 자
랑하는 노리개가 된 바벨론이 하나
님께 멸망 당한 소돔과 고모라 같
이 되리니
20 그 곳에 거주할 자가 없겠고 거처
할 사람이 대대에 없을 것이며 아
라비아 사람도 거기에 장막을 치지
아니하며 목자들도 그 곳에 그들의
양 떼를 쉬게 하지 아니할 것이요
21 오직 들짐승들이 거기에 엎드리고
부르짖는 짐승이 그들의 가옥에 가
득하며 타조가 거기에 깃들이며 들
양이 거기에서 뛸 것이요
22 그의 궁성에는 승냥이가 부르짖을
것이요 화려하던 궁전에는 들개가
울 것이라 그의 때가 가까우며 그
의 날이 오래지 아니하리라

14

야훼께서 야곱을 긍휼히 여기시
며 이스라엘을 다시 택하여 그들의
땅에 두시리니 나그네 된 자가 야
곱 족속과 연합하여 그들에게 예속
될 것이며
2 민족들이 그들을 데리고 그들의 본
토에 돌아오리니 이스라엘 족속이
야훼의 땅에서 그들을 얻어 노비로
삼겠고 전에 자기를 사로잡던 자들
을 사로잡고 자기를 압제하던 자들
을 주관하리라
3 야훼께서 너를 슬픔과 곤고와 및
네가 수고하는 고역에서 놓으시고
안식을 주시는 날에
4 너는 바벨론 왕에 대하여 이 노래
를 지어 이르기를 압제하던 자가 어
찌 그리 그쳤으며 강포한 성이 어
찌 그리 폐하였는고
5 야훼께서 악인의 몽둥이와 통치자
의 규를 꺾으셨도다
6 그들이 분내어 여러 민족을 치되 치
기를 마지아니하였고 노하여 열방
을 억압하여도 그 억압을 막을 자
없었더니
7 이제는 온 땅이 조용하고 평온하니
무리가 소리 높여 노래하는도다
8 향나무와 레바논의 백향목도 너로
말미암아 기뻐하여 이르기를 네가
넘어져 있은즉 올라와서 우리를 베
어 버릴 자 없다 하는도다
9 아래의 스올이 너로 말미암아 소동
하여 네가 오는 것을 영접하되 그것
이 세상의 모든 영웅을 너로 말미암
아 움직이게 하며 열방의 모든 왕을
그들의 왕좌에서 일어서게 하므로

10 그들은 다 네게 말하여 이르기를
너도 우리 같이 연약하게 되었느냐
너도 우리 같이 되었느냐 하리로다
11 네 영화가 스올에 떨어졌음이여 네
비파 소리까지로다 구더기가 네 아
래에 깔림이여 지렁이가 너를 덮었
도다
12 너 아침의 아들 계명성이여 어찌 그
리 하늘에서 떨어졌으며 너 열국을
엎은 자여 어찌 그리 땅에 찍혔는고
13 네가 네 마음에 이르기를 내가 하
늘에 올라 하나님의 뭇 별 위에 내
자리를 높이리라 내가 북극 집회의
산 위에 앉으리라
14 가장 높은 구름에 올라가 지극히
높은 이와 같아지리라 하는도다
15 그러나 이제 네가 스올 곧 구덩이
맨 밑에 떨어짐을 당하리로다
16 너를 보는 이가 주목하여 너를 자
세히 살펴 보며 말하기를 이 사람
이 땅을 진동시키며 열국을 놀라게
하며
17 세계를 황무하게 하며 성읍을 파괴
하며 그에게 사로잡힌 자들을 집으
로 놓아 보내지 아니하던 자가 아
니냐 하리로다
18 열방의 모든 왕들은 모두 각각 자
기 집에서 영광 중에 자건마는
19 오직 너는 자기 무덤에서 내쫓겼으
니 가증한 나무 가지 같고 칼에 찔
려 돌구덩이에 떨어진 주검들에 둘
러싸였으니 밟힌 시체와 같도다
20 네가 네 땅을 망하게 하였고 네 백
성을 죽였으므로 그들과 함께 안장
되지 못하나니 악을 행하는 자들의
후손은 영원히 이름이 불려지지 아
니하리로다 할지니라
21 너희는 그들의 조상들의 죄악으로
말미암아 그의 자손 도륙하기를 준
비하여 그들이 일어나 땅을 차지하
여 성읍들로 세상을 가득하게 하지
못하게 하라
22 만군의 여호와께서 말씀하시되 내가
일어나 그들을 쳐서 이름과 남은
자와 아들과 후손을 바벨론에서 끊
으리라 나 여호와의 말이니라
23 내가 또 그것이 고슴도치의 굴혈과
물 웅덩이가 되게 하고 또 멸망의
빗자루로 청소하리라 나 만군의 여
호와의 말이니라 하시니라
24 만군의 여호와께서 맹세하여 이르시
되 내가 생각한 것이 반드시 되며
내가 경영한 것을 반드시 이루리라
25 내가 앗수르를 나의 땅에서 파하며
나의 산에서 그것을 짓밟으리니 그
때에 그의 멍에가 이스라엘에게서
떠나고 그의 짐이 그들의 어깨에서
벗어질 것이라
26 이것이 온 세계를 향하여 정한 경영
이며 이것이 열방을 향하여 편 손이

기록일 : . . .

라 하셨나니
27 만군의 야훼께서 경영하셨은즉 누가
능히 그것을 폐하며 그의 손을 펴셨
은즉 누가 능히 그것을 돌이키랴
28 아하스 왕이 죽던 해에 이 경고가
임하니라
29 블레셋 온 땅이여 너를 치던 막대
기가 부러졌다고 기뻐하지 말라 뱀
의 뿌리에서는 독사가 나겠고 그의
열매는 날아다니는 불뱀이 되리라
30 가난한 자의 장자는 먹겠고 궁핍한
자는 평안히 누우려니와 내가 네
뿌리를 기근으로 죽일 것이요 네게
남은 자는 살육을 당하리라
31 성문이여 슬피 울지어다 성읍이여
부르짖을지어다 너 블레셋이여 다
소멸되리로다 대저 연기가 북방에
서 오는데 그 대열에서 벗어난 자
가 없느니라
32 그 나라 사신들에게 어떻게 대답하
겠느냐 야훼께서 시온을 세우셨으
니 그의 백성의 곤고한 자들이 그
안에서 피난하리라 할 것이니라

15 모압에 관한 경고라 하룻밤에 모
압 알이 망하여 황폐할 것이며 하
룻밤에 모압 기르가 망하여 황폐할
것이라
2 그들은 바잇과 디본 산당에 올라가
서 울며 모압은 느보와 메드바를
위하여 통곡하는도다 그들이 각각
머리카락을 밀고 각각 수염을 깎았
으며
3 거리에서는 굵은 베로 몸을 동였으
며 지붕과 넓은 곳에서는 각기 애
통하여 심히 울며
4 헤스본과 엘르알레는 부르짖으며
그들의 소리는 야하스까지 들리니
그러므로 모압의 군사들이 크게 부
르짖으며 그들의 혼이 속에서 떠는
도다
5 내 마음이 모압을 위하여 부르짖는
도다 그 피난민들은 소알과 에글랏
슬리시야까지 이르고 울며 루힛 비
탈길로 올라가며 호로나임 길에서
패망을 울부짖으니
6 니므림 물이 마르고 풀이 시들었으
며 연한 풀이 말라 청청한 것이 없
음이로다
7 그러므로 그들이 얻은 재물과 쌓았
던 것을 가지고 버드나무 시내를 건
너리니
8 이는 곡성이 모압 사방에 둘렸고
슬피 부르짖음이 에글라임에 이르
며 부르짖음이 브엘엘림에 미치며
9 디몬 물에는 피가 가득함이로다 그
럴지라도 내가 디몬에 재앙을 더
내리되 모압에 도피한 자와 그 땅
에 남은 자에게 사자를 보내리라

16 너희는 이 땅 통치자에게 어린 양
들을 드리되 셀라에서부터 광야를

기록일 : . . .

지나 딸 시온 산으로 보낼지니라
2 모압의 딸들은 아르논 나루에서 떠
다니는 새 같고 보금자리에서 흩어
진 새 새끼 같을 것이라
3 너는 방도를 베풀며 공의로 판결하
며 대낮에 밤 같이 그늘을 지으며
쫓겨난 자들을 숨기며 도망한 자들
을 발각되게 하지 말며
4 나의 쫓겨난 자들이 너와 함께 있
게 하되 너 모압은 멸절하는 자 앞
에서 그들에게 피할 곳이 되라 대
저 토색하는 자가 망하였고 멸절하
는 자가 그쳤고 압제하는 자가 이
땅에서 멸절하였으며
5 다윗의 장막에 인자함으로 왕위가
굳게 설 것이요 그 위에 앉을 자는
충실함으로 판결하며 정의를 구하
며 공의를 신속히 행하리라
6 우리가 모압의 교만을 들었나니 심
히 교만하도다 그가 거만하며 교만
하며 분노함도 들었거니와 그의 자
랑이 헛되도다
7 그러므로 모압이 모압을 위하여 통
곡하되 다 통곡하며 길하레셋 건
포도 떡을 위하여 그들이 슬퍼하며
심히 근심하리니
8 이는 헤스본의 밭과 십마의 포도나
무가 말랐음이라 전에는 그 가지가
야셀에 미쳐 광야에 이르고 그 싹
이 자라서 바다를 건넜더니 이제 열
국의 주권자들이 그 좋은 가지를
꺾었도다
9 그러므로 내가 야셀의 울음처럼 십
마의 포도나무를 위하여 울리라 헤
스본이여, 엘르알레여, 내 눈물로 너
를 적시리니 너의 여름 실과, 네 농
작물에 즐거운 소리가 그쳤음이라
10 즐거움과 기쁨이 기름진 밭에서 떠
났고 포도원에는 노래와 즐거운 소
리가 없어지겠고 틀에는 포도를 밟
을 사람이 없으리니 이는 내가 즐거
운 소리를 그치게 하였음이라
11 이러므로 내 마음이 모압을 위하여
수금 같이 소리를 발하며 내 창자
가 길하레셋을 위하여 그러하도다
12 모압이 그 산당에서 피곤하도록 봉
사하며 자기 성소에 나아가서 기도
할지라도 소용없으리로다
13 이는 야훼께서 오래 전부터 모압을
들어 하신 말씀이거니와
14 이제 야훼께서 말씀하여 이르시되
품꾼의 정한 해와 같이 삼 년 내에
모압의 영화와 그 큰 무리가 능욕
을 당할지라 그 남은 수가 심히 적
어 보잘것없이 되리라 하시도다

17

다메섹에 관한 경고라 보라 다메
섹이 장차 성읍을 이루지 못하고
무너진 무더기가 될 것이라
2 아로엘의 성읍들이 버림을 당하리
니 양 무리를 치는 곳이 되어 양이

기록일 : . . .

눕되 놀라게 할 자가 없을 것이며
3 에브라임의 요새와 다메섹 나라와
아람의 남은 자가 멸절하여 이스라
엘 자손의 영광 같이 되리라 만군
의 야훼의 말씀이니라
4 그 날에 야곱의 영광이 쇠하고 그
의 살진 몸이 파리하리니
5 마치 추수하는 자가 곡식을 거두어
가지고 그의 손으로 이삭을 벤 것
같고 르바임 골짜기에서 이삭을 주
운 것 같으리라
6 그러나 그 안에 주울 것이 남으리
니 감람나무를 흔들 때에 가장 높
은 가지 꼭대기에 과일 두세 개가
남음 같겠고 무성한 나무의 가장
먼 가지에 네다섯 개가 남음 같으
리라 이스라엘의 하나님 야훼의 말
씀이니라
7 그 날에 사람이 자기를 지으신 이
를 바라보겠으며 그의 눈이 이스라
엘의 거룩하신 이를 뵙겠고
8 자기 손으로 만든 제단을 바라보
지 아니하며 자기 손가락으로 지은
아세라나 태양상을 보지 아니할
것이며
9 그 날에 그 견고한 성읍들이 옛적
에 이스라엘 자손 앞에서 버린 바
된 수풀 속의 처소와 작은 산 꼭대
기의 처소 같아서 황폐하리니
10 이는 네가 네 구원의 하나님을 잊
어버리며 네 능력의 반석을 마음에
두지 아니한 까닭이라 그러므로 네
가 기뻐하는 나무를 심으며 이방의
나무 가지도 이종하는도다
11 네가 심는 날에 울타리를 두르고
아침에 네 씨가 잘 발육하도록 하
였으나 근심과 심한 슬픔의 날에
농작물이 없어지리라
12 슬프다 많은 민족이 소동하였으되
바다 파도가 치는 소리 같이 그들
이 소동하였고 열방이 충돌하였으
되 큰 물이 몰려옴 같이 그들도 충
돌하였도다
13 열방이 충돌하기를 많은 물이 몰려
옴과 같이 하나 주께서 그들을 꾸
짖으시리니 그들이 멀리 도망함이
산에서 겨가 바람 앞에 흩어짐 같
겠고 폭풍 앞에 떠도는 티끌 같을
것이라
14 보라 저녁에 두려움을 당하고 아침
이 오기 전에 그들이 없어졌나니 이
는 우리를 노략한 자들의 몫이요
우리를 강탈한 자들의 보응이니라
18 슬프다 구스의 강 건너편 날개 치
는 소리 나는 땅이여
2 갈대 배를 물에 띄우고 그 사자를
수로로 보내며 이르기를 민첩한 사
절들아 너희는 강들이 흘러 나누인
나라로 가되 장대하고 준수한 백
성 곧 시초부터 두려움이 되며 강성

하여 대적을 밟는 백성에게로 가라
하는도다
3 세상의 모든 거민, 지상에 사는 너
희여 산들 위에 기치를 세우거든
너희는 보고 나팔을 불거든 너희는
들을지니라
4 야훼께서 내게 이르시되 내가 나의
처소에서 조용히 감찰함이 쬐이는
일광 같고 가을 더위에 운무 같도다
5 추수하기 전에 꽃이 떨어지고 포도
가 맺혀 익어갈 때에 내가 낫으로
그 연한 가지를 베며 퍼진 가지를
찍어 버려서
6 산의 독수리들과 땅의 들짐승들에
게 던져 주리니 산의 독수리들이 그
것으로 여름을 지내며 땅의 들짐승
들이 다 그것으로 겨울을 지내리라
하셨음이라
7 그 때에 강들이 흘러 나누인 나라의
장대하고 준수한 백성 곧 시초부터
두려움이 되며 강성하여 대적을 밟
는 백성이 만군의 야훼께 드릴 예물
을 가지고 만군의 야훼의 이름을 두
신 곳 시온 산에 이르리라

19

애굽에 관한 경고라 보라 야훼께
서 빠른 구름을 타고 애굽에 임하
시리니 애굽의 우상들이 그 앞에서
떨겠고 애굽인의 마음이 그 속에서
녹으리로다
2 내가 애굽인을 격동하여 애굽인을
치리니 그들이 각기 형제를 치며 각
기 이웃을 칠 것이요 성읍이 성읍을
치며 나라가 나라를 칠 것이며
3 애굽인의 정신이 그 속에서 쇠약할
것이요 그의 계획을 내가 깨뜨리리
니 그들이 우상과 마술사와 신접한
자와 요술객에게 물으리로다
4 내가 애굽인을 잔인한 주인의 손
에 붙이리니 포학한 왕이 그들을
다스리리라 주 만군의 야훼의 말
씀이니라
5 바닷물이 없어지겠고 강이 잦아서
마르겠고
6 강들에서는 악취가 나겠고 애굽의
강물은 줄어들고 마르므로 갈대와
부들이 시들겠으며
7 나일 가까운 곳 나일 언덕의 초장
과 나일 강 가까운 곡식 밭이 다 말
라서 날려가 없어질 것이며
8 어부들은 탄식하며 나일 강에 낚시
를 던지는 자마다 슬퍼하며 물 위에
그물을 치는 자는 피곤할 것이며
9 세마포를 만드는 자와 베 짜는 자
들이 수치를 당할 것이며
10 그의 기둥이 부서지고 품꾼들이 다
마음에 근심하리라
11 소안의 방백은 어리석었고 바로의
가장 지혜로운 모사의 책략은 우둔
하여졌으니 너희가 어떻게 바로에
게 이르기를 나는 지혜로운 자들의

기록일 : . . .

자손이라 나는 옛 왕들의 후예라
할 수 있으랴
12 너의 지혜로운 자가 어디 있느냐
그들이 만군의 야훼께서 애굽에 대
하여 정하신 뜻을 알 것이요 곧 네
게 말할 것이니라
13 소안의 방백들은 어리석었고 놉의
방백들은 미혹되었도다 그들은 애
굽 종족들의 모퉁잇돌이거늘 애굽
을 그릇 가게 하였도다
14 야훼께서 그 가운데 어지러운 마음
을 섞으셨으므로 그들이 애굽을 매
사에 잘못 가게 함이 취한 자가 토
하면서 비틀거림 같게 하였으니
15 애굽에서 머리나 꼬리며 종려나무
가지나 갈대가 아무 할 일이 없으
리라
16 그 날에 애굽이 부녀와 같을 것이
라 그들이 만군의 야훼께서 흔드시
는 손이 그들 위에 흔들림으로 말
미암아 떨며 두려워할 것이며
17 유다의 땅은 애굽의 두려움이 되리
니 이는 만군의 야훼께서 애굽에 대
하여 정하신 계획으로 말미암음이
라 그 소문을 듣는 자마다 떨리라
18 그 날에 애굽 땅에 가나안 방언을
말하며 만군의 야훼를 가리켜 맹세
하는 다섯 성읍이 있을 것이며 그 중
하나를 멸망의 성읍이라 칭하리라
19 그 날에 애굽 땅 중앙에는 야훼를
위하여 제단이 있겠고 그 변경에는
야훼를 위하여 기둥이 있을 것이요
20 이것이 애굽 땅에서 만군의 야훼를
위하여 징조와 증거가 되리니 이는
그들이 그 압박하는 자들로 말미암
아 야훼께 부르짖겠고 야훼께서는
그들에게 한 구원자이자 보호자를
보내사 그들을 건지실 것임이라
21 야훼께서 자기를 애굽에 알게 하시
리니 그 날에 애굽이 야훼를 알고
제물과 예물을 그에게 드리고 경배
할 것이요 야훼께 서원하고 그대로
행하리라
22 야훼께서 애굽을 치실지라도 치시
고는 고치실 것이므로 그들이 야훼
께로 돌아올 것이라 야훼께서 그들
의 간구함을 들으시고 그들을 고쳐
주시리라
23 그 날에 애굽에서 앗수르로 통하는
대로가 있어 앗수르 사람은 애굽으
로 가겠고 애굽 사람은 앗수르로
갈 것이며 애굽 사람이 앗수르 사
람과 함께 경배하리라
24 그 날에 이스라엘이 애굽 및 앗수
르와 더불어 셋이 세계 중에 복이
되리니
25 이는 만군의 야훼께서 복 주시며
이르시되 내 백성 애굽이여, 내 손
으로 지은 앗수르여, 나의 기업 이
스라엘이여, 복이 있을지어다 하실

기록일 : . . .

것임이라
20 앗수르의 사르곤 왕이 다르단을
아스돗으로 보내매 그가 와서 아스
돗을 쳐서 취하던 해니라
2 그 때에 여호와께서 아모스의 아들
이사야에게 말씀하여 이르시되 갈
지어다 네 허리에서 베를 끄르고
네 발에서 신을 벗을지니라 하시매
그가 그대로 하여 벗은 몸과 벗은
발로 다니니라
3 여호와께서 이르시되 나의 종 이사야
가 삼 년 동안 벗은 몸과 벗은 발로
다니며 애굽과 구스에 대하여 징조
와 예표가 되었느니라
4 이와 같이 애굽의 포로와 구스의
사로잡힌 자가 앗수르 왕에게 끌려
갈 때에 젊은 자나 늙은 자가 다 벗
은 몸과 벗은 발로 볼기까지 드러
내어 애굽의 수치를 보이리니
5 그들이 바라던 구스와 자랑하던 애
굽으로 말미암아 그들이 놀라고 부
끄러워할 것이라
6 그 날에 이 해변 주민이 말하기를
우리가 믿던 나라 곧 우리가 앗수
르 왕에게서 벗어나기를 바라고 달
려가서 도움을 구하던 나라가 이같
이 되었은즉 우리가 어찌 능히 피
하리요 하리라
21 해변 광야에 관한 경고라 적병이
광야에서, 두려운 땅에서 네겝 회
오리바람 같이 몰려왔도다
2 혹독한 묵시가 내게 보였도다 속이
는 자는 속이고 약탈하는 자는 약
탈하도다 엘람이여 올라가고 메대
여 에워싸라 그의 모든 탄식을 내
가 그치게 하였노라 하시도다
3 이러므로 나의 요통이 심하여 해산
이 임박한 여인의 고통 같은 고통
이 나를 엄습하였으므로 내가 괴로
워서 듣지 못하며 놀라서 보지 못
하도다
4 내 마음이 어지럽고 두려움이 나를
놀라게 하며 희망의 서광이 변하여
내게 떨림이 되도다
5 그들이 식탁을 베풀고 파수꾼을 세
우고 먹고 마시도다 너희 고관들아
일어나 방패에 기름을 바를지어다
6 주께서 내게 이르시되 가서 파수꾼
을 세우고 그가 보는 것을 보고하
게 하되
7 마병대가 쌍쌍이 오는 것과 나귀
떼와 낙타 떼를 보거든 귀 기울여
자세히 들으라 하셨더니
8 파수꾼이 사자 같이 부르짖기를 주
여 내가 낮에 늘 망대에 서 있었고
밤이 새도록 파수하는 곳에 있었
더니
9 보소서 마병대가 쌍쌍이 오나이다
하니 그가 대답하여 이르시되 함락
되었도다 함락되었도다 바벨론이여

기록일 : . . .

그들이 조각한 신상들이 다 부서져
땅에 떨어졌도다 하시도다
10 내가 짓밟은 너여, 내가 타작한 너
여, 내가 이스라엘의 하나님 만군
의 야훼께 들은 대로 너희에게 전
하였노라
11 두마에 관한 경고라 사람이 세일
에서 나를 부르되 파수꾼이여 밤이
어떻게 되었느냐 파수꾼이여 밤이
어떻게 되었느냐
12 파수꾼이 이르되 아침이 오나니 밤
도 오리라 네가 물으려거든 물으라
너희는 돌아올지니라 하더라
13 아라비아에 관한 경고라 드단 대상
들이여 너희가 아라비아 수풀에서
유숙하리라
14 데마 땅의 주민들아 물을 가져다가
목마른 자에게 주고 떡을 가지고
도피하는 자를 영접하라
15 그들이 칼날을 피하며 뺀 칼과 당
긴 활과 전쟁의 어려움에서 도망하
였음이니라
16 주께서 이같이 내게 이르시되 품꾼
의 정한 기한 같이 일 년 내에 게달
의 영광이 다 쇠멸하리니
17 게달 자손 중 활 가진 용사의 남은
수가 적으리라 하시니라 이스라엘
의 하나님 야훼의 말씀이니라

22 환상의 골짜기에 관한 경고라 네
가 지붕에 올라감은 어찌함인고
2 소란하며 떠들던 성, 즐거워하던 고
을이여 너의 죽임을 당한 자들은
칼에 죽은 것도 아니요 전쟁에 사
망한 것도 아니라
3 너의 관원들도 다 함께 도망하였
다가 활을 버리고 결박을 당하였고
너의 멀리 도망한 자들도 발견되어
다 함께 결박을 당하였도다
4 그러므로 내가 말하노니 돌이켜 나
를 보지 말지어다 나는 슬피 통곡
하겠노라 내 딸 백성이 패망하였음
으로 말미암아 나를 위로하려고 힘
쓰지 말지니라
5 환상의 골짜기에 주 만군의 야훼께
로부터 이르는 소란과 밟힘과 혼란
의 날이여 성벽의 무너뜨림과 산악
에 사무쳐 부르짖는 소리로다
6 엘람 사람은 화살통을 메었고 병거
탄 자와 마병이 함께 하였고 기르
사람은 방패를 드러냈으니
7 병거는 네 아름다운 골짜기에 가득
하였고 마병은 성문에 정렬되었도다
8 그가 유다에게 덮였던 것을 벗기매
그 날에야 네가 수풀 곳간의 병기
를 바라보았고
9 너희가 다윗 성의 무너진 곳이 많
은 것도 보며 너희가 아랫못의 물
도 모으며
10 또 예루살렘의 가옥을 계수하며
그 가옥을 헐어 성벽을 견고하게

도 하며
11 너희가 또 옛 못의 물을 위하여 두
성벽 사이에 저수지를 만들었느니
라 그러나 너희가 이를 행하신 이
를 앙망하지 아니하였고 이 일을
옛적부터 경영하신 이를 공경하지
아니하였느니라
12 그 날에 주 만군의 야훼께서 명령
하사 통곡하며 애곡하며 머리 털을
뜯으며 굵은 베를 띠라 하셨거늘
13 너희가 기뻐하며 즐거워하여 소를
죽이고 양을 잡아 고기를 먹고 포
도주를 마시면서 내일 죽으리니 먹
고 마시자 하는도다
14 만군의 야훼께서 친히 내 귀에 들
려 이르시되 진실로 이 죄악은 너희
가 죽기까지 용서하지 못하리라 하
셨느니라 주 만군의 야훼의 말씀이
니라
15 주 만군의 야훼께서 이르시되 너는
가서 그 국고를 맡고 왕궁 맡은 자
셉나를 보고 이르기를
16 네가 여기와 무슨 관계가 있느냐 여
기에 누가 있기에 여기서 너를 위하
여 묘실을 팠느냐 높은 곳에 자기를
위하여 묘실을 팠고 반석에 자기를
위하여 처소를 쪼아내었도다
17 나 야훼가 너를 단단히 결박하고
장사 같이 세게 던지되
18 반드시 너를 모질게 감싸서 공 같
이 광막한 곳에 던질 것이라 주인의
집에 수치를 끼치는 너여 네가 그
곳에서 죽겠고 네 영광의 수레도
거기에 있으리라
19 내가 너를 네 관직에서 쫓아내며
네 지위에서 낮추리니
20 그 날에 내가 힐기야의 아들 내 종
엘리아김을 불러
21 네 옷을 그에게 입히며 네 띠를 그
에게 띠워 힘 있게 하고 네 정권을
그의 손에 맡기리니 그가 예루살렘
주민과 유다의 집의 아버지가 될
것이며
22 내가 또 다윗의 집의 열쇠를 그의
어깨에 두리니 그가 열면 닫을 자가
없겠고 닫으면 열 자가 없으리라
23 못이 단단한 곳에 박힘 같이 그를
견고하게 하리니 그가 그의 아버지
집에 영광의 보좌가 될 것이요
24 그의 아버지 집의 모든 영광이 그
위에 걸리리니 그 후손과 족속 되
는 각 작은 그릇 곧 종지로부터 모
든 항아리까지니라
25 만군의 야훼께서 이르시되 그 날에
는 단단한 곳에 박혔던 못이 삭으
리니 그 못이 부러져 떨어지므로 그
위에 걸린 물건이 부서지리라 하셨
다 하라 나 야훼의 말이니라

23

두로에 관한 경고라 다시스의 배
들아 너희는 슬피 부르짖을지어다

기록일 : . . .

두로가 황무하여 집이 없고 들어갈
곳도 없음이요 이 소식이 깃딤 땅에
서부터 그들에게 전파되었음이라
2 바다에 왕래하는 시돈 상인들로 말
미암아 부요하게 된 너희 해변 주
민들아 잠잠하라
3 시홀의 곡식 곧 나일의 추수를 큰
물로 수송하여 들였으니 열국의 시
장이 되었도다
4 시돈이여 너는 부끄러워할지어다
대저 바다 곧 바다의 요새가 말하
기를 나는 산고를 겪지 못하였으며
출산하지 못하였으며 청년들을 양
육하지도 못하였으며 처녀들을 생
육하지도 못하였다 하였음이라
5 그 소식이 애굽에 이르면 그들이
두로의 소식으로 말미암아 고통 받
으리로다
6 너희는 다시스로 건너갈지어다 해
변 주민아 너희는 슬피 부르짖을지
어다
7 이것이 옛날에 건설된 너희 희락의
성 곧 그 백성이 자기 발로 먼 지방
까지 가서 머물던 성읍이냐
8 면류관을 씌우던 자요 그 상인들은
고관들이요 그 무역상들은 세상에
존귀한 자들이었던 두로에 대하여
누가 이 일을 정하였느냐
9 만군의 야훼께서 그것을 정하신 것
이라 모든 누리던 영화를 욕되게
하시며 세상의 모든 교만하던 자가
멸시를 받게 하려 하심이라
10 딸 다시스여 나일 같이 너희 땅에
넘칠지어다 너를 속박함이 다시는
없으리라
11 야훼께서 바다 위에 그의 손을 펴
사 열방을 흔드시며 야훼께서 가나
안에 대하여 명령을 내려 그 견고
한 성들을 무너뜨리게 하시고
12 이르시되 너 학대 받은 처녀 딸 시
돈아 네게 다시는 희락이 없으리
니 일어나 깃딤으로 건너가라 거기
에서도 네가 평안을 얻지 못하리라
하셨느니라
13 갈대아 사람의 땅을 보라 그 백성
이 없어졌나니 곧 앗수르 사람이 그
곳을 들짐승이 사는 곳이 되게 하
였으되 그들이 망대를 세우고 궁전
을 헐어 황무하게 하였느니라
14 다시스의 배들아 너희는 슬피 부르
짖으라 너희의 견고한 성이 파괴되
었느니라
15 그 날부터 두로가 한 왕의 연한 같
이 칠십 년 동안 잊어버린 바 되었
다가 칠십 년이 찬 후에 두로는 기
생의 노래 같이 될 것이라
16 잊어버린 바 되었던 너 음녀여 수금
을 가지고 성읍에 두루 다니며 기묘
한 곡조로 많은 노래를 불러서 너를
다시 기억하게 하라 하였느니라

기록일 : . . .

17 칠십 년이 찬 후에 야훼께서 두로
를 돌보시리니 그가 다시 값을 받
고 지면에 있는 열방과 음란을 행
할 것이며
18 그 무역한 것과 이익을 거룩히 야
훼께 돌리고 간직하거나 쌓아 두지
아니하리니 그 무역한 것이 야훼 앞
에 사는 자가 배불리 먹을 양식, 잘
입을 옷감이 되리라

24 보라 야훼께서 땅을 공허하게 하
시며 황폐하게 하시며 지면을 뒤집
어엎으시고 그 주민을 흩으시리니
2 백성과 제사장이 같을 것이며 종과
상전이 같을 것이며 여종과 여주인
이 같을 것이며 사는 자와 파는 자
가 같을 것이며 빌려 주는 자와 빌
리는 자가 같을 것이며 이자를 받
는 자와 이자를 내는 자가 같을 것
이라
3 땅이 온전히 공허하게 되고 온전히
황무하게 되리라 야훼께서 이 말씀
을 하셨느니라
4 땅이 슬퍼하고 쇠잔하며 세계가 쇠
약하고 쇠잔하며 세상 백성 중에
높은 자가 쇠약하며
5 땅이 또한 그 주민 아래서 더럽게
되었으니 이는 그들이 율법을 범하
며 율례를 어기며 영원한 언약을
깨뜨렸음이라
6 그러므로 저주가 땅을 삼켰고 그
중에 사는 자들이 정죄함을 당하였
고 땅의 주민이 불타서 남은 자가
적도다
7 새 포도즙이 슬퍼하고 포도나무가
쇠잔하며 마음이 즐겁던 자가 다
탄식하며
8 소고 치는 기쁨이 그치고 즐거워하
는 자의 소리가 끊어지고 수금 타
는 기쁨이 그쳤으며
9 노래하면서 포도주를 마시지 못하
고 독주는 그 마시는 자에게 쓰게
될 것이라
10 약탈을 당한 성읍이 허물어지고 집
마다 닫혀서 들어가는 자가 없으며
11 포도주가 없으므로 거리에서 부르
짖으며 모든 즐거움이 사라졌으며
땅의 기쁨이 소멸되었도다
12 성읍이 황무하고 성문이 파괴되었
느니라
13 세계 민족 중에 이러한 일이 있으리
니 곧 감람나무를 흔듦 같고 포도
를 거둔 후에 그 남은 것을 주움 같
을 것이니라
14 무리가 소리를 높여 부를 것이며 야
훼의 위엄으로 말미암아 바다에서
부터 크게 외치리니
15 그러므로 너희가 동방에서 야훼를
영화롭게 하며 바다 모든 섬에서
이스라엘의 하나님 야훼의 이름을
영화롭게 할 것이라

기록일 : . . .

16 땅 끝에서부터 노래하는 소리가 우
리에게 들리기를 의로우신 이에게
영광을 돌리세 하도다 그러나 나는
이르기를 나는 쇠잔하였고 나는 쇠
잔하였으니 내게 화가 있도다 배신
자들은 배신하고 배신자들이 크게
배신하였도다
17 땅의 주민아 두려움과 함정과 올무
가 네게 이르렀나니
18 두려운 소리로 말미암아 도망하는
자는 함정에 빠지겠고 함정 속에서
올라오는 자는 올무에 걸리리니 이
는 위에 있는 문이 열리고 땅의 기
초가 진동함이라
19 땅이 깨지고 깨지며 땅이 갈라지고
갈라지며 땅이 흔들리고 흔들리며
20 땅이 취한 자 같이 비틀비틀하며
원두막 같이 흔들리며 그 위의 죄
악이 중하므로 떨어져서 다시는 일
어나지 못하리라
21 그 날에 야훼께서 높은 데에서 높
은 군대를 벌하시며 땅에서 땅의
왕들을 벌하시리니
22 그들이 죄수가 깊은 옥에 모임 같
이 모이게 되고 옥에 갇혔다가 여
러 날 후에 형벌을 받을 것이라
23 그 때에 달이 수치를 당하고 해가
부끄러워하리니 이는 만군의 야훼
께서 시온 산과 예루살렘에서 왕이
되시고 그 장로들 앞에서 영광을
나타내실 것임이라

25

야훼여 주는 나의 하나님이시라
내가 주를 높이고 주의 이름을 찬
송하오리니 주는 기사를 옛적에 정
하신 뜻대로 성실함과 진실함으로
행하셨음이라
2 주께서 성읍을 돌무더기로 만드시
며 견고한 성읍을 황폐하게 하시며
외인의 궁성을 성읍이 되지 못하게
하사 영원히 건설되지 못하게 하셨
으므로
3 강한 민족이 주를 영화롭게 하며
포학한 나라들의 성읍이 주를 경외
하리이다
4 주는 포학자의 기세가 성벽을 치는
폭풍과 같을 때에 빈궁한 자의 요
새이시며 환난 당한 가난한 자의
요새이시며 폭풍 중의 피난처시며
폭양을 피하는 그늘이 되셨사오니
5 마른 땅에 폭양을 제함 같이 주께
서 이방인의 소란을 그치게 하시며
폭양을 구름으로 가림 같이 포학한
자의 노래를 낮추시리이다
6 만군의 야훼께서 이 산에서 만민을
위하여 기름진 것과 오래 저장하였
던 포도주로 연회를 베푸시리니 곧
골수가 가득한 기름진 것과 오래
저장하였던 맑은 포도주로 하실 것
이며
7 또 이 산에서 모든 민족의 얼굴을

가린 가리개와 열방 위에 덮인 덮개
를 제하시며
8 사망을 영원히 멸하실 것이라 주 여
호와께서 모든 얼굴에서 눈물을 씻기
시며 자기 백성의 수치를 온 천하에
서 제하시리라 여호와께서 이같이 말
씀하셨느니라
9 그 날에 말하기를 이는 우리의 하
나님이시라 우리가 그를 기다렸으
니 그가 우리를 구원하시리로다 이
는 여호와시라 우리가 그를 기다렸으
니 우리는 그의 구원을 기뻐하며
즐거워하리라 할 것이며
10 여호와의 손이 이 산에 나타나시리니
모압이 거름물 속에서 초개가 밟힘
같이 자기 처소에서 밟힐 것인즉
11 그가 헤엄치는 자가 헤엄치려고 손
을 폄 같이 그 속에서 그의 손을 펼
것이나 여호와께서 그의 교만으로 인
하여 그 손이 능숙함에도 불구하고
그를 누르실 것이라
12 네 성벽의 높은 요새를 헐어 땅에
내리시되 진토에 미치게 하시리라

26

그 날에 유다 땅에서 이 노래를
부르리라 우리에게 견고한 성읍이
있음이여 여호와께서 구원을 성벽과
외벽으로 삼으시리로다
2 너희는 문들을 열고 신의를 지키는
의로운 나라가 들어오게 할지어다
3 주께서 심지가 견고한 자를 평강하
고 평강하도록 지키시리니 이는 그
가 주를 신뢰함이니이다
4 너희는 여호와를 영원히 신뢰하라 주
여호와는 영원한 반석이심이로다
5 높은 데에 거주하는 자를 낮추시며
솟은 성을 헐어 땅에 엎으시되 진
토에 미치게 하셨도다
6 발이 그것을 밟으리니 곧 빈궁한 자
의 발과 곤핍한 자의 걸음이리로다
7 의인의 길은 정직함이여 정직하신
주께서 의인의 첩경을 평탄하게 하
시도다
8 여호와여 주께서 심판하시는 길에서
우리가 주를 기다렸사오며 주의 이
름을 위하여 또 주를 기억하려고
우리 영혼이 사모하나이다
9 밤에 내 영혼이 주를 사모하였사온
즉 내 중심이 주를 간절히 구하오
리니 이는 주께서 땅에서 심판하시
는 때에 세계의 거민이 의를 배움
이니이다
10 악인은 은총을 입을지라도 의를 배
우지 아니하며 정직한 자의 땅에서
불의를 행하고 여호와의 위엄을 돌아
보지 아니하는도다
11 여호와여 주의 손이 높이 들릴지라도
그들이 보지 아니하오나 백성을 위
하시는 주의 열성을 보면 부끄러워
할 것이라 불이 주의 대적들을 사
르리이다

기록일 : . . .

12 야훼여 주께서 우리를 위하여 평강
을 베푸시오리니 주께서 우리의 모
든 일도 우리를 위하여 이루심이니
이다
13 야훼 우리 하나님이시여 주 외에
다른 주들이 우리를 관할하였사오
나 우리는 주만 의지하고 주의 이
름을 부르리이다
14 그들은 죽었은즉 다시 살지 못하겠
고 사망하였은즉 일어나지 못할 것
이니 이는 주께서 벌하여 그들을 멸
하사 그들의 모든 기억을 없이하셨
음이니이다
15 야훼여 주께서 이 나라를 더 크게
하셨고 이 나라를 더 크게 하셨나
이다 스스로 영광을 얻으시고 이
땅의 모든 경계를 확장하셨나이다
16 야훼여 그들이 환난 중에 주를 앙
모하였사오며 주의 징벌이 그들에
게 임할 때에 그들이 간절히 주께
기도하였나이다
17 야훼여 잉태한 여인이 산기가 임박
하여 산고를 겪으며 부르짖음 같이
우리가 주 앞에서 그와 같으니이다
18 우리가 잉태하고 산고를 당하였을
지라도 바람을 낳은 것 같아서 땅
에 구원을 베풀지 못하였고 세계의
거민을 출산하지 못하였나이다
19 주의 죽은 자들은 살아나고 그들
의 시체들은 일어나리이다 티끌에
누운 자들아 너희는 깨어 노래하라
주의 이슬은 빛난 이슬이니 땅이
죽은 자들을 내놓으리로다
20 내 백성아 갈지어다 네 밀실에 들어
가서 네 문을 닫고 분노가 지나기
까지 잠깐 숨을지어다
21 보라 야훼께서 그의 처소에서 나오
사 땅의 거민의 죄악을 벌하실 것
이라 땅이 그 위에 잦았던 피를 드
러내고 그 살해 당한 자를 다시는
덮지 아니하리라

27 그 날에 야훼께서 그의 견고하고
크고 강한 칼로 날랜 뱀 리워야단
곧 꼬불꼬불한 뱀 리워야단을 벌하
시며 바다에 있는 용을 죽이시리라
2 그 날에 너희는 아름다운 포도원을
두고 노래를 부를지어다
3 나 야훼는 포도원지기가 됨이여 때
때로 물을 주며 밤낮으로 간수하여
아무든지 이를 해치지 못하게 하리
로다
4 나는 포도원에 대하여 노함이 없나
니 찔레와 가시가 나를 대적하여
싸운다 하자 내가 그것을 밟고 모
아 불사르리라
5 그리하지 아니하면 내 힘을 의지하
고 나와 화친하며 나와 화친할 것
이니라
6 후일에는 야곱의 뿌리가 박히며 이
스라엘의 움이 돋고 꽃이 필 것이

라 그들이 그 결실로 지면을 채우리
로다
7 주께서 그 백성을 치셨던들 그 백성
을 친 자들을 치심과 같았겠으며 백
성이 죽임을 당하였던들 백성을 죽
인 자가 죽임을 당함과 같았겠느냐
8 주께서 백성을 적당하게 견제하사
쫓아내실 때에 동풍 부는 날에 폭
풍으로 그들을 옮기셨느니라
9 야곱의 불의가 속함을 얻으며 그의
죄 없이함을 받을 결과는 이로 말
미암나니 곧 그가 제단의 모든 돌
을 부서진 횟돌 같게 하며 아세라
와 태양상이 다시 서지 못하게 함
에 있는 것이라
10 대저 견고한 성읍은 적막하고 거처
가 황무하며 버림 받아 광야와 같
은즉 송아지가 거기에서 먹고 거기
에 누우며 그 나무 가지를 먹어 없
이하리라
11 가지가 마르면 꺾이나니 여인들이
와서 그것을 불사를 것이라 백성이
지각이 없으므로 그들을 지으신 이
가 불쌍히 여기지 아니하시며 그들
을 조성하신 이가 은혜를 베풀지
아니하시리라
12 너희 이스라엘 자손들아 그 날에
야훼께서 창일하는 하수에서부터
애굽 시내에까지 과실을 떠는 것
같이 너희를 하나하나 모으시리라
13 그 날에 큰 나팔을 불리니 앗수르
땅에서 멸망하는 자들과 애굽 땅으
로 쫓겨난 자들이 돌아와서 예루살
렘 성산에서 야훼께 예배하리라

28

에브라임의 술취한 자들의 교만한
면류관은 화 있을진저 술에 빠진 자
의 성 곧 영화로운 관 같이 기름진
골짜기 꼭대기에 세운 성이여 쇠잔
해 가는 꽃 같으니 화 있을진저
2 보라 주께 있는 강하고 힘 있는 자
가 쏟아지는 우박 같이, 파괴하는
광풍 같이, 큰 물이 넘침 같이 손으
로 그 면류관을 땅에 던지리니
3 에브라임의 술취한 자들의 교만한
면류관이 발에 밟힐 것이라
4 그 기름진 골짜기 꼭대기에 있는
그의 영화가 쇠잔해 가는 꽃이 여
름 전에 처음 익은 무화과와 같으
리니 보는 자가 그것을 보고 얼른
따서 먹으리로다
5 그 날에 만군의 야훼께서 자기 백
성의 남은 자에게 영화로운 면류관
이 되시며 아름다운 화관이 되실 것
이라
6 재판석에 앉은 자에게는 판결하는
영이 되시며 성문에서 싸움을 물리
치는 자에게는 힘이 되시리로다
7 그리하여도 이들은 포도주로 말미
암아 옆 걸음 치며 독주로 말미암
아 비틀거리며 제사장과 선지자도

기록일 : . . .

독주로 말미암아 옆 걸음 치며 포
도주에 빠지며 독주로 말미암아 비
틀거리며 환상을 잘못 풀며 재판할
때에 실수하나니
8 모든 상에는 토한 것, 더러운 것이
가득하고 깨끗한 곳이 없도다
9 그들이 이르기를 그가 누구에게 지
식을 가르치며 누구에게 도를 전하
여 깨닫게 하려는가 젖 떨어져 품
을 떠난 자들에게 하려는가
10 대저 경계에 경계를 더하며 경계에
경계를 더하며 교훈에 교훈을 더하
며 교훈에 교훈을 더하되 여기서도
조금, 저기서도 조금 하는구나 하
는도다
11 그러므로 더듬는 입술과 다른 방
언으로 그가 이 백성에게 말씀하시
리라
12 전에 그들에게 이르시기를 이것이
너희 안식이요 이것이 너희 상쾌함
이니 너희는 곤비한 자에게 안식을
주라 하셨으나 그들이 듣지 아니하
였으므로
13 야훼께서 그들에게 말씀하시되 경
계에 경계를 더하며 경계에 경계를
더하며 교훈에 교훈을 더하며 교훈
에 교훈을 더하고 여기서도 조금,
저기서도 조금 하사 그들이 가다가
뒤로 넘어져 부러지며 걸리며 붙잡
히게 하시리라
14 이러므로 예루살렘에서 이 백성을
다스리는 너희 오만한 자여 야훼의
말씀을 들을지어다
15 너희가 말하기를 우리는 사망과 언
약하였고 스올과 맹약하였은즉 넘
치는 재앙이 밀려올지라도 우리에
게 미치지 못하리니 우리는 거짓을
우리의 피난처로 삼았고 허위 아래
에 우리를 숨겼음이라 하는도다
16 그러므로 주 야훼께서 이같이 이르
시되 보라 내가 한 돌을 시온에 두
어 기초를 삼았노니 곧 시험한 돌이
요 귀하고 견고한 기촛돌이라 그것
을 믿는 이는 다급하게 되지 아니
하리로다
17 나는 정의를 측량줄로 삼고 공의를
저울추로 삼으니 우박이 거짓의 피
난처를 소탕하며 물이 그 숨는 곳
에 넘칠 것인즉
18 너희가 사망과 더불어 세운 언약이
폐하며 스올과 더불어 맺은 맹약이
서지 못하여 넘치는 재앙이 밀려올
때에 너희가 그것에게 밟힘을 당할
것이라
19 그것이 지나갈 때마다 너희를 잡을
것이니 아침마다 지나가며 주야로
지나가리니 소식을 깨닫는 것이 오
직 두려움이라
20 침상이 짧아서 능히 몸을 펴지 못
하며 이불이 좁아서 능히 몸을 싸

기록일 : . . .

지 못함 같으리라 하셨느니라
21 대저 여호와께서 브라심 산에서와 같
이 일어나시며 기브온 골짜기에서
와 같이 진노하사 자기의 일을 행
하시리니 그의 일이 비상할 것이며
자기의 사역을 이루시리니 그의 사
역이 기이할 것임이라
22 그러므로 너희는 오만한 자가 되지
말라 너희 결박이 단단해질까 하노
라 대저 온 땅을 멸망시키기로 작
정하신 것을 내가 만군의 주 여호
와께로부터 들었느니라
23 너희는 귀를 기울여 내 목소리를
들으라 자세히 내 말을 들으라
24 파종하려고 가는 자가 어찌 쉬지
않고 갈기만 하겠느냐 자기 땅을
개간하며 고르게만 하겠느냐
25 지면을 이미 평평히 하였으면 소회
향을 뿌리며 대회향을 뿌리며 소맥
을 줄줄이 심으며 대맥을 정한 곳
에 심으며 귀리를 그 가에 심지 아
니하겠느냐
26 이는 그의 하나님이 그에게 적당한
방법을 보이사 가르치셨음이며
27 소회향은 도리깨로 떨지 아니하며
대회향에는 수레 바퀴를 굴리지 아
니하고 소회향은 작대기로 떨고 대
회향은 막대기로 떨며
28 곡식은 부수는가, 아니라 늘 떨기
만 하지 아니하고 그것에 수레바퀴
를 굴리고 그것을 말굽으로 밟게
할지라도 부수지는 아니하나니
29 이도 만군의 여호와께로부터 난 것
이라 그의 경영은 기묘하며 지혜는
광대하니라

29

슬프다 아리엘이여 아리엘이여 다
윗이 진 친 성읍이여 해마다 절기가
돌아오려니와
2 내가 아리엘을 괴롭게 하리니 그가
슬퍼하고 애곡하며 내게 아리엘과
같이 되리라
3 내가 너를 사면으로 둘러 진을 치며
너를 에워 대를 쌓아 너를 치리니
4 네가 낮아져서 땅에서 말하며 네
말소리가 나직이 티끌에서 날 것이
라 네 목소리가 신접한 자의 목소
리 같이 땅에서 나며 네 말소리가
티끌에서 지껄이리라
5 그럴지라도 네 대적의 무리는 세미
한 티끌 같겠고 강포한 자의 무리
는 날려 가는 겨 같으리니 그 일이
순식간에 갑자기 일어날 것이라
6 만군의 여호와께서 우레와 지진과
큰 소리와 회오리바람과 폭풍과
맹렬한 불꽃으로 그들을 징벌하실
것인즉
7 아리엘을 치는 열방의 무리 곧 아
리엘과 그 요새를 쳐서 그를 곤고
하게 하는 모든 자는 꿈 같이, 밤의
환상 같이 되리니

기록일 : . . .

8 주린 자가 꿈에 먹었을지라도 깨면
그 속은 여전히 비고 목마른 자가
꿈에 마셨을지라도 깨면 곤비하며
그 속에 갈증이 있는 것 같이 시온
산을 치는 열방의 무리가 그와 같
으리라
9 너희는 놀라고 놀라라 너희는 맹인
이 되고 맹인이 되라 그들의 취함
이 포도주로 말미암음이 아니며 그
들의 비틀거림이 독주로 말미암음
이 아니니라
10 대저 야훼께서 깊이 잠들게 하는
영을 너희에게 부어 주사 너희의
눈을 감기셨음이니 그가 선지자들
과 너희의 지도자인 선견자들을 덮
으셨음이라
11 그러므로 모든 계시가 너희에게는
봉한 책의 말처럼 되었으니 그것을
글 아는 자에게 주며 이르기를 그
대에게 청하노니 이를 읽으라 하면
그가 대답하기를 그것이 봉해졌으
니 나는 못 읽겠노라 할 것이요
12 또 그 책을 글 모르는 자에게 주며
이르기를 그대에게 청하노니 이를
읽으라 하면 그가 대답하기를 나는
글을 모른다 할 것이니라
13 주께서 이르시되 이 백성이 입으로
는 나를 가까이 하며 입술로는 나
를 공경하나 그들의 마음은 내게서
멀리 떠났나니 그들이 나를 경외함
은 사람의 계명으로 가르침을 받았
을 뿐이라
14 그러므로 내가 이 백성 중에 기이
한 일 곧 기이하고 가장 기이한 일
을 다시 행하리니 그들 중에서 지
혜자의 지혜가 없어지고 명철자의
총명이 가려지리라
15 자기의 계획을 야훼께 깊이 숨기려
하는 자들은 화 있을진저 그들의
일을 어두운 데에서 행하며 이르기
를 누가 우리를 보랴 누가 우리를
알랴 하니
16 너희의 패역함이 심하도다 토기장
이를 어찌 진흙 같이 여기겠느냐 지
음을 받은 물건이 어찌 자기를 지
은 이에게 대하여 이르기를 그가
나를 짓지 아니하였다 하겠으며 빚
음을 받은 물건이 자기를 빚은 이
에게 대하여 이르기를 그가 총명이
없다 하겠느냐
17 오래지 아니하여 레바논이 기름진
밭으로 변하지 아니하겠으며 기름
진 밭이 숲으로 여겨지지 아니하겠
느냐
18 그 날에 못 듣는 사람이 책의 말을
들을 것이며 어둡고 캄캄한 데에서
맹인의 눈이 볼 것이며
19 겸손한 자에게 야훼로 말미암아 기
쁨이 더하겠고 사람 중 가난한 자
가 이스라엘의 거룩하신 이로 말미

기록일 : . . .

암아 즐거워하리니
20 이는 강포한 자가 소멸되었으며 오
만한 자가 그쳤으며 죄악의 기회를
엿보던 자가 다 끊어졌음이라
21 그들은 송사로 사람에게 죄를 씌우
며 성문에서 판단하는 자를 올무로
잡듯 하며 헛된 일로 의인을 억울
하게 하느니라
22 그러므로 아브라함을 구속하신 야
훼께서 야곱 족속에 대하여 이같이
말씀하시되 야곱이 이제는 부끄러
워하지 아니하겠고 그의 얼굴이 이
제는 창백해지지 아니할 것이며
23 그의 자손은 내 손이 그 가운데에
서 행한 것을 볼 때에 내 이름을 거
룩하다 하며 야곱의 거룩한 이를
거룩하다 하며 이스라엘의 하나님
을 경외할 것이며
24 마음이 혼미하던 자들도 총명하게
되며 원망하던 자들도 교훈을 받으
리라 하셨느니라

30

야훼께서 이르시되 패역한 자식
들은 화 있을진저 그들이 계교를
베푸나 나로 말미암지 아니하며 맹
약을 맺으나 나의 영으로 말미암지
아니하고 죄에 죄를 더하도다
2 그들이 바로의 세력 안에서 스스로
강하려 하며 애굽의 그늘에 피하려
하여 애굽으로 내려갔으되 나의 입
에 묻지 아니하였도다
3 그러므로 바로의 세력이 너희의 수
치가 되며 애굽의 그늘에 피함이
너희의 수욕이 될 것이라
4 그 고관들이 소안에 있고 그 사신
들이 하네스에 이르렀으나
5 그들이 다 자기를 유익하게 하지
못하는 민족으로 말미암아 수치를
당하리니 그 민족이 돕지도 못하며
유익하게도 못하고 수치가 되게 하
며 수욕이 되게 할 뿐임이니라
6 네겝 짐승들에 관한 경고라 사신들
이 그들의 재물을 어린 나귀 등에
싣고 그들의 보물을 낙타 안장에
얹고 암사자와 수사자와 독사와 및
날아다니는 불뱀이 나오는 위험하
고 곤고한 땅을 지나 자기에게 무
익한 민족에게로 갔으나
7 애굽의 도움은 헛되고 무익하니라
그러므로 내가 애굽을 가만히 앉은
라합이라 일컬었느니라
8 이제 가서 백성 앞에서 서판에 기록
하며 책에 써서 후세에 영원히 있
게 하라
9 대저 이는 패역한 백성이요 거짓말
하는 자식들이요 야훼의 법을 듣기
싫어하는 자식들이라
10 그들이 선견자들에게 이르기를 선
견하지 말라 선지자들에게 이르기
를 우리에게 바른 것을 보이지 말
라 우리에게 부드러운 말을 하라

기록일 : . . .

거짓된 것을 보이라
11 너희는 바른 길을 버리며 첩경에서
돌이키라 이스라엘의 거룩하신 이
를 우리 앞에서 떠나시게 하라 하
는도다
12 이러므로 이스라엘의 거룩하신 이
가 이같이 말씀하시되 너희가 이
말을 업신여기고 압박과 허망을 믿
어 그것을 의지하니
13 이 죄악이 너희에게 마치 무너지려
고 터진 담이 불쑥 나와 순식간에
무너짐 같게 되리라 하셨은즉
14 그가 이 나라를 무너뜨리시되 토기
장이가 그릇을 깨뜨림 같이 아낌이
없이 부수시리니 그 조각 중에서,
아궁이에서 불을 붙이거나 물 웅덩
이에서 물을 뜰 것도 얻지 못하리라
15 주 야훼 이스라엘의 거룩하신 이가
이같이 말씀하시되 너희가 돌이켜
조용히 있어야 구원을 얻을 것이요
잠잠하고 신뢰하여야 힘을 얻을 것
이거늘 너희가 원하지 아니하고
16 이르기를 아니라 우리가 말 타고
도망하리라 하였으므로 너희가 도
망할 것이요 또 이르기를 우리가
빠른 짐승을 타리라 하였으므로 너
희를 쫓는 자들이 빠르리니
17 한 사람이 꾸짖은즉 천 사람이 도
망하겠고 다섯이 꾸짖은즉 너희가
다 도망하고 너희 남은 자는 겨우
산 꼭대기의 깃대 같겠고 산마루
위의 기치 같으리라 하셨느니라
18 그러나 야훼께서 기다리시나니 이
는 너희에게 은혜를 베풀려 하심이
요 일어나시리니 이는 너희를 긍휼
히 여기려 하심이라 대저 야훼는 정
의의 하나님이심이라 그를 기다리
는 자마다 복이 있도다
19 시온에 거주하며 예루살렘에 거주
하는 백성아 너는 다시 통곡하지
아니할 것이라 그가 네 부르짖는
소리로 말미암아 네게 은혜를 베푸
시되 그가 들으실 때에 네게 응답
하시리라
20 주께서 너희에게 환난의 떡과 고생
의 물을 주시나 네 스승은 다시 숨
기지 아니하시리니 네 눈이 네 스승
을 볼 것이며
21 너희가 오른쪽으로 치우치든지 왼
쪽으로 치우치든지 네 뒤에서 말소
리가 네 귀에 들려 이르기를 이것이
바른 길이니 너희는 이리로 가라 할
것이며
22 또 너희가 너희 조각한 우상에 입힌
은과 부어 만든 우상에 올린 금을
더럽게 하여 불결한 물건을 던짐 같
이 던지며 이르기를 나가라 하리라
23 네가 땅에 뿌린 종자에 주께서 비
를 주사 땅이 먹을 것을 내며 곡식
이 풍성하고 기름지게 하실 것이며

기록일 : . . .

그 날에 네 가축이 광활한 목장에
서 먹을 것이요
24 밭 가는 소와 어린 나귀도 키와 쇠
스랑으로 까부르고 맛있게 한 먹이
를 먹을 것이며
25 크게 살육하는 날 망대가 무너질
때에 고산마다 준령마다 그 위에
개울과 시냇물이 흐를 것이며
26 야훼께서 자기 백성의 상처를 싸매
시며 그들의 맞은 자리를 고치시는
날에는 달빛은 햇빛 같겠고 햇빛은
일곱 배가 되어 일곱 날의 빛과 같
으리라
27 보라 야훼의 이름이 원방에서부터
오되 그의 진노가 불 붙듯 하며 빽
빽한 연기가 일어나듯 하며 그의
입술에는 분노가 찼으며 그의 혀는
맹렬한 불 같으며
28 그의 호흡은 마치 창일하여 목에까
지 미치는 하수 같은즉 그가 멸하
는 키로 열방을 까부르며 여러 민
족의 입에 미혹하는 재갈을 물리시
리니
29 너희가 거룩한 절기를 지키는 밤에
하듯이 노래할 것이며 피리를 불며
야훼의 산으로 가서 이스라엘의 반
석에게로 나아가는 자 같이 마음에
즐거워할 것이라
30 야훼께서 그의 장엄한 목소리를 듣
게 하시며 혁혁한 진노로 그의 팔
의 치심을 보이시되 맹렬한 화염과
폭풍과 폭우와 우박으로 하시리니
31 야훼의 목소리에 앗수르가 낙담할
것이며 주께서는 막대기로 치실 것
이라
32 야훼께서 예정하신 몽둥이를 앗수
르 위에 더하실 때마다 소고를 치
며 수금을 탈 것이며 그는 전쟁 때
에 팔을 들어 그들을 치시리라
33 대저 도벳은 이미 세워졌고 또 왕
을 위하여 예비된 것이라 깊고 넓
게 하였고 거기에 불과 많은 나무
가 있은즉 야훼의 호흡이 유황 개
천 같아서 이를 사르시리라

31

도움을 구하러 애굽으로 내려가
는 자들은 화 있을진저 그들은 말
을 의지하며 병거의 많음과 마병의
심히 강함을 의지하고 이스라엘의
거룩하신 이를 앙모하지 아니하며
야훼를 구하지 아니하나니
2 야훼께서도 지혜로우신즉 재앙을
내리실 것이라 그의 말씀들을 변하
게 하지 아니하시고 일어나사 악행
하는 자들의 집을 치시며 행악을
돕는 자들을 치시리니
3 애굽은 사람이요 신이 아니며 그들
의 말들은 육체요 영이 아니라 야
훼께서 그의 손을 펴시면 돕는 자
도 넘어지며 도움을 받는 자도 엎
드러져서 다 함께 멸망하리라

4 야훼께서 이같이 내게 이르시되 큰
사자나 젊은 사자가 자기의 먹이를
움키고 으르렁거릴 때에 그것을 치
려고 여러 목자를 불러 왔다 할지
라도 그것이 그들의 소리로 말미암
아 놀라지 아니할 것이요 그들의
떠듦으로 말미암아 굴복하지 아니
할 것이라 이와 같이 나 만군의 야
훼가 강림하여 시온 산과 그 언덕
에서 싸울 것이라
5 새가 날개 치며 그 새끼를 보호함
같이 나 만군의 야훼가 예루살렘을
보호할 것이라 그것을 호위하며 건
지며 뛰어넘어 구원하리라 하셨느
니라
6 이스라엘 자손들아 너희는 심히 거
역하던 자에게로 돌아오라
7 너희가 자기 손으로 만들어 범죄한
은 우상, 금 우상을 그 날에는 각
사람이 던져 버릴 것이며
8 앗수르는 칼에 엎드러질 것이나 사
람의 칼로 말미암음이 아니겠고 칼
에 삼켜질 것이나 사람의 칼로 말
미암음이 아닐 것이며 그는 칼 앞
에서 도망할 것이요 그의 장정들은
복역하는 자가 될 것이라
9 그의 반석은 두려움으로 말미암아
물러가겠고 그의 고관들은 기치로
말미암아 놀라리라 이는 야훼의 말
씀이라 야훼의 불은 시온에 있고 야
훼의 풀무는 예루살렘에 있느니라

32

보라 장차 한 왕이 공의로 통치할
것이요 방백들이 정의로 다스릴 것
이며
2 또 그 사람은 광풍을 피하는 곳, 폭
우를 가리는 곳 같을 것이며 마른
땅에 냇물 같을 것이며 곤비한 땅
에 큰 바위 그늘 같으리니
3 보는 자의 눈이 감기지 아니할 것이
요 듣는 자가 귀를 기울일 것이며
4 조급한 자의 마음이 지식을 깨닫고
어눌한 자의 혀가 민첩하여 말을
분명히 할 것이라
5 어리석은 자를 다시 존귀하다 부르
지 아니하겠고 우둔한 자를 다시
존귀한 자라 말하지 아니하리니
6 이는 어리석은 자는 어리석은 것을
말하며 그 마음에 불의를 품어 간
사를 행하며 패역한 말로 야훼를
거스르며 주린 자의 속을 비게 하
며 목마른 자에게서 마실 것을 없어
지게 함이며
7 악한 자는 그 그릇이 악하여 악한
계획을 세워 거짓말로 가련한 자를
멸하며 가난한 자가 말을 바르게
할지라도 그리함이거니와
8 존귀한 자는 존귀한 일을 계획하나
니 그는 항상 존귀한 일에 서리라
9 너희 안일한 여인들아 일어나 내 목
소리를 들을지어다 너희 염려 없는

기록일 : . . .

딸들아 내 말에 귀를 기울일지어다
10 너희 염려 없는 여자들아 일 년 남
짓 지나면 너희가 당황하리니 포도
수확이 없으며 열매 거두는 일이 이
르지 않을 것임이라
11 너희 안일한 여자들아 떨지어다 너
희 염려 없는 자들아 당황할지어다
옷을 벗어 몸을 드러내고 베로 허
리를 동일지어다
12 그들은 좋은 밭으로 인하여 열매
많은 포도나무로 인하여 가슴을 치
게 될 것이니라
13 내 백성의 땅에 가시와 찔레가 나
며 희락의 성읍, 기뻐하는 모든 집
에 나리니
14 대저 궁전이 폐한 바 되며 인구 많
던 성읍이 적막하며 오벨과 망대가
영원히 굴혈이 되며 들나귀가 즐기
는 곳과 양 떼의 초장이 되려니와
15 마침내 위에서부터 영을 우리에게
부어 주시리니 광야가 아름다운 밭
이 되며 아름다운 밭을 숲으로 여
기게 되리라
16 그 때에 정의가 광야에 거하며 공
의가 아름다운 밭에 거하리니
17 공의의 열매는 화평이요 공의의 결
과는 영원한 평안과 안전이라
18 내 백성이 화평한 집과 안전한 거처
와 조용히 쉬는 곳에 있으려니와
19 그 숲은 우박에 상하고 성읍은 파
괴되리라
20 모든 물 가에 씨를 뿌리고 소와 나
귀를 그리로 모는 너희는 복이 있
느니라

33 너 학대를 당하지 아니하고도 학
대하며 속이고도 속임을 당하지 아
니하는 자여 화 있을진저 네가 학
대하기를 그치면 네가 학대를 당할
것이며 네가 속이기를 그치면 사람
이 너를 속이리라
2 야훼여 우리에게 은혜를 베푸소서
우리가 주를 앙망하오니 주는 아침
마다 우리의 팔이 되시며 환난 때
에 우리의 구원이 되소서
3 요란한 소리로 말미암아 민족들이
도망하며 주께서 일어나심으로 말
미암아 나라들이 흩어졌나이다
4 황충의 떼 같이 사람이 너희의 노
략물을 모을 것이며 메뚜기가 뛰어
오름 같이 그들이 그 위로 뛰어오
르리라
5 야훼께서는 지극히 존귀하시니 그
는 높은 곳에 거하심이요 정의와
공의를 시온에 충만하게 하심이라
6 네 시대에 평안함이 있으며 구원과
지혜와 지식이 풍성할 것이니 야훼
를 경외함이 네 보배니라
7 보라 그들의 용사가 밖에서 부르짖
으며 평화의 사신들이 슬피 곡하며
8 대로가 황폐하여 행인이 끊어지며

대적이 조약을 파하고 성읍들을 멸
시하며 사람을 생각하지 아니하며
9 땅이 슬퍼하고 쇠잔하며 레바논은
부끄러워하고 마르며 사론은 사막
과 같고 바산과 갈멜은 나뭇잎을
떨어뜨리는도다
10 야훼께서 이르시되 내가 이제 일어
나며 내가 이제 나를 높이며 내가
이제 지극히 높아지리니
11 너희가 겨를 잉태하고 짚을 해산할
것이며 너희의 호흡은 불이 되어 너
희를 삼킬 것이며
12 민족들은 불에 굽는 횟돌 같겠고
잘라서 불에 사르는 가시나무 같으
리로다
13 너희 먼 데에 있는 자들아 내가 행
한 것을 들으라 너희 가까이에 있
는 자들아 나의 권능을 알라
14 시온의 죄인들이 두려워하며 경건
하지 아니한 자들이 떨며 이르기를
우리 중에 누가 삼키는 불과 함께
거하겠으며 우리 중에 누가 영영히
타는 것과 함께 거하리요 하도다
15 오직 공의롭게 행하는 자, 정직히
말하는 자, 토색한 재물을 가증히
여기는 자, 손을 흔들어 뇌물을 받
지 아니하는 자, 귀를 막아 피 흘리
려는 꾀를 듣지 아니하는 자, 눈을
감아 악을 보지 아니하는 자,
16 그는 높은 곳에 거하리니 견고한
바위가 그의 요새가 되며 그의 양
식은 공급되고 그의 물은 끊어지지
아니하리라
17 네 눈은 왕을 그의 아름다운 가운
데에서 보며 광활한 땅을 눈으로
보겠고
18 네 마음은 두려워하던 것을 생각해
내리라 계산하던 자가 어디 있느냐
공세를 계량하던 자가 어디 있느냐
망대를 계수하던 자가 어디 있느냐
19 네가 강포한 백성을 보지 아니하리
라 그 백성은 방언이 어려워 네가
알아듣지 못하며 말이 이상하여 네
가 깨닫지 못하는 자니라
20 우리 절기의 시온 성을 보라 네 눈
이 안정된 처소인 예루살렘을 보리
니 그것은 옮겨지지 아니할 장막이
라 그 말뚝이 영영히 뽑히지 아니할
것이요 그 줄이 하나도 끊어지지 아
니할 것이며
21 야훼는 거기에 위엄 중에 우리와
함께 계시리니 그 곳에는 여러 강
과 큰 호수가 있으나 노 젓는 배나
큰 배가 통행하지 못하리라
22 대저 야훼는 우리 재판장이시요 야
훼는 우리에게 율법을 세우신 이요
야훼는 우리의 왕이시니 그가 우리
를 구원하실 것임이라
23 네 돛대 줄이 풀렸으니 돛대의 밑
을 튼튼히 하지 못하였고 돛을 달

기록일 : . . .

지 못하였느니라 때가 되면 많은
재물을 탈취하여 나누리니 저는 자
도 그 재물을 취할 것이며
24 그 거주민은 내가 병들었노라 하지
아니할 것이라 거기에 사는 백성이
사죄함을 받으리라

34 열국이여 너희는 나아와 들을지어
다 민족들이여 귀를 기울일지어다
땅과 땅에 충만한 것, 세계와 세계
에서 나는 모든 것이여 들을지어다
2 대저 여호와께서 만국을 향하여 진노
하시며 그들의 만군을 향하여 분내
사 그들을 진멸하시며 살륙 당하게
하셨은즉
3 그 살륙 당한 자는 내던진 바 되며
그 사체의 악취가 솟아오르고 그
피에 산들이 녹을 것이며
4 하늘의 만상이 사라지고 하늘들이
두루마리 같이 말리되 그 만상의
쇠잔함이 포도나무 잎이 마름 같고
무화과나무 잎이 마름 같으리라
5 여호와의 칼이 하늘에서 족하게 마셨
은즉 보라 이것이 에돔 위에 내리
며 진멸하시기로 한 백성 위에 내려
그를 심판할 것이라
6 여호와의 칼이 피 곧 어린 양과 염소
의 피에 만족하고 기름 곧 숫양의
콩팥 기름으로 윤택하니 이는 여호와
를 위한 희생이 보스라에 있고 큰
살육이 에돔 땅에 있음이라
7 들소와 송아지와 수소가 함께 도
살장에 내려가니 그들의 땅이 피에
취하며 흙이 기름으로 윤택하리라
8 이것은 여호와께서 보복하시는 날이
요 시온의 송사를 위하여 신원하시
는 해라
9 에돔의 시내들은 변하여 역청이 되
고 그 티끌은 유황이 되고 그 땅은
불붙는 역청이 되며
10 낮에나 밤에나 꺼지지 아니하고 그
연기가 끊임없이 떠오를 것이며 세
세에 황무하여 영원히 그리로 지나
갈 자가 없겠고
11 당아새와 고슴도치가 그 땅을 차지
하며 부엉이와 까마귀가 거기에 살
것이라 여호와께서 그 위에 혼란의
줄과 공허의 추를 드리우실 것인즉
12 그들이 국가를 이어 세우려 하여 귀인들
을 부르되 아무도 없겠고 그 모든
방백도 없게 될 것이요
13 그 궁궐에는 가시나무가 나며 그
견고한 성에는 엉겅퀴와 새품이 자
라서 승냥이의 굴과 타조의 처소가
될 것이니
14 들짐승이 이리와 만나며 숫염소가
그 동류를 부르며 올빼미가 거기에
살면서 쉬는 처소로 삼으며
15 부엉이가 거기에 깃들이고 알을 낳
아 까서 그 그늘에 모으며 솔개들도
각각 제 짝과 함께 거기에 모이리라

기록일 : . . .

16 너희는 야훼의 책에서 찾아 읽어보
라 이것들 가운데서 빠진 것이 하
나도 없고 제 짝이 없는 것이 없으
리니 이는 야훼의 입이 이를 명령하
셨고 그의 영이 이것들을 모으셨음
이라
17 야훼께서 그것들을 위하여 제비를
뽑으시며 그의 손으로 줄을 띠어
그 땅을 그것들에게 나누어 주셨으
니 그들이 영원히 차지하며 대대로
거기에 살리라

35

광야와 메마른 땅이 기뻐하며 사
막이 백합화 같이 피어 즐거워하며
2 무성하게 피어 기쁜 노래로 즐거워
하며 레바논의 영광과 갈멜과 사론
의 아름다움을 얻을 것이라 그것들
이 야훼의 영광 곧 우리 하나님의
아름다움을 보리로다
3 너희는 약한 손을 강하게 하며 떨
리는 무릎을 굳게 하며
4 겁내는 자들에게 이르기를 굳세어
라, 두려워하지 말라, 보라 너희 하
나님이 오사 보복하시며 갚아 주실
것이라 하나님이 오사 너희를 구하
시리라 하라
5 그 때에 맹인의 눈이 밝을 것이며
못 듣는 사람의 귀가 열릴 것이며
6 그 때에 저는 자는 사슴 같이 뛸 것
이며 말 못하는 자의 혀는 노래하
리니 이는 광야에서 물이 솟겠고
사막에서 시내가 흐를 것임이라
7 뜨거운 사막이 변하여 못이 될 것이
며 메마른 땅이 변하여 원천이 될
것이며 승냥이의 눕던 곳에 풀과
갈대와 부들이 날 것이며
8 거기에 대로가 있어 그 길을 거룩한
길이라 일컫는 바 되리니 깨끗하지
못한 자는 지나가지 못하겠고 오직
구속함을 입은 자들을 위하여 있게
될 것이라 우매한 행인은 그 길로
다니지 못할 것이며
9 거기에는 사자가 없고 사나운 짐승
이 그리로 올라가지 아니하므로 그
것을 만나지 못하겠고 오직 구속함
을 받은 자만 그리로 행할 것이며
10 야훼의 속량함을 받은 자들이 돌아
오되 노래하며 시온에 이르러 그들
의 머리 위에 영영한 희락을 띠고
기쁨과 즐거움을 얻으리니 슬픔과
탄식이 사라지리로다

36

히스기야 왕 십사년에 앗수르 왕
산헤립이 올라와서 유다의 모든 견
고한 성을 쳐서 취하니라
2 앗수르 왕이 라기스에서부터 랍사
게를 예루살렘으로 보내되 대군을
거느리고 히스기야 왕에게로 가게
하매 그가 윗못 수도 곁 세탁자의
밭 큰 길에 서매
3 힐기야의 아들 왕궁 맡은 자 엘리
아김과 서기관 셉나와 아삽의 아들

기록일 : . . .

사관 요아가 그에게 나아가니라
4 랍사게가 그들에게 이르되 이제 히
스기야에게 말하라 대왕 앗수르 왕
이 이같이 말씀하시기를 네가 믿는
바 그 믿는 것이 무엇이냐
5 내가 말하노니 네가 족히 싸울 계
략과 용맹이 있노라 함은 입술에
붙은 말뿐이니라 네가 이제 누구를
믿고 나를 반역하느냐
6 보라 네가 애굽을 믿는도다 그것은
상한 갈대 지팡이와 같은 것이라
사람이 그것을 의지하면 손이 찔리
리니 애굽 왕 바로는 그를 믿는 모
든 자에게 이와 같으니라
7 혹시 네가 내게 이르기를 우리는
우리 하나님 야훼를 신뢰하노라 하
리라마는 그는 그의 산당과 제단을
히스기야가 제하여 버리고 유다와
예루살렘에 명령하기를 너희는 이
제단 앞에서만 예배하라 하던 그
신이 아니냐 하셨느니라
8 그러므로 이제 청하노니 내 주 앗
수르 왕과 내기하라 내가 네게 말
이천 필을 주어도 너는 그 탈 자를
능히 내지 못하리라
9 그런즉 네가 어찌 내 주의 종 가운
데 극히 작은 총독 한 사람인들 물
리칠 수 있으랴 어찌 애굽을 믿고
병거와 기병을 얻으려 하느냐
10 내가 이제 올라와서 이 땅을 멸하
는 것이 야훼의 뜻이 없음이겠느냐
야훼께서 내게 이르시기를 올라가
그 땅을 쳐서 멸하라 하셨느니라
하니라
11 이에 엘리아김과 셉나와 요아가 랍
사게에게 이르되 우리가 아람 방
언을 아오니 청하건대 그 방언으로
당신의 종들에게 말하고 성 위에
있는 백성이 듣는 데에서 우리에게
유다 방언으로 말하지 마소서 하니
12 랍사게가 이르되 내 주께서 이 일
을 네 주와 네게만 말하라고 나를
보내신 것이냐 너희와 함께 자기의
대변을 먹으며 자기의 소변을 마실
성 위에 앉은 사람들에게도 하라고
보내신 것이 아니냐 하더라
13 이에 랍사게가 일어서서 유다 방언
으로 크게 외쳐 이르되 너희는 대
왕 앗수르 왕의 말씀을 들으라
14 왕의 말씀에 너희는 히스기야에게
미혹되지 말라 그가 능히 너희를
건지지 못할 것이니라
15 히스기야가 너희에게 야훼를 신뢰
하게 하려는 것을 따르지 말라 그가
말하기를 야훼께서 반드시 우리를
건지시리니 이 성이 앗수르 왕의 손
에 넘어가지 아니하리라 할지라도
16 히스기야의 말을 듣지 말라 앗수르
왕이 또 이같이 말씀하시기를 너희
는 내게 항복하고 내게로 나아오라

기록일 : . . .

그리하면 너희가 각각 자기의 포도
와 자기의 무화과를 먹을 것이며 각
각 자기의 우물 물을 마실 것이요
17 내가 와서 너희를 너희 본토와 같
이 곡식과 포도주와 떡과 포도원이
있는 땅에 옮기기까지 하리라
18 혹시 히스기야가 너희에게 이르기
를 야훼께서 우리를 건지시리라 할
지라도 속지 말라 열국의 신들 중
에 자기의 땅을 앗수르 왕의 손에
서 건진 자가 있느냐
19 하맛과 아르밧의 신들이 어디 있느
냐 스발와임의 신들이 어디 있느냐
그들이 사마리아를 내 손에서 건졌
느냐
20 이 열방의 신들 중에 어떤 신이 자
기의 나라를 내 손에서 건져냈기에
야훼가 능히 예루살렘을 내 손에서
건지겠느냐 하셨느니라 하니라
21 그러나 그들이 잠잠하여 한 말도
대답하지 아니하였으니 이는 왕이
그들에게 명령하여 대답하지 말라
하였음이었더라
22 그 때에 힐기야의 아들 왕궁 맡은
자 엘리아김과 서기관 셉나와 아삽
의 아들 사관 요아가 자기의 옷을
찢고 히스기야에게 나아가서 랍사
게의 말을 그에게 전하니라

37 히스기야 왕이 듣고 자기의 옷을
찢고 굵은 베 옷을 입고 야훼의 전
으로 갔고
2 왕궁 맡은 자 엘리아김과 서기관
셉나와 제사장 중 어른들도 굵은
베 옷을 입으니라 왕이 그들을 아
모스의 아들 선지자 이사야에게로
보내매
3 그들이 이사야에게 이르되 히스기
야의 말씀에 오늘은 환난과 책벌과
능욕의 날이라 아이를 낳으려 하나
해산할 힘이 없음 같도다
4 당신의 하나님 야훼께서 랍사게의
말을 들으셨을 것이라 그가 그의
상전 앗수르 왕의 보냄을 받고 살
아 계시는 하나님을 훼방하였은즉
당신의 하나님 야훼께서 혹시 그
말로 말미암아 견책하실까 하노라
그런즉 바라건대 당신은 이 남아
있는 자를 위하여 기도하라 하시더
이다 하니라
5 그리하여 히스기야 왕의 신하들이
이사야에게 나아가매
6 이사야가 그들에게 이르되 너희는
너희 주에게 이렇게 말하라 야훼께
서 이같이 말씀하시되 너희가 들은
바 앗수르 왕의 종들이 나를 능욕
한 말로 말미암아 두려워하지 말라
7 보라 내가 영을 그의 속에 두리니
그가 소문을 듣고 그의 고국으로
돌아갈 것이며 또 내가 그를 그의
고국에서 칼에 죽게 하리라 하셨느

니라 하니라
8 앗수르 왕이 라기스를 떠났다 함을
듣고 랍사게가 돌아가다가 그 왕을
만나니 립나를 치고 있더라
9 그 때에 앗수르 왕이 구스 왕 디르
하가의 일에 관하여 들은즉 사람들
이 이르기를 그가 나와서 왕과 싸
우려 한다 하는지라 이 말을 듣고
사자들을 히스기야에게 보내며 이
르되
10 너희는 유다의 히스기야 왕에게 이
같이 말하여 이르기를 너는 네가 신
뢰하는 하나님이 예루살렘이 앗수
르 왕의 손에 넘어가지 아니하리라
하는 말에 속지 말라
11 앗수르 왕들이 모든 나라에 어떤
일을 행하였으며 그것을 어떻게 멸
절시켰는지 네가 들었으리니 네가
구원을 받겠느냐
12 나의 조상들이 멸하신 열방 고산
과 하란과 레셉과 및 들라살에 있
는 에덴 자손을 그 나라들의 신들
이 건졌더냐
13 하맛 왕과 아르밧 왕과 스발와임
성의 왕과 헤나 왕과 이와 왕이 어
디 있느냐 하라 하였더라
14 히스기야가 그 사자들의 손에서 글
을 받아 보고 야훼의 전에 올라가
서 그 글을 야훼 앞에 펴 놓고
15 야훼께 기도하여 이르되
16 그룹 사이에 계신 이스라엘 하나님
만군의 야훼여 주는 천하 만국에
유일하신 하나님이시라 주께서 천
지를 만드셨나이다
17 야훼여 귀를 기울여 들으시옵소서
야훼여 눈을 뜨고 보시옵소서 산
헤립이 사람을 보내어 살아 계시는
하나님을 훼방한 모든 말을 들으시
옵소서
18 야훼여 앗수르 왕들이 과연 열국과
그들의 땅을 황폐하게 하였고
19 그들의 신들을 불에 던졌사오나 그
들은 신이 아니라 사람의 손으로
만든 것일 뿐이요 나무와 돌이라
그러므로 멸망을 당하였나이다
20 우리 하나님 야훼여 이제 우리를
그의 손에서 구원하사 천하 만국이
주만이 야훼이신 줄을 알게 하옵소
서 하니라
21 아모스의 아들 이사야가 사람을 보
내어 히스기야에게 이르되 이스라
엘의 하나님 야훼께서 말씀하시되
네가 앗수르의 산헤립 왕의 일로
내게 기도하였도다 하시고
22 야훼께서 그에 대하여 이같이 이르
시되 처녀 딸 시온이 너를 멸시하며
조소하였고 딸 예루살렘이 너를 향
하여 머리를 흔들었느니라
23 네가 훼방하며 능욕한 것은 누구에
게냐 네가 소리를 높이며 눈을 높

기록일 : . . .

이 들어 향한 것은 누구에게냐 곧
이스라엘의 거룩하신 이에게니라
24 네가 네 종을 통해서 주를 훼방하
여 이르기를 내가 나의 허다한 병거
를 거느리고 산들의 꼭대기에 올라
가며 레바논의 깊은 곳에 이르렀으
니 높은 백향목과 아름다운 향나무
를 베고 또 그 제일 높은 곳에 들어
가 살진 땅의 수풀에 이를 것이며
25 내가 우물을 파서 물을 마셨으니
내 발바닥으로 애굽의 모든 하수를
말리리라 하였도다
26 네가 어찌하여 듣지 못하였느냐 이
일들은 내가 태초부터 행한 바요
상고부터 정한 바로서 이제 내가
이루어 네가 견고한 성읍들을 헐어
돌무더기가 되게 하였노라
27 그러므로 그 주민들이 힘이 약하여
놀라며 수치를 당하여 들의 풀 같
이, 푸른 나물 같이, 지붕의 풀 같
이, 자라지 못한 곡초 같이 되었느
니라
28 네 거처와 네 출입과 네가 나를 거
슬러 분노함을 내가 아노라
29 네가 나를 거슬러 분노함과 네 오
만함이 내 귀에 들렸으므로 내가
갈고리로 네 코를 꿰며 재갈을 네
입에 물려 너를 오던 길로 돌아가
게 하리라 하셨나이다
30 왕이여 이것이 왕에게 징조가 되리
니 올해는 스스로 난 것을 먹을 것
이요 둘째 해에는 또 거기에서 난
것을 먹을 것이요 셋째 해에는 심
고 거두며 포도나무를 심고 그 열
매를 먹을 것이니이다
31 유다 족속 중에 피하여 남은 자는
다시 아래로 뿌리를 박고 위로 열
매를 맺으리니
32 이는 남은 자가 예루살렘에서 나오
며 피하는 자가 시온 산에서 나올
것임이라 만군의 야훼의 열심이 이
를 이루시리이다
33 그러므로 야훼께서 앗수르 왕에 대
하여 이같이 이르시되 그가 이 성에
이르지 못하며 화살 하나도 이리로
쏘지 못하며 방패를 가지고 성에
가까이 오지도 못하며 흉벽을 쌓고
치지도 못할 것이요
34 그가 오던 길 곧 그 길로 돌아가고
이 성에 이르지 못하리라 나 야훼
의 말이니라
35 대저 내가 나를 위하며 내 종 다윗
을 위하여 이 성을 보호하며 구원
하리라 하셨나이다 하니라
36 야훼의 사자가 나가서 앗수르 진
중에서 십팔만 오천인을 쳤으므로
아침에 일찍이 일어나 본즉 시체뿐
이라
37 이에 앗수르의 산헤립 왕이 떠나
돌아가서 니느웨에 거주하더니

38 자기 신 니스록의 신전에서 경배할
때에 그의 아들 아드람멜렉과 사레
셀이 그를 칼로 죽이고 아라랏 땅
으로 도망하였으므로 그의 아들 에
살핫돈이 이어 왕이 되니라

38

그 때에 히스기야가 병들어 죽게
되니 아모스의 아들 선지자 이사야
가 나아가 그에게 이르되 야훼께서
이같이 말씀하시기를 너는 네 집에
유언하라 네가 죽고 살지 못하리라
하셨나이다 하니
2 히스기야가 얼굴을 벽으로 향하고
야훼께 기도하여
3 이르되 야훼여 구하오니 내가 주
앞에서 진실과 전심으로 행하며 주
의 목전에서 선하게 행한 것을 기억
하옵소서 하고 히스기야가 심히 통
곡하니
4 이에 야훼의 말씀이 이사야에게 임
하여 이르시되
5 너는 가서 히스기야에게 이르기를
네 조상 다윗의 하나님 야훼께서
이같이 말씀하시기를 내가 네 기도
를 들었고 네 눈물을 보았노라 내
가 네 수한에 십오 년을 더하고
6 너와 이 성을 앗수르 왕의 손에서
건져내겠고 내가 또 이 성을 보호
하리라
7 이는 야훼께로 말미암는 너를 위한
징조이니 곧 야훼께서 하신 말씀을
그가 이루신다는 증거이니라
8 보라 아하스의 해시계에 나아갔던
해 그림자를 뒤로 십 도를 물러가
게 하리라 하셨다 하라 하시더니 이
에 해시계에 나아갔던 해의 그림자
가 십 도를 물러가니라
9 유다 왕 히스기야가 병들었다가 그
의 병이 나은 때에 기록한 글이 이
러하니라
10 내가 말하기를 나의 중년에 스올의
문에 들어가고 나의 여생을 빼앗기
게 되리라 하였도다
11 내가 또 말하기를 내가 다시는 야훼
를 뵈옵지 못하리니 산 자의 땅에
서 다시는 야훼를 뵈옵지 못하겠고
내가 세상의 거민 중에서 한 사람도
다시는 보지 못하리라 하였도다
12 나의 거처는 목자의 장막을 걷음
같이 나를 떠나 옮겨졌고 직공이
베를 걷어 말음 같이 내가 내 생명
을 말았도다 주께서 나를 틀에서
끊으시리니 조석간에 나를 끝내시
리라
13 내가 아침까지 견디었사오나 주께
서 사자 같이 나의 모든 뼈를 꺾으
시오니 조석간에 나를 끝내시리라
14 나는 제비 같이, 학 같이 지저귀며
비둘기 같이 슬피 울며 내 눈이 쇠
하도록 앙망하나이다 야훼여 내가
압제를 받사오니 나의 중보가 되

기록일 : . . .

옵소서
15 주께서 내게 말씀하시고 또 친히
이루셨사오니 내가 무슨 말씀을 하
오리이까 내 영혼의 고통으로 말미
암아 내가 종신토록 방황하리이다
16 주여 사람이 사는 것이 이에 있고
내 심령의 생명도 온전히 거기에 있
사오니 원하건대 나를 치료하시며
나를 살려 주옵소서
17 보옵소서 내게 큰 고통을 더하신
것은 내게 평안을 주려 하심이라
주께서 내 영혼을 사랑하사 멸망의
구덩이에서 건지셨고 내 모든 죄를
주의 등 뒤에 던지셨나이다
18 스올이 주께 감사하지 못하며 사망
이 주를 찬양하지 못하며 구덩이에
들어간 자가 주의 신실을 바라지
못하되
19 오직 산 자 곧 산 자는 오늘 내가
하는 것과 같이 주께 감사하며 주
의 신실을 아버지가 그의 자녀에게
알게 하리이다
20 야훼께서 나를 구원하시리니 우리
가 종신토록 야훼의 전에서 수금으
로 나의 노래를 노래하리로다
21 이사야가 이르기를 한 뭉치 무화
과를 가져다가 종처에 붙이면 왕이
나으리라 하였고
22 히스기야도 말하기를 내가 야훼의
전에 올라갈 징조가 무엇이냐 하
였더라

39 그 때에 발라단의 아들 바벨론
왕 므로닥발라단이 히스기야가 병
들었다가 나았다 함을 듣고 히스기
야에게 글과 예물을 보낸지라
2 히스기야가 사자들로 말미암아 기
뻐하여 그들에게 보물 창고 곧 은
금과 향료와 보배로운 기름과 모든
무기고에 있는 것을 다 보여 주었
으니 히스기야가 궁중의 소유와 전
국내의 소유를 보이지 아니한 것이
없는지라
3 이에 선지자 이사야가 히스기야 왕
에게 나아와 묻되 그 사람들이 무
슨 말을 하였으며 어디서 왕에게
왔나이까 하니 히스기야가 이르되
그들이 원방 곧 바벨론에서 내게
왔나이다 하니라
4 이사야가 이르되 그들이 왕의 궁전
에서 무엇을 보았나이까 하니 히스
기야가 대답하되 그들이 내 궁전에
있는 것을 다 보았나이다 내 창고
에 있는 것으로 보이지 아니한 보
물이 하나도 없나이다 하니라
5 이사야가 히스기야에게 이르되 왕
은 만군의 야훼의 말씀을 들으소서
6 보라 날이 이르리니 네 집에 있는
모든 소유와 네 조상들이 오늘까지
쌓아 둔 것이 모두 바벨론으로 옮
긴 바 되고 남을 것이 없으리라 야

기록일 : . . .

훼의 말이니라
7 또 네게서 태어날 자손 중에서 몇
이 사로잡혀 바벨론 왕궁의 환관이
되리라 하셨나이다 하니
8 히스기야가 이사야에게 이르되 당
신이 이른 바 야훼의 말씀이 좋소이
다 하고 또 이르되 내 생전에는 평
안과 견고함이 있으리로다 하니라

40

너희의 하나님이 이르시되 너희는
위로하라 내 백성을 위로하라
2 너희는 예루살렘의 마음에 닿도록
말하며 그것에게 외치라 그 노역의
때가 끝났고 그 죄악의 사함을 받
았느니라 그의 모든 죄로 말미암아
야훼의 손에서 벌을 배나 받았느니
라 할지니라 하시니라
3 외치는 자의 소리여 이르되 너희는
광야에서 야훼의 길을 예비하라 사
막에서 우리 하나님의 대로를 평탄
하게 하라
4 골짜기마다 돋우어지며 산마다, 언
덕마다 낮아지며 고르지 아니한 곳
이 평탄하게 되며 험한 곳이 평지가
될 것이요
5 야훼의 영광이 나타나고 모든 육체
가 그것을 함께 보리라 이는 야훼
의 입이 말씀하셨느니라
6 말하는 자의 소리여 이르되 외치라
대답하되 내가 무엇이라 외치리이
까 하니 이르되 모든 육체는 풀이
요 그의 모든 아름다움은 들의 꽃
과 같으니
7 풀은 마르고 꽃이 시듦은 야훼의
기운이 그 위에 붊이라 이 백성은
진실로 풀이로다
8 풀은 마르고 꽃은 시드나 우리 하
나님의 말씀은 영원히 서리라 하라
9 아름다운 소식을 시온에 전하는 자
여 너는 높은 산에 오르라 아름다
운 소식을 예루살렘에 전하는 자여
너는 힘써 소리를 높이라 두려워하
지 말고 소리를 높여 유다의 성읍
들에게 이르기를 너희의 하나님을
보라 하라
10 보라 주 야훼께서 장차 강한 자로
임하실 것이요 친히 그의 팔로 다스
리실 것이라 보라 상급이 그에게 있
고 보응이 그 앞에 있으며
11 그는 목자 같이 양 떼를 먹이시며
어린 양을 그 팔로 모아 품에 안으
시며 젖먹이는 암컷들을 온순히 인
도하시리로다
12 누가 손바닥으로 바닷물을 헤아렸
으며 뼘으로 하늘을 쟀으며 땅의
티끌을 되에 담아 보았으며 접시
저울로 산들을, 막대 저울로 언덕들
을 달아 보았으랴
13 누가 야훼의 영을 지도하였으며 그
의 모사가 되어 그를 가르쳤으랴
14 그가 누구와 더불어 의논하셨으며

기록일 : . . .

누가 그를 교훈하였으며 그에게 정
의의 길로 가르쳤으며 지식을 가르
쳤으며 통달의 도를 보여 주었느냐
15 보라 그에게는 열방이 통의 한 방울
물과 같고 저울의 작은 티끌 같으며
섬들은 떠오르는 먼지 같으리니
16 레바논은 땔감에도 부족하겠고 그
짐승들은 번제에도 부족할 것이라
17 그의 앞에는 모든 열방이 아무것도
아니라 그는 그들을 없는 것 같이,
빈 것 같이 여기시느니라
18 그런즉 너희가 하나님을 누구와 같
다 하겠으며 무슨 형상을 그에게
비기겠느냐
19 우상은 장인이 부어 만들었고 장색
이 금으로 입혔고 또 은 사슬을 만
든 것이니라
20 궁핍한 자는 거제를 드릴 때에 썩
지 아니하는 나무를 택하고 지혜
로운 장인을 구하여 우상을 만들어
흔들리지 아니하도록 세우느니라
21 너희가 알지 못하였느냐 너희가 듣
지 못하였느냐 태초부터 너희에게
전하지 아니하였느냐 땅의 기초가
창조될 때부터 너희가 깨닫지 못하
였느냐
22 그는 땅 위 궁창에 앉으시나니 땅
에 사는 사람들은 메뚜기 같으니라
그가 하늘을 차일 같이 펴셨으며 거
주할 천막 같이 치셨고
23 귀인들을 폐하시며 세상의 사사들
을 헛되게 하시나니
24 그들은 겨우 심기고 겨우 뿌려졌으
며 그 줄기가 겨우 땅에 뿌리를 박
자 곧 하나님이 입김을 부시니 그
들은 말라 회오리바람에 불려 가는
초개 같도다
25 거룩하신 이가 이르시되 그런즉 너
희가 나를 누구에게 비교하여 나를
그와 동등하게 하겠느냐 하시니라
26 너희는 눈을 높이 들어 누가 이 모
든 것을 창조하였나 보라 주께서는
수효대로 만상을 이끌어 내시고 그
들의 모든 이름을 부르시나니 그의
권세가 크고 그의 능력이 강하므로
하나도 빠짐이 없느니라
27 야곱아 어찌하여 네가 말하며 이스
라엘아 네가 이르기를 내 길은 야
훼께 숨겨졌으며 내 송사는 내 하
나님에게서 벗어난다 하느냐
28 너는 알지 못하였느냐 듣지 못하였
느냐 영원하신 하나님 야훼, 땅 끝
까지 창조하신 이는 피곤하지 않으
시며 곤비하지 않으시며 명철이 한
이 없으시며
29 피곤한 자에게는 능력을 주시며 무
능한 자에게는 힘을 더하시나니
30 소년이라도 피곤하며 곤비하며 장
정이라도 넘어지며 쓰러지되
31 오직 야훼를 앙망하는 자는 새 힘

기록일 : . . .

을 얻으리니 독수리가 날개치며 올
라감 같을 것이요 달음박질하여도
곤비하지 아니하겠고 걸어가도 피
곤하지 아니하리로다

41

섬들아 내 앞에 잠잠하라 민족들
아 힘을 새롭게 하라 가까이 나아
오라 그리고 말하라 우리가 서로
재판 자리에 가까이 나아가자
2 누가 동방에서 사람을 일깨워서 공
의로 그를 불러 자기 발 앞에 이르
게 하였느냐 열국을 그의 앞에 넘
겨 주며 그가 왕들을 다스리게 하
되 그들이 그의 칼에 티끌 같게, 그
의 활에 불리는 초개 같게 하매
3 그가 그들을 쫓아가서 그의 발로
가 보지 못한 길을 안전히 지났나니
4 이 일을 누가 행하였느냐 누가 이
루었느냐 누가 처음부터 만대를 불
러내었느냐 나 야훼라 처음에도 나
요 나중 있을 자에게도 내가 곧 그
니라
5 섬들이 보고 두려워하며 땅 끝이
무서워 떨며 함께 모여 와서
6 각기 이웃을 도우며 그 형제에게
이르기를 너는 힘을 내라 하고
7 목공은 금장색을 격려하며 망치로
고르게 하는 자는 메질꾼을 격려하
며 이르되 땜질이 잘 된다 하니 그
가 못을 단단히 박아 우상을 흔들
리지 아니하게 하는도다
8 그러나 나의 종 너 이스라엘아 내
가 택한 야곱아 나의 벗 아브라함
의 자손아
9 내가 땅 끝에서부터 너를 붙들며
땅 모퉁이에서부터 너를 부르고 네
게 이르기를 너는 나의 종이라 내
가 너를 택하고 싫어하여 버리지 아
니하였다 하였노라
10 두려워하지 말라 내가 너와 함께
함이라 놀라지 말라 나는 네 하나
님이 됨이라 내가 너를 굳세게 하
리라 참으로 너를 도와 주리라 참
으로 나의 의로운 오른손으로 너를
붙들리라
11 보라 네게 노하던 자들이 수치와
욕을 당할 것이요 너와 다투는 자
들이 아무것도 아닌 것 같이 될 것
이며 멸망할 것이라
12 네가 찾아도 너와 싸우던 자들을
만나지 못할 것이요 너를 치는 자
들은 아무것도 아닌 것 같고 허무
한 것 같이 되리니
13 이는 나 야훼 너의 하나님이 네 오
른손을 붙들고 네게 이르기를 두
려워하지 말라 내가 너를 도우리라
할 것임이니라
14 버러지 같은 너 야곱아, 너희 이스
라엘 사람들아 두려워하지 말라 나
야훼가 말하노니 내가 너를 도울
것이라 네 구속자는 이스라엘의 거

기록일 : . . .

룩한 이이니라
15 보라 내가 너를 이가 날카로운 새
타작기로 삼으리니 네가 산들을 쳐
서 부스러기를 만들 것이며 작은 산
들을 겨 같이 만들 것이라
16 네가 그들을 까부른즉 바람이 그들
을 날리겠고 회오리바람이 그들을
흩어 버릴 것이로되 너는 야훼로 말
미암아 즐거워하겠고 이스라엘의
거룩한 이로 말미암아 자랑하리라
17 가련하고 가난한 자가 물을 구하되
물이 없어서 갈증으로 그들의 혀가
마를 때에 나 야훼가 그들에게 응
답하겠고 나 이스라엘의 하나님이
그들을 버리지 아니할 것이라
18 내가 헐벗은 산에 강을 내며 골짜
기 가운데에 샘이 나게 하며 광야
가 못이 되게 하며 마른 땅이 샘 근
원이 되게 할 것이며
19 내가 광야에는 백향목과 싯딤 나무
와 화석류와 들감람나무를 심고 사
막에는 잣나무와 소나무와 황양목
을 함께 두리니
20 무리가 보고 야훼의 손이 지으신
바요 이스라엘의 거룩한 이가 이것
을 창조하신 바인 줄 알며 함께 헤
아리며 깨달으리라
21 나 야훼가 말하노니 너희 우상들은
소송하라 야곱의 왕이 말하노니 너
희는 확실한 증거를 보이라
22 장차 당할 일을 우리에게 진술하라
또 이전 일이 어떠한 것도 알게 하
라 우리가 마음에 두고 그 결말을
알아보리라 혹 앞으로 올 일을 듣
게 하며
23 뒤에 올 일을 알게 하라 그리하면
너희가 신들인 줄 우리가 알리라
또 복을 내리든지 재난을 내리든지
하라 우리가 함께 보고 놀라리라
24 보라 너희는 아무것도 아니며 너희
일은 허망하며 너희를 택한 자는
가증하니라
25 내가 한 사람을 일으켜 북방에서
오게 하며 내 이름을 부르는 자를
해 돋는 곳에서 오게 하였나니 그
가 이르러 고관들을 석회 같이, 토
기장이가 진흙을 밟음 같이 하리니
26 누가 처음부터 이 일을 알게 하여
우리가 알았느냐 누가 이전부터 알
게 하여 우리가 옳다고 말하게 하
였느냐 알게 하는 자도 없고 들려
주는 자도 없고 너희 말을 듣는 자
도 없도다
27 내가 비로소 시온에게 너희는 이제
그들을 보라 하였노라 내가 기쁜 소
식을 전할 자를 예루살렘에 주리라
28 내가 본즉 한 사람도 없으며 내가
물어도 그들 가운데에 한 말도 대
답할 조언자가 없도다
29 보라 그들은 다 헛되며 그들의 행

기록일 : . . .

사는 허무하며 그들이 부어 만든
우상들은 바람이요 공허한 것뿐이
니라

42

내가 붙드는 나의 종, 내 마음에
기뻐하는 자 곧 내가 택한 사람을
보라 내가 나의 영을 그에게 주었
은즉 그가 이방에 정의를 베풀리라
2 그는 외치지 아니하며 목소리를 높
이지 아니하며 그 소리를 거리에 들
리게 하지 아니하며
3 상한 갈대를 꺾지 아니하며 꺼져
가는 등불을 끄지 아니하고 진실로
정의를 시행할 것이며
4 그는 쇠하지 아니하며 낙담하지
아니하고 세상에 정의를 세우기에
이르리니 섬들이 그 교훈을 앙망하
리라
5 하늘을 창조하여 펴시고 땅과 그
소산을 내시며 땅 위의 백성에게
호흡을 주시며 땅에 행하는 자에게
영을 주시는 하나님 야훼께서 이같
이 말씀하시되
6 나 야훼가 의로 너를 불렀은즉 내
가 네 손을 잡아 너를 보호하며 너
를 세워 백성의 언약과 이방의 빛
이 되게 하리니
7 네가 눈먼 자들의 눈을 밝히며 갇
힌 자를 감옥에서 이끌어 내며 흑
암에 앉은 자를 감방에서 나오게
하리라
8 나는 야훼이니 이는 내 이름이라
나는 내 영광을 다른 자에게, 내 찬
송을 우상에게 주지 아니하리라
9 보라 전에 예언한 일이 이미 이루어
졌느니라 이제 내가 새 일을 알리
노라 그 일이 시작되기 전에라도 너
희에게 이르노라
10 항해하는 자들과 바다 가운데의 만
물과 섬들과 거기에 사는 사람들아
야훼께 새 노래로 노래하며 땅 끝
에서부터 찬송하라
11 광야와 거기에 있는 성읍들과 게달
사람이 사는 마을들은 소리를 높
이라 셀라의 주민들은 노래하며 산
꼭대기에서 즐거이 부르라
12 야훼께 영광을 돌리며 섬들 중에서
그의 찬송을 전할지어다
13 야훼께서 용사 같이 나가시며 전사
같이 분발하여 외쳐 크게 부르시며
그 대적을 크게 치시리로다
14 내가 오랫동안 조용하며 잠잠하고
참았으나 내가 해산하는 여인 같이
부르짖으리니 숨이 차서 심히 헐떡
일 것이라
15 내가 산들과 언덕들을 황폐하게 하
며 그 모든 초목들을 마르게 하며
강들이 섬이 되게 하며 못들을 마
르게 할 것이며
16 내가 맹인들을 그들이 알지 못하는
길로 이끌며 그들이 알지 못하는 지

기록일 : . . .

름길로 인도하며 암흑이 그 앞에서
광명이 되게 하며 굽은 데를 곧게
할 것이라 내가 이 일을 행하여 그
들을 버리지 아니하리니
17 조각한 우상을 의지하며 부어 만든
우상을 향하여 너희는 우리의 신이
라 하는 자는 물리침을 받아 크게
수치를 당하리라
18 너희 못 듣는 자들아 들으라 너희
맹인들아 밝히 보라
19 맹인이 누구냐 내 종이 아니냐 누
가 내가 보내는 내 사자 같이 못 듣
는 자겠느냐 누가 내게 충성된 자
같이 맹인이겠느냐 누가 야훼의 종
같이 맹인이겠느냐
20 네가 많은 것을 볼지라도 유의하지
아니하며 귀가 열려 있을지라도 듣
지 아니하는도다
21 야훼께서 그의 의로 말미암아 기쁨
으로 교훈을 크게 하며 존귀하게
하려 하셨으나
22 이 백성이 도둑 맞으며 탈취를 당
하며 다 굴 속에 잡히며 옥에 갇히
도다 노략을 당하되 구할 자가 없
고 탈취를 당하되 되돌려 주라 말
할 자가 없도다
23 너희 중에 누가 이 일에 귀를 기울
이겠느냐 누가 뒤에 올 일을 삼가
듣겠느냐
24 야곱이 탈취를 당하게 하신 자가
누구냐 이스라엘을 약탈자들에게
넘기신 자가 누구냐 야훼가 아니시
냐 우리가 그에게 범죄하였도다 그
들이 그의 길로 다니기를 원하지
아니하며 그의 교훈을 순종하지 아
니하였도다
25 그러므로 야훼께서 맹렬한 진노와
전쟁의 위력을 이스라엘에게 쏟아
부으시매 그 사방에서 불타오르나
깨닫지 못하며 몸이 타나 마음에
두지 아니하는도다

43 야곱아 너를 창조하신 야훼께서
지금 말씀하시느니라 이스라엘아
너를 지으신 이가 말씀하시느니라
너는 두려워하지 말라 내가 너를
구속하였고 내가 너를 지명하여 불
렀나니 너는 내 것이라
2 네가 물 가운데로 지날 때에 내가
너와 함께 할 것이라 강을 건널 때
에 물이 너를 침몰하지 못할 것이
며 네가 불 가운데로 지날 때에 타
지도 아니할 것이요 불꽃이 너를 사
르지도 못하리니
3 대저 나는 야훼 네 하나님이요 이
스라엘의 거룩한 이요 네 구원자임
이라 내가 애굽을 너의 속량물로,
구스와 스바를 너를 대신하여 주었
노라
4 네가 내 눈에 보배롭고 존귀하며
내가 너를 사랑하였은즉 내가 네

대신 사람들을 내어 주며 백성들이
네 생명을 대신하리니
5 두려워하지 말라 내가 너와 함께 하
여 네 자손을 동쪽에서부터 오게 하
며 서쪽에서부터 너를 모을 것이며
6 내가 북쪽에게 이르기를 내놓으라
남쪽에게 이르기를 가두어 두지 말
라 내 아들들을 먼 곳에서 이끌며
내 딸들을 땅 끝에서 오게 하며
7 내 이름으로 불려지는 모든 자 곧
내가 내 영광을 위하여 창조한 자
를 오게 하라 그를 내가 지었고 그
를 내가 만들었느니라
8 눈이 있어도 보지 못하고 귀가 있어
도 듣지 못하는 백성을 이끌어 내라
9 열방은 모였으며 민족들이 회집하였
는데 그들 중에 누가 이 일을 알려
주며 이전 일들을 우리에게 들려 주
겠느냐 그들이 그들의 증인을 세워
서 자기들의 옳음을 나타내고 듣는
자들이 옳다고 말하게 하여 보라
10 나 야훼가 말하노라 너희는 나의
증인, 나의 종으로 택함을 입었나니
이는 너희가 나를 알고 믿으며 내
가 그인 줄 깨닫게 하려 함이라 나
의 전에 지음을 받은 신이 없었느니
라 나의 후에도 없으리라
11 나 곧 나는 야훼라 나 외에 구원자
가 없느니라
12 내가 알려 주었으며 구원하였으며
보였고 너희 중에 다른 신이 없었나
니 그러므로 너희는 나의 증인이요
나는 하나님이니라 야훼의 말씀이
니라
13 과연 태초로부터 나는 그이니 내
손에서 건질 자가 없도다 내가 행
하리니 누가 막으리요
14 너희의 구속자요 이스라엘의 거룩
한 이 야훼가 말하노라 너희를 위
하여 내가 바벨론에 사람을 보내어
모든 갈대아 사람에게 자기들이 연
락하던 배를 타고 도망하여 내려가
게 하리라
15 나는 야훼 너희의 거룩한 이요 이스
라엘의 창조자요 너희의 왕이니라
16 나 야훼가 이같이 말하노라 바다
가운데에 길을, 큰 물 가운데에 지
름길을 내고
17 병거와 말과 군대의 용사를 이끌어
내어 그들이 일시에 엎드러져 일어
나지 못하고 소멸하기를 꺼져가는
등불 같게 하였느니라
18 너희는 이전 일을 기억하지 말며 옛
날 일을 생각하지 말라
19 보라 내가 새 일을 행하리니 이제
나타낼 것이라 너희가 그것을 알지
못하겠느냐 반드시 내가 광야에 길
을 사막에 강을 내리니
20 장차 들짐승 곧 승냥이와 타조도
나를 존경할 것은 내가 광야에 물

기록일 : . . .

을, 사막에 강들을 내어 내 백성,
내가 택한 자에게 마시게 할 것임
이라
21 이 백성은 내가 나를 위하여 지었
나니 나를 찬송하게 하려 함이니라
22 그러나 야곱아 너는 나를 부르지
아니하였고 이스라엘아 너는 나를
괴롭게 여겼으며
23 네 번제의 양을 내게로 가져오지
아니하였고 네 제물로 나를 공경하
지 아니하였느니라 나는 제물로 말
미암아 너를 수고롭게 하지 아니하
였고 유향으로 말미암아 너를 괴롭
게 하지 아니하였거늘
24 너는 나를 위하여 돈으로 향품을
사지 아니하며 희생의 기름으로 나
를 흡족하게 하지 아니하고 네 죄
짐으로 나를 수고롭게 하며 네 죄
악으로 나를 괴롭게 하였느니라
25 나 곧 나는 나를 위하여 네 허물을
도말하는 자니 네 죄를 기억하지
아니하리라
26 너는 나에게 기억이 나게 하라 우
리가 함께 변론하자 너는 말하여
네가 의로움을 나타내라
27 네 시조가 범죄하였고 너의 교사들
이 나를 배반하였나니
28 그러므로 내가 성소의 어른들을 욕
되게 하며 야곱이 진멸 당하도록
내어 주며 이스라엘이 비방 거리가
되게 하리라

44 나의 종 야곱, 내가 택한 이스라
엘아 이제 들으라
2 너를 만들고 너를 모태에서부터 지
어 낸 너를 도와 줄 야훼가 이같이
말하노라 나의 종 야곱, 내가 택한
여수룬아 두려워하지 말라
3 나는 목마른 자에게 물을 주며 마
른 땅에 시내가 흐르게 하며 나의
영을 네 자손에게, 나의 복을 네 후
손에게 부어 주리니
4 그들이 풀 가운데에서 솟아나기를
시냇가의 버들 같이 할 것이라
5 한 사람은 이르기를 나는 야훼께
속하였다 할 것이며 또 한 사람은
야곱의 이름으로 자기를 부를 것이
며 또 다른 사람은 자기가 야훼께
속하였음을 그의 손으로 기록하고
이스라엘의 이름으로 존귀히 여김
을 받으리라
6 이스라엘의 왕인 야훼, 이스라엘의
구원자인 만군의 야훼가 이같이 말
하노라 나는 처음이요 나는 마지막
이라 나 외에 다른 신이 없느니라
7 내가 영원한 백성을 세운 이후로
나처럼 외치며 알리며 나에게 설명
할 자가 누구냐 있거든 될 일과 장
차 올 일을 그들에게 알릴지어다
8 너희는 두려워하지 말며 겁내지 말
라 내가 예로부터 너희에게 듣게

하지 아니하였느냐 알리지 아니하
였느냐 너희는 나의 증인이라 나
외에 신이 있겠느냐 과연 반석은 없
나니 다른 신이 있음을 내가 알지
못하노라
9 우상을 만드는 자는 다 허망하도다
그들이 원하는 것은 무익한 것이
거늘 그것들의 증인들은 보지도 못
하며 알지도 못하니 그러므로 수치
를 당하리라
10 신상을 만들며 무익한 우상을 부어
만든 자가 누구냐
11 보라 그와 같은 무리들이 다 수치
를 당할 것이라 그 대장장이들은
사람일 뿐이라 다 모여 서서 다
두려워하며 함께 수치를 당할 것이
니라
12 철공은 철로 연장을 만들고 숯불로
일하며 망치를 가지고 그것을 만들
며 그의 힘센 팔로 그 일을 하나 배
가 고프면 기운이 없고 물을 마시지
아니하면 피로하니라
13 목공은 줄을 늘여 재고 붓으로 긋
고 대패로 밀고 곡선자로 그어 사
람의 아름다움을 따라 사람의 모양
을 만들어 집에 두게 하며
14 그는 자기를 위하여 백향목을 베며
디르사 나무와 상수리나무를 취하
며 숲의 나무들 가운데에서 자기를
위하여 한 나무를 정하며 나무를
심고 비를 맞고 자라게도 하느니라
15 이 나무는 사람이 땔감을 삼는 것
이거늘 그가 그것을 가지고 자기
몸을 덥게도 하고 불을 피워 떡을
굽기도 하고 신상을 만들어 경배하
며 우상을 만들고 그 앞에 엎드리
기도 하는구나
16 그 중의 절반은 불에 사르고 그 절
반으로는 고기를 구워 먹고 배불리
며 또 몸을 덥게 하여 이르기를 아
하 따뜻하다 내가 불을 보았구나
하면서
17 그 나머지로 신상 곧 자기의 우상
을 만들고 그 앞에 엎드려 경배하
며 그것에게 기도하여 이르기를 너
는 나의 신이니 나를 구원하라 하
는도다
18 그들이 알지도 못하고 깨닫지도 못
함은 그들의 눈이 가려서 보지 못
하며 그들의 마음이 어두워져서 깨
닫지 못함이니라
19 마음에 생각도 없고 지식도 없고
총명도 없으므로 내가 그것의 절반
을 불사르고 또한 그 숯불 위에서
떡도 굽고 고기도 구워 먹었거늘
내가 어찌 그 나머지로 가증한 물
건을 만들겠으며 내가 어찌 그 나
무 토막 앞에 굴복하리요 말하지
아니하니
20 그는 재를 먹고 허탄한 마음에 미

기록일 : . . .

혹되어 자기의 영혼을 구원하지 못
하며 나의 오른손에 거짓 것이 있지
아니하냐 하지도 못하느니라
21 야곱아 이스라엘아 이 일을 기억하
라 너는 내 종이니라 내가 너를 지었
으니 너는 내 종이니라 이스라엘아
너는 나에게 잊혀지지 아니하리라
22 내가 네 허물을 빽빽한 구름 같이,
네 죄를 안개 같이 없이하였으니 너
는 내게로 돌아오라 내가 너를 구
속하였음이니라
23 야훼께서 이 일을 행하셨으니 하늘
아 노래할지어다 땅의 깊은 곳들아
높이 부를지어다 산들아 숲과 그
가운데의 모든 나무들아 소리내어
노래할지어다 야훼께서 야곱을 구
속하셨으니 이스라엘 중에 자기의
영광을 나타내실 것임이로다
24 네 구속자요 모태에서 너를 지은
나 야훼가 이같이 말하노라 나는
만물을 지은 야훼라 홀로 하늘을
폈으며 나와 함께 한 자 없이 땅을
펼쳤고
25 헛된 말을 하는 자들의 징표를 폐
하며 점 치는 자들을 미치게 하며
지혜로운 자들을 물리쳐 그들의 지
식을 어리석게 하며
26 그의 종의 말을 세워 주며 그의 사
자들의 계획을 성취하게 하며 예루
살렘에 대하여는 이르기를 거기에
사람이 살리라 하며 유다 성읍들에
대하여는 중건될 것이라 내가 그
황폐한 곳들을 복구시키리라 하며
27 깊음에 대하여는 이르기를 마르라
내가 네 강물들을 마르게 하리라
하며
28 고레스에 대하여는 이르기를 내 목
자라 그가 나의 모든 기쁨을 성취
하리라 하며 예루살렘에 대하여는
이르기를 중건되리라 하며 성전에
대하여는 네 기초가 놓여지리라 하
는 자니라

45

야훼께서 그의 기름 부음을 받은
고레스에게 이같이 말씀하시되 내
가 그의 오른손을 붙들고 그 앞에
열국을 항복하게 하며 내가 왕들의
허리를 풀어 그 앞에 문들을 열고
성문들이 닫히지 못하게 하리라
2 내가 너보다 앞서 가서 험한 곳을
평탄하게 하며 놋문을 쳐서 부수며
쇠빗장을 꺾고
3 네게 흑암 중의 보화와 은밀한 곳
에 숨은 재물을 주어 네 이름을 부
르는 자가 나 야훼 이스라엘의 하
나님인 줄을 네가 알게 하리라
4 내가 나의 종 야곱, 내가 택한 자
이스라엘을 위하여 네 이름을 불러
너는 나를 알지 못하였을지라도 네
게 칭호를 주었노라
5 나는 야훼라 나 외에 다른 이가 없

기록일 : . . .

나니 나 밖에 신이 없느니라 너는
나를 알지 못하였을지라도 나는 네
띠를 동일 것이요
6 해 뜨는 곳에서든지 지는 곳에서든
지 나밖에 다른 이가 없는 줄을 알
게 하리라 나는 야훼라 다른 이가
없느니라
7 나는 빛도 짓고 어둠도 창조하며
나는 평안도 짓고 환난도 창조하나
니 나는 야훼라 이 모든 일들을 행
하는 자니라 하였노라
8 하늘이여 위로부터 공의를 뿌리며
구름이여 의를 부을지어다 땅이여
열려서 구원을 싹트게 하고 공의도
함께 움돋게 할지어다 나 야훼가
이 일을 창조하였느니라
9 질그릇 조각 중 한 조각 같은 자가
자기를 지으신 이와 더불어 다툴진
대 화 있을진저 진흙이 토기장이에
게 너는 무엇을 만드느냐 또는 네
가 만든 것이 그는 손이 없다 말할
수 있겠느냐
10 아버지에게는 무엇을 낳았소 하고
묻고 어머니에게는 무엇을 낳으려
고 해산의 수고를 하였소 하고 묻
는 자는 화 있을진저
11 이스라엘의 거룩하신 이 곧 이스라
엘을 지으신 야훼께서 이같이 이르
시되 너희가 장래 일을 내게 물으
며 또 내 아들들과 내 손으로 한 일
에 관하여 내게 명령하려느냐
12 내가 땅을 만들고 그 위에 사람을
창조하였으며 내가 내 손으로 하늘
을 펴고 하늘의 모든 군대에게 명
령하였노라
13 내가 공의로 그를 일으킨지라 그의
모든 길을 곧게 하리니 그가 나의
성읍을 건축할 것이며 사로잡힌 내
백성을 값이나 갚음이 없이 놓으리
라 만군의 야훼의 말이니라 하셨느
니라
14 야훼께서 이같이 말씀하시되 애굽
의 소득과 구스가 무역한 것과 스
바의 장대한 남자들이 네게로 건너
와서 네게 속할 것이요 그들이 너
를 따를 것이라 사슬에 매여 건너
와서 네게 굴복하고 간구하기를 하
나님이 과연 네게 계시고 그 외에
는 다른 하나님이 없다 하리라 하
시니라
15 구원자 이스라엘의 하나님이여 진
실로 주는 스스로 숨어 계시는 하
나님이시니이다
16 우상을 만드는 자는 부끄러움을 당
하며 욕을 받아 다 함께 수욕 중에
들어갈 것이로되
17 이스라엘은 야훼께 구원을 받아 영
원한 구원을 얻으리니 너희가 영원
히 부끄러움을 당하거나 욕을 받지
아니하리로다

기록일 : . . .

18 대저 야훼께서 이같이 말씀하시되
하늘을 창조하신 이 그는 하나님
이시니 그가 땅을 지으시고 그것을
만드셨으며 그것을 견고하게 하시
되 혼돈하게 창조하지 아니하시고
사람이 거주하게 그것을 지으셨으
니 나는 야훼라 나 외에 다른 이가
없느니라
19 나는 감추어진 곳과 캄캄한 땅에서
말하지 아니하였으며 야곱 자손에
게 너희가 나를 혼돈 중에서 찾으
라고 이르지 아니하였노라 나 야훼
는 의를 말하고 정직한 것을 알리
느니라
20 열방 중에서 피난한 자들아 너희는
모여 오라 함께 가까이 나아오라
나무 우상을 가지고 다니며 구원하
지 못하는 신에게 기도하는 자들은
무지한 자들이니라
21 너희는 알리며 진술하고 또 함께
의논하여 보라 이 일을 옛부터 듣
게 한 자가 누구냐 이전부터 그것
을 알게 한 자가 누구냐 나 야훼가
아니냐 나 외에 다른 신이 없나니
나는 공의를 행하며 구원을 베푸는
하나님이라 나 외에 다른 이가 없
느니라
22 땅의 모든 끝이여 내게로 돌이켜
구원을 받으라 나는 하나님이라 다
른 이가 없느니라
23 내가 나를 두고 맹세하기를 내 입
에서 공의로운 말이 나갔은즉 돌아
오지 아니하나니 내게 모든 무릎이
꿇겠고 모든 혀가 맹세하리라 하였
노라
24 내게 대한 어떤 자의 말에 공의와
힘은 야훼께만 있나니 사람들이 그
에게로 나아갈 것이라 무릇 그에게
노하는 자는 부끄러움을 당하리라
그러나
25 이스라엘 자손은 다 야훼로 말미암
아 의롭다 함을 얻고 자랑하리라
하느니라

46 벨은 엎드러졌고 느보는 구부러
졌도다 그들의 우상들은 짐승과 가
축에게 실렸으니 너희가 떠메고 다
니던 그것들이 피곤한 짐승의 무거
운 짐이 되었도다
2 그들은 구부러졌고 그들은 일제히
엎드러졌으므로 그 짐을 구하여 내
지 못하고 자기들도 잡혀 갔느니라
3 야곱의 집이여 이스라엘 집에 남은
모든 자여 내게 들을지어다 배에서
태어남으로부터 내게 안겼고 태에
서 남으로부터 내게 업힌 너희여
4 너희가 노년에 이르기까지 내가 그
리하겠고 백발이 되기까지 내가 너
희를 품을 것이라 내가 지었은즉
내가 업을 것이요 내가 품고 구하
여 내리라

기록일 : . . .

5 너희가 나를 누구에게 비기며 누구
와 짝하며 누구와 비교하여 서로
같다 하겠느냐
6 사람들이 주머니에서 금을 쏟아 내
며 은을 저울에 달아 도금장이에게
주고 그것으로 신을 만들게 하고
그것에게 엎드려 경배하며
7 그것을 들어 어깨에 메어다가 그의
처소에 두면 그것이 서 있고 거기에
서 능히 움직이지 못하며 그에게 부
르짖어도 능히 응답하지 못하며 고
난에서 구원하여 내지도 못하느니라
8 너희 패역한 자들아 이 일을 기억
하고 장부가 되라 이 일을 마음에
두라
9 너희는 옛적 일을 기억하라 나는
하나님이라 나 외에 다른 이가 없
느니라 나는 하나님이라 나 같은
이가 없느니라
10 내가 시초부터 종말을 알리며 아직
이루지 아니한 일을 옛적부터 보이
고 이르기를 나의 뜻이 설 것이니
내가 나의 모든 기뻐하는 것을 이
루리라 하였노라
11 내가 동쪽에서 사나운 날짐승을 부
르며 먼 나라에서 나의 뜻을 이룰
사람을 부를 것이라 내가 말하였은
즉 반드시 이룰 것이요 계획하였은
즉 반드시 시행하리라
12 마음이 완악하여 공의에서 멀리 떠
난 너희여 내게 들으라
13 내가 나의 공의를 가깝게 할 것인
즉 그것이 멀지 아니하나니 나의 구
원이 지체하지 아니할 것이라 내가
나의 영광인 이스라엘을 위하여 구
원을 시온에 베풀리라

47 처녀 딸 바벨론이여 내려와서 티
끌에 앉으라 딸 갈대아여 보좌가
없어졌으니 땅에 앉으라 네가 다시
는 곱고 아리땁다 일컬음을 받지
못할 것임이라
2 맷돌을 가지고 가루를 갈고 너울을
벗으며 치마를 걷어 다리를 드러내
고 강을 건너라
3 네 속살이 드러나고 네 부끄러운
것이 보일 것이라 내가 보복하되
사람을 아끼지 아니하리라
4 우리의 구원자는 그의 이름이 만
군의 여호와 이스라엘의 거룩한 이시
니라
5 딸 갈대아여 잠잠히 앉으라 흑암으
로 들어가라 네가 다시는 여러 왕
국의 여주인이라 일컬음을 받지 못
하리라
6 전에 내가 내 백성에게 노하여 내
기업을 욕되게 하여 그들을 네 손
에 넘겨 주었거늘 네가 그들을 긍
휼히 여기지 아니하고 늙은이에게
네 멍에를 심히 무겁게 메우며
7 말하기를 내가 영영히 여주인이 되

기록일 : . . .

리라 하고 이 일을 네 마음에 두지
도 아니하며 그들의 종말도 생각하
지 아니하였도다
8 그러므로 사치하고 평안히 지내며
마음에 이르기를 나뿐이라 나 외에
다른 이가 없도다 나는 과부로 지
내지도 아니하며 자녀를 잃어버리
는 일도 모르리라 하는 자여 너는
이제 들을지어다
9 한 날에 갑자기 자녀를 잃으며 과
부가 되는 이 두 가지 일이 네게 임
할 것이라 네가 무수한 주술과 많
은 주문을 빌릴지라도 이 일이 온전
히 네게 임하리라
10 네가 네 악을 의지하고 스스로 이
르기를 나를 보는 자가 없다 하나
니 네 지혜와 네 지식이 너를 유혹
하였음이라 네 마음에 이르기를 나
뿐이라 나 외에 다른 이가 없다 하
였으므로
11 재앙이 네게 임하리라 그러나 네가
그 근원을 알지 못할 것이며 손해
가 네게 이르리라 그러나 이를 물
리칠 능력이 없을 것이며 파멸이 홀
연히 네게 임하리라 그러나 네가
알지 못할 것이니라
12 이제 너는 젊어서부터 힘쓰던 주문
과 많은 주술을 가지고 맞서 보라
혹시 유익을 얻을 수 있을는지, 혹
시 놀라게 할 수 있을는지,
13 네가 많은 계략으로 말미암아 피곤
하게 되었도다 하늘을 살피는 자와
별을 보는 자와 초하룻날에 예고하
는 자들에게 일어나 네게 임할 그
일에서 너를 구원하게 하여 보라
14 보라 그들은 초개 같아서 불에 타
리니 그 불꽃의 세력에서 스스로
구원하지 못할 것이라 이 불은 덥
게 할 숯불이 아니요 그 앞에 앉을
만한 불도 아니니라
15 네가 같이 힘쓰던 자들이 네게 이
같이 되리니 어려서부터 너와 함께
장사하던 자들이 각기 제 길로 흩
어지고 너를 구원할 자가 없으리라

48

야곱의 집이여 이를 들을지어다
너희는 이스라엘의 이름으로 일컬
음을 받으며 유다의 허리에서 나왔
으며 야훼의 이름으로 맹세하며 이
스라엘의 하나님을 기념하면서도
진실이 없고 공의가 없도다
2 그들은 거룩한 성 출신이라고 스스
로 부르며 이스라엘의 하나님을 의
지한다 하며 그의 이름이 만군의
야훼라고 하나
3 내가 예로부터 처음 일들을 알게
하였고 내 입에서 그것들이 나갔으
며 또 내가 그것들을 듣게 하였고
내가 홀연히 행하여 그 일들이 이루
어졌느니라
4 내가 알거니와 너는 완고하며 네

기록일 : . . .

목은 쇠의 힘줄이요 네 이마는 놋
이라
5 그러므로 내가 이 일을 예로부터
네게 알게 하였고 일이 이루어지기
전에 그것을 네게 듣게 하였느니라
그것을 네가 듣게 하여 네가 이것
을 내 신이 행한 바요 내가 새긴 신
상과 부어 만든 신상이 명령한 바
라 말하지 못하게 하였느니라
6 네가 들었으니 이 모든 것을 보라
너희가 선전하지 아니하겠느냐 이
제부터 내가 새 일 곧 네가 알지 못
하던 은비한 일을 네게 듣게 하노니
7 이 일들은 지금 창조된 것이요 옛
것이 아니라 오늘 이전에는 네가
듣지 못하였으니 이는 네가 말하기
를 내가 이미 알았노라 하지 못하
게 하려 함이라
8 네가 과연 듣지도 못하였고 알지도
못하였으며 네 귀가 옛적부터 열리
지 못하였나니 이는 네가 정녕 배신
하여 모태에서부터 네가 배역한 자
라 불린 줄을 내가 알았음이라
9 내 이름을 위하여 내가 노하기를 더
디 할 것이며 내 영광을 위하여 내
가 참고 너를 멸절하지 아니하리라
10 보라 내가 너를 연단하였으나 은처
럼 하지 아니하고 너를 고난의 풀
무 불에서 택하였노라
11 나는 나를 위하며 나를 위하여 이
룰 이룰 것이라 어찌 내 이름을 욕
되게 하리요 내 영광을 다른 자에
게 주지 아니하리라
12 야곱아 내가 부른 이스라엘아 내게
들으라 나는 그니 나는 처음이요
또 나는 마지막이라
13 과연 내 손이 땅의 기초를 정하였
고 내 오른손이 하늘을 폈나니 내
가 그들을 부르면 그것들이 일제히
서느니라
14 너희는 다 모여 들으라 나 야훼가
사랑하는 자는 나의 기뻐하는 뜻을
바벨론에 행하리니 그의 팔이 갈
대아인에게 임할 것이라 그들 중에
누가 이 일들을 알게 하였느냐
15 나 곧 내가 말하였고 또 내가 그를
부르며 그를 인도하였나니 그 길이
형통하리라
16 너희는 내게 가까이 나아와 이것을
들으라 내가 처음부터 비밀히 말하
지 아니하였나니 그것이 있을 때부
터 내가 거기에 있었노라 하셨느니
라 이제는 주 야훼께서 나와 그의
영을 보내셨느니라
17 너희의 구속자시요 이스라엘의 거
룩하신 이이신 야훼께서 이르시되
나는 네게 유익하도록 가르치고 너
를 마땅히 행할 길로 인도하는 네
하나님 야훼라
18 네가 나의 명령에 주의하였더라면

기록일 : . . .

네 평강이 강과 같았겠고 네 공의
가 바다 물결 같았을 것이며
19 네 자손이 모래 같았겠고 네 몸의
소생이 모래 알 같아서 그의 이름
이 내 앞에서 끊어지지 아니하였겠
고 없어지지 아니하였으리라 하셨
느니라
20 너희는 바벨론에서 나와서 갈대아
인을 피하고 즐거운 소리로 이를
알게 하여 들려 주며 땅 끝까지 반
포하여 이르기를 야훼께서 그의 종
야곱을 구속하셨다 하라
21 야훼께서 그들을 사막으로 통과하
게 하시던 때에 그들이 목마르지 아
니하게 하시되 그들을 위하여 바위
에서 물이 흘러나게 하시며 바위를
쪼개사 물이 솟아나게 하셨느니라
22 야훼께서 말씀하시되 악인에게는
평강이 없다 하셨느니라

49 섬들아 내게 들으라 먼 곳 백성
들아 귀를 기울이라 야훼께서 태에
서부터 나를 부르셨고 내 어머니의
복중에서부터 내 이름을 기억하셨
으며
2 내 입을 날카로운 칼 같이 만드시
고 나를 그의 손 그늘에 숨기시며
나를 갈고 닦은 화살로 만드사 그
의 화살통에 감추시고
3 내게 이르시되 너는 나의 종이요
내 영광을 네 속에 나타낼 이스라
엘이라 하셨느니라
4 그러나 나는 말하기를 내가 헛되이
수고하였으며 무익하게 공연히 내
힘을 다하였다 하였도다 참으로 나
에 대한 판단이 야훼께 있고 나의
보응이 나의 하나님께 있느니라
5 이제 야훼께서 말씀하시나니 그는
태에서부터 나를 그의 종으로 지으
신 이시요 야곱을 그에게로 돌아오
게 하시는 이시니 이스라엘이 그에
게로 모이는도다 그러므로 내가 야
훼 보시기에 영화롭게 되었으며 나
의 하나님은 나의 힘이 되셨도다
6 그가 이르시되 네가 나의 종이 되
어 야곱의 지파들을 일으키며 이스
라엘 중에 보전된 자를 돌아오게
할 것은 매우 쉬운 일이라 내가 또
너를 이방의 빛으로 삼아 나의 구
원을 베풀어서 땅 끝까지 이르게
하리라
7 이스라엘의 구속자 이스라엘의 거
룩한 이이신 야훼께서 사람에게 멸
시를 당하는 자, 백성에게 미움을
받는 자, 관원들에게 종이 된 자에
게 이같이 이르시되 왕들이 보고 일
어서며 고관들이 경배하리니 이는
이스라엘의 거룩하신 이 신실하신
야훼 그가 너를 택하였음이니라
8 야훼께서 이같이 이르시되 은혜의
때에 내가 네게 응답하였고 구원의

날에 내가 너를 도왔도다 내가 장
차 너를 보호하여 너를 백성의 언
약으로 삼으며 나라를 일으켜 그들
에게 그 황무하였던 땅을 기업으로
상속하게 하리라
9 내가 잡혀 있는 자에게 이르기를
나오라 하며 흑암에 있는 자에게
나타나라 하리라 그들이 길에서 먹
겠고 모든 헐벗은 산에도 그들의
풀밭이 있을 것인즉
10 그들이 주리거나 목마르지 아니할
것이며 더위와 볕이 그들을 상하지
아니하리니 이는 그들을 긍휼히 여
기는 이가 그들을 이끌되 샘물 근
원으로 인도할 것임이라
11 내가 나의 모든 산을 길로 삼고 나
의 대로를 돋우리니
12 어떤 사람은 먼 곳에서, 어떤 사람
은 북쪽과 서쪽에서, 어떤 사람은
시님 땅에서 오리라
13 하늘이여 노래하라 땅이여 기뻐하
라 산들이여 즐거이 노래하라 야훼
께서 그의 백성을 위로하셨은즉 그
의 고난 당한 자를 긍휼히 여기실
것임이라
14 오직 시온이 이르기를 야훼께서 나
를 버리시며 주께서 나를 잊으셨다
하였거니와
15 여인이 어찌 그 젖 먹는 자식을 잊
겠으며 자기 태에서 난 아들을 긍
휼히 여기지 않겠느냐 그들은 혹시
잊을지라도 나는 너를 잊지 아니할
것이라
16 내가 너를 내 손바닥에 새겼고 너
의 성벽이 항상 내 앞에 있나니
17 네 자녀들은 빨리 걸으며 너를 헐며
너를 황폐하게 하던 자들은 너를
떠나가리라
18 네 눈을 들어 사방을 보라 그들이
다 모여 네게로 오느니라 나 야훼
가 이르노라 내가 나의 삶으로 맹
세하노니 네가 반드시 그 모든 무
리를 장식처럼 몸에 차며 그것을
띠기를 신부처럼 할 것이라
19 이는 네 황폐하고 적막한 곳들과
네 파멸을 당하였던 땅이 이제는
주민이 많아 좁게 될 것이며 너를
삼켰던 자들이 멀리 떠날 것이니라
20 자식을 잃었을 때에 낳은 자녀가
후일에 네 귀에 말하기를 이곳이
내게 좁으니 넓혀서 내가 거주하게
하라 하리니
21 그 때에 네가 네 마음에 이르기를
누가 나를 위하여 이들을 낳았는고
나는 자녀를 잃고 외로워졌으며 사
로잡혀 유리하였거늘 이들을 누가
양육하였는고 나는 홀로 남았거늘
이들은 어디서 생겼는고 하리라
22 주 야훼가 이같이 이르노라 내가
뭇 나라를 향하여 나의 손을 들고

기록일 : . . .

민족들을 향하여 나의 기치를 세울
것이라 그들이 네 아들들을 품에
안고 네 딸들을 어깨에 메고 올 것
이며
23 왕들은 네 양부가 되며 왕비들은
네 유모가 될 것이며 그들이 얼굴
을 땅에 대고 네게 절하고 네 발의
티끌을 핥을 것이니 네가 나를 야
훼인 줄을 알리라 나를 바라는 자
는 수치를 당하지 아니하리라
24 용사가 빼앗은 것을 어떻게 도로
빼앗으며 승리자에게 사로잡힌 자
를 어떻게 건져낼 수 있으랴
25 야훼가 이같이 말하노라 용사의 포
로도 빼앗을 것이요 두려운 자의
빼앗은 것도 건져낼 것이니 이는 내
가 너를 대적하는 자를 대적하고
네 자녀를 내가 구원할 것임이라
26 내가 너를 억압하는 자들에게 자기
의 살을 먹게 하며 새 술에 취함 같
이 자기의 피에 취하게 하리니 모
든 육체가 나 야훼는 네 구원자요
네 구속자요 야곱의 전능자인 줄
알리라

50 나 야훼가 이같이 말하노라 내가
너희의 어미를 내보낸 이혼 증서가
어디 있느냐 내가 어느 채주에게
너희를 팔았느냐 보라 너희는 너희
의 죄악으로 말미암아 팔렸고 너희
의 어미는 너희의 배역함으로 말미
암아 내보냄을 받았느니라
2 내가 왔어도 사람이 없었으며 내가
불러도 대답하는 자가 없었음은 어
찌 됨이냐 내 손이 어찌 짧아 구속
하지 못하겠느냐 내게 어찌 건질
능력이 없겠느냐 보라 내가 꾸짖어
바다를 마르게 하며 강들을 사막
이 되게 하며 물이 없어졌으므로 그
물고기들이 악취를 내며 갈하여 죽
으리라
3 내가 흑암으로 하늘을 입히며 굵은
베로 덮느니라
4 주 야훼께서 학자들의 혀를 내게
주사 나로 곤고한 자를 말로 어떻
게 도와 줄 줄을 알게 하시고 아침
마다 깨우치시되 나의 귀를 깨우치
사 학자들 같이 알아듣게 하시도다
5 주 야훼께서 나의 귀를 여셨으므로
내가 거역하지도 아니하며 뒤로 물
러가지도 아니하며
6 나를 때리는 자들에게 내 등을 맡
기며 나의 수염을 뽑는 자들에게
나의 뺨을 맡기며 모욕과 침 뱉음
을 당하여도 내 얼굴을 가리지 아
니하였느니라
7 주 야훼께서 나를 도우시므로 내가
부끄러워하지 아니하고 내 얼굴을
부싯돌 같이 굳게 하였으므로 내가
수치를 당하지 아니할 줄 아노라
8 나를 의롭다 하시는 이가 가까이

계시니 나와 다툴 자가 누구냐 나
와 함께 설지어다 나의 대적이 누
구냐 내게 가까이 나아올지어다
9 보라 주 야훼께서 나를 도우시리니
나를 정죄할 자 누구냐 보라 그들
은 다 옷과 같이 해어지며 좀이 그
들을 먹으리라
10 너희 중에 야훼를 경외하며 그의
종의 목소리를 청종하는 자가 누구
냐 흑암 중에 행하여 빛이 없는 자
라도 야훼의 이름을 의뢰하며 자기
하나님께 의지할지어다
11 보라 불을 피우고 횃불을 둘러 띤
자여 너희가 다 너희의 불꽃 가운
데로 걸어가며 너희가 피운 횃불
가운데로 걸어갈지어다 너희가 내
손에서 얻을 것이 이것이라 너희가
고통이 있는 곳에 누우리라

51 의를 따르며 야훼를 찾아 구하는
너희는 내게 들을지어다 너희를 떠
낸 반석과 너희를 파낸 우묵한 구
덩이를 생각하여 보라
2 너희의 조상 아브라함과 너희를 낳
은 사라를 생각하여 보라 아브라함
이 혼자 있을 때에 내가 그를 부르
고 그에게 복을 주어 창성하게 하
였느니라
3 나 야훼가 시온의 모든 황폐한 곳
들을 위로하여 그 사막을 에덴 같
게, 그 광야를 야훼의 동산 같게 하
였나니 그 가운데에 기뻐함과 즐거
워함과 감사함과 창화하는 소리가
있으리라
4 내 백성이여 내게 주의하라 내 나
라여 내게 귀를 기울이라 이는 율
법이 내게서부터 나갈 것임이라 내
가 내 공의를 만민의 빛으로 세우
리라
5 내 공의가 가깝고 내 구원이 나갔
은즉 내 팔이 만민을 심판하리니 섬
들이 나를 앙망하여 내 팔에 의지
하리라
6 너희는 하늘로 눈을 들며 그 아래
의 땅을 살피라 하늘이 연기 같이
사라지고 땅이 옷 같이 해어지며 거
기에 사는 자들이 하루살이 같이
죽으려니와 나의 구원은 영원히 있
고 나의 공의는 폐하여지지 아니하
리라
7 의를 아는 자들아, 마음에 내 율법
이 있는 백성들아, 너희는 내게 듣
고 그들의 비방을 두려워하지 말라
그들의 비방에 놀라지 말라
8 옷 같이 좀이 그들을 먹을 것이며
양털 같이 좀벌레가 그들을 먹을
것이나 나의 공의는 영원히 있겠고
나의 구원은 세세에 미치리라
9 야훼의 팔이여 깨소서 깨소서 능력
을 베푸소서 옛날 옛시대에 깨신 것
같이 하소서 라합을 저미시고 용을

기록일 : . . .

찌르신 이가 어찌 주가 아니시며
10 바다를, 넓고 깊은 물을 말리시고
바다 깊은 곳에 길을 내어 구속 받
은 자들을 건너게 하신 이가 어찌
주가 아니시니이까
11 야훼께 구속 받은 자들이 돌아와
노래하며 시온으로 돌아오니 영원
한 기쁨이 그들의 머리 위에 있고
슬픔과 탄식이 달아나리이다
12 이르시되 너희를 위로하는 자는 나
곧 나이니라 너는 어떠한 자이기에
죽을 사람을 두려워하며 풀 같이
될 사람의 아들을 두려워하느냐
13 하늘을 펴고 땅의 기초를 정하고
너를 지은 자 야훼를 어찌하여 잊
어버렸느냐 너를 멸하려고 준비하
는 저 학대자의 분노를 어찌하여
항상 종일 두려워하느냐 학대자의
분노가 어디 있느냐
14 결박된 포로가 속히 놓일 것이니 죽
지도 아니할 것이요 구덩이로 내려
가지도 아니할 것이며 그의 양식이
부족하지도 아니하리라
15 나는 네 하나님 야훼라 바다를 휘저
어서 그 물결을 뒤흔들게 하는 자이
니 그의 이름은 만군의 야훼니라
16 내가 내 말을 네 입에 두고 내 손
그늘로 너를 덮었나니 이는 내가
하늘을 펴며 땅의 기초를 정하며
시온에게 이르기를 너는 내 백성이
라 말하기 위함이니라
17 야훼의 손에서 그의 분노의 잔을
마신 예루살렘이여 깰지어다 깰지
어다 일어설지어다 네가 이미 비틀
걸음 치게 하는 큰 잔을 마셔 다 비
웠도다
18 네가 낳은 모든 아들 중에 너를 인
도할 자가 없고 네가 양육한 모든
아들 중에 그 손으로 너를 이끌 자
도 없도다
19 이 두 가지 일이 네게 닥쳤으니 누
가 너를 위하여 슬퍼하랴 곧 황폐
와 멸망이요 기근과 칼이라 누가
너를 위로하랴
20 네 아들들이 곤비하여 그물에 걸
린 영양 같이 온 거리 모퉁이에 누
웠으니 그들에게 야훼의 분노와 네
하나님의 견책이 가득하도다
21 그러므로 너 곤고하며 포도주가 아
니라도 취한 자여 이 말을 들으라
22 네 주 야훼, 그의 백성의 억울함을
풀어 주시는 네 하나님이 이같이 말
씀하시되 보라 내가 비틀걸음 치게
하는 잔 곧 나의 분노의 큰 잔을 네
손에서 거두어서 네가 다시는 마시
지 못하게 하고
23 그 잔을 너를 괴롭게 하던 자들의
손에 두리라 그들은 일찍이 네게
이르기를 엎드리라 우리가 넘어가
리라 하던 자들이라 너를 넘어가려

기록일 : . . .

는 그들에게 네가 네 허리를 땅과
같게, 길거리와 같게 하였느니라 하
시니라

52

시온이여 깰지어다 깰지어다 네
힘을 낼지어다 거룩한 성 예루살렘
이여 네 아름다운 옷을 입을지어다
이제부터 할례 받지 아니한 자와
부정한 자가 다시는 네게로 들어옴
이 없을 것임이라
2 너는 티끌을 떨어 버릴지어다 예루
살렘이여 일어나 앉을지어다 사로
잡힌 딸 시온이여 네 목의 줄을 스
스로 풀지어다
3 야훼께서 이와 같이 말씀하시되 너
희가 값 없이 팔렸으니 돈 없이 속
량되리라
4 주 야훼께서 이와 같이 말씀하시되
내 백성이 전에 애굽에 내려가서 거
기에 거류하였고 앗수르인은 공연
히 그들을 압박하였도다
5 그러므로 이제 야훼께서 말씀하시
되 내 백성이 까닭 없이 잡혀갔으
니 내가 여기서 어떻게 하랴 야훼
께서 말씀하시되 그들을 관할하는
자들이 떠들며 내 이름을 항상 종
일토록 더럽히도다
6 그러므로 내 백성은 내 이름을 알
리라 그러므로 그 날에는 그들이
이 말을 하는 자가 나인 줄을 알리
라 내가 여기 있느니라
7 좋은 소식을 전하며 평화를 공포하
며 복된 좋은 소식을 가져오며 구
원을 공포하며 시온을 향하여 이르
기를 네 하나님이 통치하신다 하는
자의 산을 넘는 발이 어찌 그리 아
름다운가
8 네 파수꾼들의 소리로다 그들이 소
리를 높여 일제히 노래하니 이는 야
훼께서 시온으로 돌아오실 때에 그
들의 눈이 마주 보리로다
9 너 예루살렘의 황폐한 곳들아 기쁜
소리를 내어 함께 노래할지어다 이
는 야훼께서 그의 백성을 위로하셨
고 예루살렘을 구속하셨음이라
10 야훼께서 열방의 목전에서 그의 거
룩한 팔을 나타내셨으므로 땅 끝
까지도 모두 우리 하나님의 구원을
보았도다
11 너희는 떠날지어다 떠날지어다 거
기서 나오고 부정한 것을 만지지 말
지어다 그 가운데에서 나올지어다
야훼의 기구를 메는 자들이여 스스
로 정결하게 할지어다
12 야훼께서 너희 앞에서 행하시며 이
스라엘의 하나님이 너희 뒤에서 호
위하시리니 너희가 황급히 나오지
아니하며 도망하듯 다니지 아니하
리라
13 보라 내 종이 형통하리니 받들어 높
이 들려서 지극히 존귀하게 되리라

기록일 : . . .

14 전에는 그의 모양이 타인보다 상하
였고 그의 모습이 사람들보다 상하
였으므로 많은 사람이 그에 대하여
놀랐거니와
15 그가 나라들을 놀라게 할 것이며
왕들은 그로 말미암아 그들의 입을
봉하리니 이는 그들이 아직 그들에
게 전파되지 아니한 것을 볼 것이요
아직 듣지 못한 것을 깨달을 것임
이라

53

우리가 전한 것을 누가 믿었느냐
야훼의 팔이 누구에게 나타났느냐
2 그는 주 앞에서 자라나기를 연한
순 같고 마른 땅에서 나온 뿌리 같
아서 고운 모양도 없고 풍채도 없
은즉 우리가 보기에 흠모할 만한
아름다운 것이 없도다
3 그는 멸시를 받아 사람들에게 버림
받았으며 간고를 많이 겪었으며 질
고를 아는 자라 마치 사람들이 그
에게서 얼굴을 가리는 것 같이 멸시
를 당하였고 우리도 그를 귀히 여
기지 아니하였도다
4 그는 실로 우리의 질고를 지고 우
리의 슬픔을 당하였거늘 우리는 생
각하기를 그는 징벌을 받아 하나님
께 맞으며 고난을 당한다 하였노라
5 그가 찔림은 우리의 허물 때문이요
그가 상함은 우리의 죄악 때문이라
그가 징계를 받으므로 우리는 평화
를 누리고 그가 채찍에 맞으므로
우리는 나음을 받았도다
6 우리는 다 양 같아서 그릇 행하여
각기 제 길로 갔거늘 야훼께서는
우리 모두의 죄악을 그에게 담당시
키셨도다
7 그가 곤욕을 당하여 괴로울 때에도
그의 입을 열지 아니하였음이여 마
치 도수장으로 끌려 가는 어린 양
과 털 깎는 자 앞에서 잠잠한 양 같
이 그의 입을 열지 아니하였도다
8 그는 곤욕과 심문을 당하고 끌려
갔으나 그 세대 중에 누가 생각하
기를 그가 살아 있는 자들의 땅에
서 끊어짐은 마땅히 형벌 받을 내
백성의 허물 때문이라 하였으리요
9 그는 강포를 행하지 아니하였고 그
의 입에 거짓이 없었으나 그의 무
덤이 악인들과 함께 있었으며 그가
죽은 후에 부자와 함께 있었도다
10 야훼께서 그에게 상함을 받게 하시
기를 원하사 질고를 당하게 하셨은
즉 그의 영혼을 속건제물로 드리기
에 이르면 그가 씨를 보게 되며 그
의 날은 길 것이요 또 그의 손으로
야훼께서 기뻐하시는 뜻을 성취하
리로다
11 그가 자기 영혼의 수고한 것을 보
고 만족하게 여길 것이라 나의 의
로운 종이 자기 지식으로 많은 사

람을 의롭게 하며 또 그들의 죄악
을 친히 담당하리로다
12 그러므로 내가 그에게 존귀한 자와
함께 몫을 받게 하며 강한 자와 함
께 탈취한 것을 나누게 하리니 이
는 그가 자기 영혼을 버려 사망에
이르게 하며 범죄자 중 하나로 헤
아림을 받았음이니라 그러나 그가
많은 사람의 죄를 담당하며 범죄자
를 위하여 기도하였느니라

54 잉태하지 못하며 출산하지 못한
너는 노래할지어다 산고를 겪지 못
한 너는 외쳐 노래할지어다 이는
홀로 된 여인의 자식이 남편 있는
자의 자식보다 많음이라 야훼께서
말씀하셨느니라
2 네 장막터를 넓히며 네 처소의 휘
장을 아끼지 말고 널리 펴되 너의
줄을 길게 하며 너의 말뚝을 견고
히 할지어다
3 이는 네가 좌우로 퍼지며 네 자손
은 열방을 얻으며 황폐한 성읍들을
사람 살 곳이 되게 할 것임이라
4 두려워하지 말라 네가 수치를 당
하지 아니하리라 놀라지 말라 네가
부끄러움을 보지 아니하리라 네가
네 젊었을 때의 수치를 잊겠고 과
부 때의 치욕을 다시 기억함이 없
으리니
5 이는 너를 지으신 이가 네 남편이시
라 그의 이름은 만군의 야훼이시며
네 구속자는 이스라엘의 거룩한 이
시라 그는 온 땅의 하나님이라 일
컬음을 받으실 것이라
6 야훼께서 너를 부르시되 마치 버림
을 받아 마음에 근심하는 아내 곧
어릴 때에 아내가 되었다가 버림을
받은 자에게 함과 같이 하실 것임이
라 네 하나님께서 말씀하셨느니라
7 내가 잠시 너를 버렸으나 큰 긍휼
로 너를 모을 것이요
8 내가 넘치는 진노로 내 얼굴을 네
게서 잠시 가렸으나 영원한 자비로
너를 긍휼히 여기리라 네 구속자
야훼께서 말씀하셨느니라
9 이는 내게 노아의 홍수와 같도다
내가 다시는 노아의 홍수로 땅 위
에 범람하지 못하게 하리라 맹세한
것 같이 내가 네게 노하지 아니하
며 너를 책망하지 아니하기로 맹세
하였노니
10 산들이 떠나며 언덕들은 옮겨질지
라도 나의 자비는 네게서 떠나지
아니하며 나의 화평의 언약은 흔들
리지 아니하리라 너를 긍휼히 여기
시는 야훼께서 말씀하셨느니라
11 너 곤고하며 광풍에 요동하여 안위
를 받지 못한 자여 보라 내가 화려
한 채색으로 네 돌 사이에 더하며
청옥으로 네 기초를 쌓으며

12 홍보석으로 네 성벽을 지으며 석류
석으로 네 성문을 만들고 네 지경
을 다 보석으로 꾸밀 것이며
13 네 모든 자녀는 야훼의 교훈을 받
을 것이니 네 자녀에게는 큰 평안이
있을 것이며
14 너는 공의로 설 것이며 학대가 네
게서 멀어질 것인즉 네가 두려워하
지 아니할 것이며 공포도 네게 가
까이하지 못할 것이라
15 보라 그들이 분쟁을 일으킬지라도
나로 말미암지 아니한 것이니 누구
든지 너와 분쟁을 일으키는 자는
너로 말미암아 패망하리라
16 보라 숯불을 불어서 자기가 쓸 만
한 연장을 제조하는 장인도 내가
창조하였고 파괴하며 진멸하는 자
도 내가 창조하였은즉
17 너를 치려고 제조된 모든 연장이
쓸모가 없을 것이라 일어나 너를 대
적하여 송사하는 모든 혀는 네게
정죄를 당하리니 이는 야훼의 종들
의 기업이요 이는 그들이 내게서 얻
은 공의니라 야훼의 말씀이니라

55 오호라 너희 모든 목마른 자들아
물로 나아오라 돈 없는 자도 오라
너희는 와서 사 먹되 돈 없이, 값
없이 와서 포도주와 젖을 사라
2 너희가 어찌하여 양식이 아닌 것을
위하여 은을 달아 주며 배부르게
하지 못할 것을 위하여 수고하느냐
내게 듣고 들을지어다 그리하면 너
희가 좋은 것을 먹을 것이며 너희
자신들이 기름진 것으로 즐거움을
얻으리라
3 너희는 귀를 기울이고 내게로 나아
와 들으라 그리하면 너희의 영혼이
살리라 내가 너희를 위하여 영원한
언약을 맺으리니 곧 다윗에게 허락
한 확실한 은혜이니라
4 보라 내가 그를 만민에게 증인으로
세웠고 만민의 인도자와 명령자로
삼았나니
5 보라 네가 알지 못하는 나라를 네
가 부를 것이며 너를 알지 못하는
나라가 네게로 달려올 것은 야훼
네 하나님 곧 이스라엘의 거룩하신
이로 말미암음이니라 이는 그가 너
를 영화롭게 하였느니라
6 너희는 야훼를 만날 만한 때에 찾으
라 가까이 계실 때에 그를 부르라
7 악인은 그의 길을, 불의한 자는 그
의 생각을 버리고 야훼께로 돌아오
라 그리하면 그가 긍휼히 여기시리
라 우리 하나님께로 돌아오라 그가
너그럽게 용서하시리라
8 이는 내 생각이 너희의 생각과 다
르며 내 길은 너희의 길과 다름이니
라 야훼의 말씀이니라
9 이는 하늘이 땅보다 높음 같이 내

기록일 : . . .

길은 너희의 길보다 높으며 내 생
각은 너희의 생각보다 높음이니라
10 이는 비와 눈이 하늘로부터 내려서
그리로 되돌아가지 아니하고 땅을
적셔서 소출이 나게 하며 싹이 나
게 하여 파종하는 자에게는 종자를
주며 먹는 자에게는 양식을 줌과
같이
11 내 입에서 나가는 말도 이와 같이
헛되이 내게로 되돌아오지 아니하
고 나의 기뻐하는 뜻을 이루며 내
가 보낸 일에 형통함이니라
12 너희는 기쁨으로 나아가며 평안히
인도함을 받을 것이요 산들과 언덕
들이 너희 앞에서 노래를 발하고 들
의 모든 나무가 손뼉을 칠 것이며
13 잣나무는 가시나무를 대신하여 나
며 화석류는 찔레를 대신하여 날
것이라 이것이 야훼의 기념이 되며
영영한 표징이 되어 끊어지지 아니
하리라

56 야훼께서 이와 같이 말씀하시기를
너희는 정의를 지키며 의를 행하라
이는 나의 구원이 가까이 왔고 나의
공의가 나타날 것임이라 하셨느니라
2 안식일을 지켜 더럽히지 아니하며
그의 손을 금하여 모든 악을 행하
지 아니하여야 하나니 이와 같이 하
는 사람, 이와 같이 굳게 잡는 사람
은 복이 있느니라
3 야훼께 연합한 이방인은 말하기를
야훼께서 나를 그의 백성 중에서
반드시 갈라내시리라 하지 말며 고
자도 말하기를 나는 마른 나무라
하지 말라
4 야훼께서 이와 같이 말씀하시기를
나의 안식일을 지키며 내가 기뻐하
는 일을 선택하며 나의 언약을 굳
게 잡는 고자들에게는
5 내가 내 집에서, 내 성 안에서 아들
이나 딸보다 나은 기념물과 이름을
그들에게 주며 영원한 이름을 주어
끊어지지 아니하게 할 것이며
6 또 야훼와 연합하여 그를 섬기며
야훼의 이름을 사랑하며 그의 종이
되며 안식일을 지켜 더럽히지 아니
하며 나의 언약을 굳게 지키는 이
방인마다
7 내가 곧 그들을 나의 성산으로 인
도하여 기도하는 내 집에서 그들을
기쁘게 할 것이며 그들의 번제와
희생을 나의 제단에서 기꺼이 받게
되리니 이는 내 집은 만민이 기도하
는 집이라 일컬음이 될 것임이라
8 이스라엘의 쫓겨난 자를 모으시는
주 야훼가 말하노니 내가 이미 모
은 백성 외에 또 모아 그에게 속하
게 하리라 하셨느니라
9 들의 모든 짐승들아 숲 가운데의
모든 짐승들아 와서 먹으라

기록일 : . . .

10 이스라엘의 파수꾼들은 맹인이요
다 무지하며 벙어리 개들이라 짖지
못하며 다 꿈꾸는 자들이요 누워
있는 자들이요 잠자기를 좋아하는
자들이니
11 이 개들은 탐욕이 심하여 족한 줄
을 알지 못하는 자들이요 그들은
몰지각한 목자들이라 다 제 길로
돌아가며 사람마다 자기 이익만 추
구하며
12 오라 내가 포도주를 가져오리라 우
리가 독주를 잔뜩 마시자 내일도
오늘 같이 크게 넘치리라 하느니라

57

의인이 죽을지라도 마음에 두는
자가 없고 진실한 이들이 거두어 감
을 당할지라도 깨닫는 자가 없도다
의인들은 악한 자들 앞에서 불리어
가도다
2 그들은 평안에 들어갔나니 바른 길
로 가는 자들은 그들의 침상에서
편히 쉬리라
3 무당의 자식, 간음자와 음녀의 자
식들아 너희는 가까이 오라
4 너희가 누구를 희롱하느냐 누구를
향하여 입을 크게 벌리며 혀를 내
미느냐 너희는 패역의 자식, 거짓의
후손이 아니냐
5 너희가 상수리나무 사이, 모든 푸
른 나무 아래에서 음욕을 피우며
골짜기 가운데 바위 틈에서 자녀를
도살하는도다
6 골짜기 가운데 매끄러운 돌들 중
에 네 몫이 있으니 그것들이 곧 네
가 제비 뽑아 얻은 것이라 또한 네
가 전제와 예물을 그것들에게 드리
니 내가 어찌 위로를 받겠느냐
7 네가 높고 높은 산 위에 네 침상을
베풀었고 네가 또 거기에 올라가서
제사를 드렸으며
8 네가 또 네 기념표를 문과 문설주
뒤에 두었으며 네가 나를 떠나 벗
고 올라가서 네 침상을 넓히고 그
들과 언약하며 또 네가 그들의 침
상을 사랑하여 그 벌거벗은 것을
보았으며
9 네가 기름을 가지고 몰렉에게 나
아가되 향품을 더하였으며 네가 또
사신을 먼 곳에 보내고 스올에까지
내려가게 하였으며
10 네가 길이 멀어서 피곤할지라도 헛
되다 말하지 아니함은 네 힘이 살아
났으므로 쇠약하여지지 아니함이라
11 네가 누구를 두려워하며 누구로 말
미암아 놀랐기에 거짓을 말하며 나
를 생각하지 아니하며 이를 마음에
두지 아니하였느냐 네가 나를 경외
하지 아니함은 내가 오랫동안 잠잠
했기 때문이 아니냐
12 네 공의를 내가 보이리라 네가 행
한 일이 네게 무익하니라

기록일 : . . .

13 내가 부르짖을 때에 네가 모은 우
상들에게 너를 구원하게 하라 그것
들은 다 바람에 날려 가겠고 기운
에 불려갈 것이로되 나를 의뢰하는
자는 땅을 차지하겠고 나의 거룩한
산을 기업으로 얻으리라
14 그가 말하기를 돋우고 돋우어 길을
수축하여 내 백성의 길에서 거치는
것을 제하여 버리라 하리라
15 지극히 존귀하며 영원히 거하시며
거룩하다 이름하는 이가 이와 같이
말씀하시되 내가 높고 거룩한 곳에
있으며 또한 통회하고 마음이 겸손
한 자와 함께 있나니 이는 겸손한
자의 영을 소생시키며 통회하는 자
의 마음을 소생시키려 함이라
16 내가 영원히 다투지 아니하며 내가
끊임없이 노하지 아니할 것은 내가
지은 그의 영과 혼이 내 앞에서 피
곤할까 함이라
17 그의 탐심의 죄악으로 말미암아 내
가 노하여 그를 쳤으며 또 내 얼굴
을 가리고 노하였으나 그가 아직도
패역하여 자기 마음의 길로 걸어가
도다
18 내가 그의 길을 보았은즉 그를 고
쳐 줄 것이라 그를 인도하며 그와
그를 슬퍼하는 자들에게 위로를 다
시 얻게 하리라
19 입술의 열매를 창조하는 자 야훼가
말하노라 먼 데 있는 자에게든지
가까운 데 있는 자에게든지 평강이
있을지어다 평강이 있을지어다 내
가 그를 고치리라 하셨느니라
20 그러나 악인은 평온함을 얻지 못하
고 그 물이 진흙과 더러운 것을 늘
솟구쳐 내는 요동하는 바다와 같으
니라
21 내 하나님의 말씀에 악인에게는 평
강이 없다 하셨느니라

58 크게 외치라 목소리를 아끼지 말
라 네 목소리를 나팔 같이 높여 내
백성에게 그들의 허물을, 야곱의
집에 그들의 죄를 알리라
2 그들이 날마다 나를 찾아 나의 길
알기를 즐거워함이 마치 공의를 행
하여 그의 하나님의 규례를 저버리
지 아니하는 나라 같아서 의로운
판단을 내게 구하며 하나님과 가까
이 하기를 즐거워하는도다
3 우리가 금식하되 어찌하여 주께서
보지 아니하시오며 우리가 마음을
괴롭게 하되 어찌하여 주께서 알아
주지 아니하시나이까 보라 너희가
금식하는 날에 오락을 구하며 온갖
일을 시키는도다
4 보라 너희가 금식하면서 논쟁하며
다투며 악한 주먹으로 치는도다 너
희가 오늘 금식하는 것은 너희의
목소리를 상달하게 하려는 것이 아

기록일 : . . .

니니라
5 이것이 어찌 내가 기뻐하는 금식이
되겠으며 이것이 어찌 사람이 자기
의 마음을 괴롭게 하는 날이 되겠
느냐 그의 머리를 갈대 같이 숙이
고 굵은 베와 재를 펴는 것을 어찌
금식이라 하겠으며 야훼께 열납될
날이라 하겠느냐
6 내가 기뻐하는 금식은 흉악의 결박
을 풀어 주며 멍에의 줄을 끌러 주
며 압제 당하는 자를 자유하게 하
며 모든 멍에를 꺾는 것이 아니겠
느냐
7 또 주린 자에게 네 양식을 나누어
주며 유리하는 빈민을 집에 들이며
헐벗은 자를 보면 입히며 또 네 골
육을 피하여 스스로 숨지 아니하는
것이 아니겠느냐
8 그리하면 네 빛이 새벽 같이 비칠
것이며 네 치유가 급속할 것이며 네
공의가 네 앞에 행하고 야훼의 영
광이 네 뒤에 호위하리니
9 네가 부를 때에는 나 야훼가 응답
하겠고 네가 부르짖을 때에는 내가
여기 있다 하리라 만일 네가 너희
중에서 멍에와 손가락질과 허망한
말을 제하여 버리고
10 주린 자에게 네 심정이 동하며 괴
로워하는 자의 심정을 만족하게 하
면 네 빛이 흑암 중에서 떠올라 네
어둠이 낮과 같이 될 것이며
11 야훼가 너를 항상 인도하여 메마른
곳에서도 네 영혼을 만족하게 하며
네 뼈를 견고하게 하리니 너는 물
댄 동산 같겠고 물이 끊어지지 아
니하는 샘 같을 것이라
12 네게서 날 자들이 오래 황폐된 곳
들을 다시 세울 것이며 너는 역대의
파괴된 기초를 쌓으리니 너를 일컬
어 무너진 데를 보수하는 자라 할
것이며 길을 수축하여 거할 곳이 되
게 하는 자라 하리라
13 만일 안식일에 네 발을 금하여 내
성일에 오락을 행하지 아니하고 안
식일을 일컬어 즐거운 날이라, 야훼
의 성일을 존귀한 날이라 하여 이를
존귀하게 여기고 네 길로 행하지 아
니하며 네 오락을 구하지 아니하며
사사로운 말을 하지 아니하면
14 네가 야훼 안에서 즐거움을 얻을
것이라 내가 너를 땅의 높은 곳에
올리고 네 조상 야곱의 기업으로
기르리라 야훼의 입의 말씀이니라

59

야훼의 손이 짧아 구원하지 못하
심도 아니요 귀가 둔하여 듣지 못
하심도 아니라
2 오직 너희 죄악이 너희와 너희 하
나님 사이를 갈라 놓았고 너희 죄
가 그의 얼굴을 가리어서 너희에게
서 듣지 않으시게 함이니라

기록일 : . . .

3 이는 너희 손이 피에, 너희 손가락
이 죄악에 더러워졌으며 너희 입술
은 거짓을 말하며 너희 혀는 악독
을 냄이라
4 공의대로 소송하는 자도 없고 진실
하게 판결하는 자도 없으며 허망한
것을 의뢰하며 거짓을 말하며 악행
을 잉태하여 죄악을 낳으며
5 독사의 알을 품으며 거미줄을 짜나
니 그 알을 먹는 자는 죽을 것이요
그 알이 밟힌즉 터져서 독사가 나
올 것이니라
6 그 짠 것으로는 옷을 이룰 수 없
을 것이요 그 행위로는 자기를 가
릴 수 없을 것이며 그 행위는 죄악
의 행위라 그 손에는 포악한 행동
이 있으며
7 그 발은 행악하기에 빠르고 무죄한
피를 흘리기에 신속하며 그 생각은
악한 생각이라 황폐와 파멸이 그
길에 있으며
8 그들은 평강의 길을 알지 못하며
그들이 행하는 곳에는 정의가 없으
며 굽은 길을 스스로 만드나니 무
릇 이 길을 밟는 자는 평강을 알지
못하느니라
9 그러므로 정의가 우리에게서 멀고
공의가 우리에게 미치지 못한즉 우
리가 빛을 바라나 어둠뿐이요 밝은
것을 바라나 캄캄한 가운데에 행
하므로
10 우리가 맹인 같이 담을 더듬으며
눈 없는 자 같이 두루 더듬으며 낮
에도 황혼 때 같이 넘어지니 우리
는 강장한 자 중에서도 죽은 자 같
은지라
11 우리가 곰 같이 부르짖으며 비둘기
같이 슬피 울며 정의를 바라나 없고
구원을 바라나 우리에게서 멀도다
12 이는 우리의 허물이 주의 앞에 심
히 많으며 우리의 죄가 우리를 쳐서
증언하오니 이는 우리의 허물이 우
리와 함께 있음이니라 우리의 죄악
을 우리가 아나이다
13 우리가 야훼를 배반하고 속였으며
우리 하나님을 따르는 데에서 돌이
켜 포학과 패역을 말하며 거짓말을
마음에 잉태하여 낳으니
14 정의가 뒤로 물리침이 되고 공의가
멀리 섰으며 성실이 거리에 엎드러
지고 정직이 나타나지 못하는도다
15 성실이 없어지므로 악을 떠나는 자
가 탈취를 당하는도다 야훼께서 이
를 살피시고 그 정의가 없는 것을
기뻐하지 아니하시고
16 사람이 없음을 보시며 중재자가 없
음을 이상히 여기셨으므로 자기 팔
로 스스로 구원을 베푸시며 자기의
공의를 스스로 의지하사
17 공의를 갑옷으로 삼으시며 구원을

기록일 : . . .

자기의 머리에 써서 투구로 삼으시
며 보복을 속옷으로 삼으시며 열심
을 입어 겉옷으로 삼으시고
18 그들의 행위대로 갚으시되 그 원수
에게 분노하시며 그 원수에게 보응
하시며 섬들에게 보복하실 것이라
19 서쪽에서 야훼의 이름을 두려워하
겠고 해 돋는 쪽에서 그의 영광을
두려워할 것은 야훼께서 그 기운에
몰려 급히 흐르는 강물 같이 오실
것임이로다
20 야훼의 말씀이니라 구속자가 시온
에 임하며 야곱의 자손 가운데에서
죄과를 떠나는 자에게 임하리라
21 야훼께서 이르시되 내가 그들과 세
운 나의 언약이 이러하니 곧 네 위
에 있는 나의 영과 네 입에 둔 나의
말이 이제부터 영원하도록 네 입에
서와 네 후손의 입에서와 네 후손
의 후손의 입에서 떠나지 아니하리
라 하시니라 야훼의 말씀이니라

60

일어나라 빛을 발하라 이는 네 빛
이 이르렀고 야훼의 영광이 네 위
에 임하였음이니라
2 보라 어둠이 땅을 덮을 것이며 캄
캄함이 만민을 가리려니와 오직 야
훼께서 네 위에 임하실 것이며 그
의 영광이 네 위에 나타나리니
3 나라들은 네 빛으로, 왕들은 비치
는 네 광명으로 나아오리라
4 네 눈을 들어 사방을 보라 무리가
다 모여 네게로 오느니라 네 아들
들은 먼 곳에서 오겠고 네 딸들은
안기어 올 것이라
5 그 때에 네가 보고 기쁜 빛을 내며
네 마음이 놀라고 또 화창하리니 이
는 바다의 부가 네게로 돌아오며 이
방 나라들의 재물이 네게로 옴이라
6 허다한 낙타, 미디안과 에바의 어린
낙타가 네 가운데에 가득할 것이며
스바 사람들은 다 금과 유향을 가
지고 와서 야훼의 찬송을 전파할
것이며
7 게달의 양 무리는 다 네게로 모일
것이요 느바욧의 숫양은 네게 공급
되고 내 제단에 올라 기꺼이 받음
이 되리니 내가 내 영광의 집을 영
화롭게 하리라
8 저 구름 같이, 비둘기들이 그 보금
자리로 날아가는 것 같이 날아오는
자들이 누구냐
9 곧 섬들이 나를 앙망하고 다시스의
배들이 먼저 이르되 먼 곳에서 네
자손과 그들의 은금을 아울러 싣고
와서 네 하나님 야훼의 이름에 드
리려 하며 이스라엘의 거룩한 이에
게 드리려 하는 자들이라 이는 내
가 너를 영화롭게 하였음이라
10 내가 노하여 너를 쳤으나 이제는
나의 은혜로 너를 불쌍히 여겼은즉

기록일 : . . .

이방인들이 네 성벽을 쌓을 것이요
그들의 왕들이 너를 섬길 것이며
11 네 성문이 항상 열려 주야로 닫히지
아니하리니 이는 사람들이 네게로
이방 나라들의 재물을 가져오며 그
들의 왕들을 포로로 이끌어 옴이라
12 너를 섬기지 아니하는 백성과 나라
는 파멸하리니 그 백성들은 반드시
진멸되리라
13 레바논의 영광 곧 잣나무와 소나무
와 황양목이 함께 네게 이르러 내
거룩한 곳을 아름답게 할 것이며
내가 나의 발 둘 곳을 영화롭게 할
것이라
14 너를 괴롭히던 자의 자손이 몸을
굽혀 네게 나아오며 너를 멸시하던
모든 자가 네 발 아래에 엎드려 너
를 일컬어 야훼의 성읍이라, 이스라
엘의 거룩한 이의 시온이라 하리라
15 전에는 네가 버림을 당하며 미움을
당하였으므로 네게로 가는 자가 없
었으나 이제는 내가 너를 영원한
아름다움과 대대의 기쁨이 되게 하
리니
16 네가 이방 나라들의 젖을 빨며 뭇
왕의 젖을 빨고 나 야훼는 네 구원
자, 네 구속자, 야곱의 전능자인 줄
알리라
17 내가 금을 가지고 놋을 대신하며
은을 가지고 철을 대신하며 놋으로
나무를 대신하며 철로 돌을 대신하
며 화평을 세워 관원으로 삼으며
공의를 세워 감독으로 삼으리니
18 다시는 강포한 일이 네 땅에 들리
지 않을 것이요 황폐와 파멸이 네
국경 안에 다시 없을 것이며 네가
네 성벽을 구원이라, 네 성문을 찬
송이라 부를 것이라
19 다시는 낮에 해가 네 빛이 되지 아
니하며 달도 네게 빛을 비추지 않
을 것이요 오직 야훼가 네게 영원
한 빛이 되며 네 하나님이 네 영광
이 되리니
20 다시는 네 해가 지지 아니하며 네
달이 물러가지 아니할 것은 야훼가
네 영원한 빛이 되고 네 슬픔의 날
이 끝날 것임이라
21 네 백성이 다 의롭게 되어 영원히
땅을 차지하리니 그들은 내가 심은
가지요 내가 손으로 만든 것으로서
나의 영광을 나타낼 것인즉
22 그 작은 자가 천 명을 이루겠고 그
약한 자가 강국을 이룰 것이라 때
가 되면 나 야훼가 속히 이루리라

61

주 야훼의 영이 내게 내리셨으니
이는 야훼께서 내게 기름을 부으
사 가난한 자에게 아름다운 소식을
전하게 하려 하심이라 나를 보내사
마음이 상한 자를 고치며 포로된
자에게 자유를, 갇힌 자에게 놓임

을 선포하며
2 야훼의 은혜의 해와 우리 하나님의
보복의 날을 선포하여 모든 슬픈
자를 위로하되
3 무릇 시온에서 슬퍼하는 자에게 화
관을 주어 그 재를 대신하며 기쁨
의 기름으로 그 슬픔을 대신하며
찬송의 옷으로 그 근심을 대신하시
고 그들이 의의 나무 곧 야훼께서
심으신 그 영광을 나타낼 자라 일
컬음을 받게 하려 하심이라
4 그들은 오래 황폐하였던 곳을 다
시 쌓을 것이며 옛부터 무너진 곳을
다시 일으킬 것이며 황폐한 성읍 곧
대대로 무너져 있던 것들을 중수할
것이며
5 외인은 서서 너희 양 떼를 칠 것이
요 이방 사람은 너희 농부와 포도
원지기가 될 것이나
6 오직 너희는 야훼의 제사장이라 일
컬음을 받을 것이라 사람들이 너희
를 우리 하나님의 봉사자라 할 것
이며 너희가 이방 나라들의 재물을
먹으며 그들의 영광을 얻어 자랑할
것이니라
7 너희가 수치 대신에 보상을 배나
얻으며 능욕 대신에 몫으로 말미암
아 즐거워할 것이라 그리하여 그들
의 땅에서 갑절이나 얻고 영원한
기쁨이 있으리라
8 무릇 나 야훼는 정의를 사랑하며
불의의 강탈을 미워하여 성실히 그
들에게 갚아 주고 그들과 영원한
언약을 맺을 것이라
9 그들의 자손을 뭇 나라 가운데에,
그들의 후손을 만민 가운데에 알
리리니 무릇 이를 보는 자가 그들
은 야훼께 복 받은 자손이라 인정
하리라
10 내가 야훼로 말미암아 크게 기뻐하
며 내 영혼이 나의 하나님으로 말
미암아 즐거워하리니 이는 그가 구
원의 옷을 내게 입히시며 공의의
겉옷을 내게 더하심이 신랑이 사모
를 쓰며 신부가 자기 보석으로 단
장함 같게 하셨음이라
11 땅이 싹을 내며 동산이 거기 뿌린
것을 움돋게 함 같이 주 야훼께서
공의와 찬송을 모든 나라 앞에 솟
아나게 하시리라

62

나는 시온의 의가 빛 같이, 예루
살렘의 구원이 횃불 같이 나타나도
록 시온을 위하여 잠잠하지 아니하
며 예루살렘을 위하여 쉬지 아니할
것인즉
2 이방 나라들이 네 공의를, 뭇 왕이
다 네 영광을 볼 것이요 너는 야훼
의 입으로 정하실 새 이름으로 일컬
음이 될 것이며
3 너는 또 야훼의 손의 아름다운 관,

네 하나님의 손의 왕관이 될 것이라
4 다시는 너를 버림 받은 자라 부르
지 아니하며 다시는 네 땅을 황무
지라 부르지 아니하고 오직 너를
헵시바라 하며 네 땅을 쁄라라 하
리니 이는 여호와께서 너를 기뻐하실
것이며 네 땅이 결혼한 것처럼 될
것임이라
5 마치 청년이 처녀와 결혼함 같이 네
아들들이 너를 취하겠고 신랑이 신
부를 기뻐함 같이 네 하나님이 너
를 기뻐하시리라
6 예루살렘이여 내가 너의 성벽 위에
파수꾼을 세우고 그들로 하여금 주
야로 계속 잠잠하지 않게 하였느
니라 너희 여호와로 기억하시게 하는
자들아 너희는 쉬지 말며
7 또 여호와께서 예루살렘을 세워 세상
에서 찬송을 받게 하시기까지 그로
쉬지 못하시게 하라
8 여호와께서 그 오른손, 그 능력의 팔
로 맹세하시되 내가 다시는 네 곡
식을 네 원수들에게 양식으로 주지
아니하겠고 네가 수고하여 얻은 포
도주를 이방인이 마시지 못하게 할
것인즉
9 오직 추수한 자가 그것을 먹고 나
여호와를 찬송할 것이요 거둔 자가
그것을 나의 성소 뜰에서 마시리라
하셨느니라
10 성문으로 나아가라 나아가라 백성
이 올 길을 닦으라 큰 길을 수축하
고 수축하라 돌을 제하라 만민을
위하여 기치를 들라
11 여호와께서 땅 끝까지 선포하시되 너
희는 딸 시온에게 이르라 보라 네
구원이 이르렀느니라 보라 상급이
그에게 있고 보응이 그 앞에 있느
니라 하셨느니라
12 사람들이 너를 일컬어 거룩한 백성
이라 여호와께서 구속하신 자라 하겠
고 또 너를 일컬어 찾은 바 된 자요
버림 받지 아니한 성읍이라 하리라

63

에돔에서 오는 이 누구며 붉은 옷
을 입고 보스라에서 오는 이 누구
냐 그의 화려한 의복 큰 능력으로
걷는 이가 누구냐 그는 나이니 공
의를 말하는 이요 구원하는 능력을
가진 이니라
2 어찌하여 네 의복이 붉으며 네 옷
이 포도즙틀을 밟는 자 같으냐
3 만민 가운데 나와 함께 한 자가 없
이 내가 홀로 포도즙틀을 밟았는데
내가 노함으로 말미암아 무리를 밟
았고 분함으로 말미암아 짓밟았으
므로 그들의 선혈이 내 옷에 튀어
내 의복을 다 더럽혔음이니
4 이는 내 원수 갚는 날이 내 마음에
있고 내가 구속할 해가 왔으나
5 내가 본즉 도와 주는 자도 없고 붙

기록일 : . . .

들어 주는 자도 없으므로 이상하게
여겨 내 팔이 나를 구원하며 내 분
이 나를 붙들었음이라
6 내가 노함으로 말미암아 만민을 밟
았으며 내가 분함으로 말미암아 그
들을 취하게 하고 그들의 선혈이
땅에 쏟아지게 하였느니라
7 내가 야훼께서 우리에게 베푸신 모
든 자비와 그의 찬송을 말하며 그
의 사랑을 따라, 그의 많은 자비를
따라 이스라엘 집에 베푸신 큰 은
총을 말하리라
8 그가 말씀하시되 그들은 실로 나
의 백성이요 거짓을 행하지 아니하
는 자녀라 하시고 그들의 구원자
가 되사
9 그들의 모든 환난에 동참하사 자
기 앞의 사자로 하여금 그들을 구
원하시며 그의 사랑과 그의 자비로
그들을 구원하시고 옛적 모든 날에
그들을 드시며 안으셨으나
10 그들이 반역하여 주의 성령을 근심
하게 하였으므로 그가 돌이켜 그들
의 대적이 되사 친히 그들을 치셨
더니
11 백성이 옛적 모세의 때를 기억하
여 이르되 백성과 양 떼의 목자를
바다에서 올라오게 하신 이가 이제
어디 계시냐 그들 가운데에 성령을
두신 이가 이제 어디 계시냐
12 그의 영광의 팔이 모세의 오른손을
이끄시며 그의 이름을 영원하게 하
려 하사 그들 앞에서 물을 갈라지
게 하시고
13 그들을 깊음으로 인도하시되 광야
에 있는 말 같이 넘어지지 않게 하
신 이가 이제 어디 계시냐
14 야훼의 영이 그들을 골짜기로 내려
가는 가축 같이 편히 쉬게 하셨도
다 주께서 이와 같이 주의 백성을
인도하사 이름을 영화롭게 하셨나
이다 하였느니라
15 주여 하늘에서 굽어 살피시며 주의
거룩하고 영화로운 처소에서 보옵
소서 주의 열성과 주의 능하신 행
동이 이제 어디 있나이까 주께서
베푸시던 간곡한 자비와 사랑이 내
게 그쳤나이다
16 주는 우리 아버지시라 아브라함은
우리를 모르고 이스라엘은 우리를
인정하지 아니할지라도 야훼여, 주
는 우리의 아버지시라 옛날부터 주
의 이름을 우리의 구속자라 하셨
거늘
17 야훼여 어찌하여 우리로 주의 길에
서 떠나게 하시며 우리의 마음을
완고하게 하사 주를 경외하지 않게
하시나이까 원하건대 주의 종들 곧
주의 기업인 지파들을 위하사 돌아
오시옵소서

기록일 : . . .

18 주의 거룩한 백성이 땅을 차지한
지 오래지 아니하여서 우리의 원수
가 주의 성소를 유린하였사오니
19 우리는 주의 다스림을 받지 못하는
자 같으며 주의 이름으로 일컬음을
받지 못하는 자 같이 되었나이다
64 원하건대 주는 하늘을 가르고 강
림하시고 주 앞에서 산들이 진동하
기를
2 불이 섶을 사르며 불이 물을 끓임
같게 하사 주의 원수들이 주의 이
름을 알게 하시며 이방 나라들로
주 앞에서 떨게 하옵소서
3 주께서 강림하사 우리가 생각하지
못한 두려운 일을 행하시던 그 때에
산들이 주 앞에서 진동하였사오니
4 주 외에는 자기를 앙망하는 자를
위하여 이런 일을 행한 신을 옛부터
들은 자도 없고 귀로 들은 자도 없
고 눈으로 본 자도 없었나이다
5 주께서 기쁘게 공의를 행하는 자
와 주의 길에서 주를 기억하는 자
를 선대하시거늘 우리가 범죄하므
로 주께서 진노하셨사오며 이 현상
이 이미 오래 되었사오니 우리가 어
찌 구원을 얻을 수 있으리이까
6 무릇 우리는 다 부정한 자 같아서
우리의 의는 다 더러운 옷 같으며
우리는 다 잎사귀 같이 시들므로
우리의 죄악이 바람 같이 우리를
몰아가나이다
7 주의 이름을 부르는 자가 없으며
스스로 분발하여 주를 붙잡는 자가
없사오니 이는 주께서 우리에게 얼
굴을 숨기시며 우리의 죄악으로 말
미암아 우리가 소멸되게 하셨음이
니이다
8 그러나 여호와여, 이제 주는 우리 아
버지시니이다 우리는 진흙이요 주
는 토기장이시니 우리는 다 주의
손으로 지으신 것이니이다
9 여호와여, 너무 분노하지 마시오며 죄
악을 영원히 기억하지 마시옵소서
구하오니 보시옵소서 보시옵소서
우리는 다 주의 백성이니이다
10 주의 거룩한 성읍들이 광야가 되었
으며 시온이 광야가 되었으며 예루
살렘이 황폐하였나이다
11 우리 조상들이 주를 찬송하던 우리
의 거룩하고 아름다운 성전이 불에
탔으며 우리가 즐거워하던 곳이 다
황폐하였나이다
12 여호와여 일이 이러하거늘 주께서 아
직도 가만히 계시려 하시나이까 주
께서 아직도 잠잠하시고 우리에게
심한 괴로움을 받게 하시려나이까
65 나는 나를 구하지 아니하던 자에
게 물음을 받았으며 나를 찾지 아
니하던 자에게 찾아냄이 되었으며
내 이름을 부르지 아니하던 나라에

기록일 : . . .

내가 여기 있노라 내가 여기 있노라
하였노라
2 내가 종일 손을 펴서 자기 생각을
따라 옳지 않은 길을 걸어가는 패
역한 백성들을 불렀나니
3 곧 동산에서 제사하며 벽돌 위에서
분향하여 내 앞에서 항상 내 노를
일으키는 백성이라
4 그들이 무덤 사이에 앉으며 은밀한
처소에서 밤을 지내며 돼지고기를
먹으며 가증한 것들의 국을 그릇에
담으면서
5 사람에게 이르기를 너는 네 자리에
서 있고 내게 가까이 하지 말라 나
는 너보다 거룩함이라 하나니 이런
자들은 내 코의 연기요 종일 타는
불이로다
6 보라 이것이 내 앞에 기록되었으니
내가 잠잠하지 아니하고 반드시 보
응하되 그들의 품에 보응하리라
7 너희의 죄악과 너희 조상들의 죄악
은 한 가지니 그들이 산 위에서 분
향하며 작은 산 위에서 나를 능욕
하였음이라 그러므로 내가 먼저 그
들의 행위를 헤아리고 그들의 품에
보응하리라 야훼가 말하였느니라
8 야훼께서 이와 같이 말씀하시되 포
도송이에는 즙이 있으므로 사람들
이 말하기를 그것을 상하지 말라
거기 복이 있느니라 하나니 나도 내
종들을 위하여 그와 같이 행하여
다 멸하지 아니하고
9 내가 야곱에게서 씨를 내며 유다
에게서 나의 산들을 기업으로 얻을
자를 내리니 내가 택한 자가 이를
기업으로 얻을 것이요 나의 종들이
거기에 살 것이라
10 사론은 양 떼의 우리가 되겠고 아
골 골짜기는 소 떼가 눕는 곳이 되
어 나를 찾은 내 백성의 소유가 되
려니와
11 오직 나 야훼를 버리며 나의 성산을
잊고 갓에게 상을 베풀며 므니에게
섞은 술을 가득히 붓는 너희여
12 내가 너희를 칼에 붙일 것인즉 다
구푸리고 죽임을 당하리니 이는 내
가 불러도 너희가 대답하지 아니하
며 내가 말하여도 듣지 아니하고
나의 눈에 악을 행하였으며 내가
즐겨하지 아니하는 일을 택하였음
이니라
13 이러므로 주 야훼께서 이와 같이
말씀하시니라 보라 나의 종들은 먹
을 것이로되 너희는 주릴 것이니라
보라 나의 종들은 마실 것이로되
너희는 갈할 것이니라 보라 나의
종들은 기뻐할 것이로되 너희는 수
치를 당할 것이니라
14 보라 나의 종들은 마음이 즐거우므
로 노래할 것이로되 너희는 마음이

기록일 : . . .

슬프므로 울며 심령이 상하므로 통
곡할 것이며
15 또 너희가 남겨 놓은 이름은 내가
택한 자의 저줏거리가 될 것이니라
주 야훼 내가 너를 죽이고 내 종들
은 다른 이름으로 부르리라
16 이러므로 땅에서 자기를 위하여 복
을 구하는 자는 진리의 하나님을
향하여 복을 구할 것이요 땅에서
맹세하는 자는 진리의 하나님으로
맹세하리니 이는 이전 환난이 잊어
졌고 내 눈 앞에 숨겨졌음이라
17 보라 내가 새 하늘과 새 땅을 창조
하나니 이전 것은 기억되거나 마음
에 생각나지 아니할 것이라
18 너희는 내가 창조하는 것으로 말미
암아 영원히 기뻐하며 즐거워할지
니라 보라 내가 예루살렘을 즐거운
성으로 창조하며 그 백성을 기쁨으
로 삼고
19 내가 예루살렘을 즐거워하며 나의
백성을 기뻐하리니 우는 소리와 부
르짖는 소리가 그 가운데에서 다시
는 들리지 아니할 것이며
20 거기는 날 수가 많지 못하여 죽는
어린이와 수한이 차지 못한 노인이
다시는 없을 것이라 곧 백 세에 죽
는 자를 젊은이라 하겠고 백 세가
못되어 죽는 자는 저주 받은 자이
리라
21 그들이 가옥을 건축하고 그 안에
살겠고 포도나무를 심고 열매를 먹
을 것이며
22 그들이 건축한 데에 타인이 살지
아니할 것이며 그들이 심은 것을 타
인이 먹지 아니하리니 이는 내 백
성의 수한이 나무의 수한과 같겠고
내가 택한 자가 그 손으로 일한 것
을 길이 누릴 것이며
23 그들의 수고가 헛되지 않겠고 그들
이 생산한 것이 재난을 당하지 아
니하리니 그들은 야훼의 복된 자의
자손이요 그들의 후손도 그들과 같
을 것임이라
24 그들이 부르기 전에 내가 응답하겠
고 그들이 말을 마치기 전에 내가
들을 것이며
25 이리와 어린 양이 함께 먹을 것이며
사자가 소처럼 짚을 먹을 것이며 뱀
은 흙을 양식으로 삼을 것이니 나의
성산에서는 해함도 없겠고 상함도
없으리라 야훼께서 말씀하시니라

66 야훼께서 이와 같이 말씀하시되
하늘은 나의 보좌요 땅은 나의 발
판이니 너희가 나를 위하여 무슨
집을 지으랴 내가 안식할 처소가
어디랴
2 나 야훼가 말하노라 내 손이 이 모
든 것을 지었으므로 그들이 생겼느
니라 무릇 마음이 가난하고 심령에

기록일 : . . .

통회하며 내 말을 듣고 떠는 자 그
사람은 내가 돌보려니와
3 소를 잡아 드리는 것은 살인함과
다름이 없이 하고 어린 양으로 제
사드리는 것은 개의 목을 꺾음과
다름이 없이 하며 드리는 예물은
돼지의 피와 다름이 없이 하고 분
향하는 것은 우상을 찬송함과 다름
이 없이 행하는 그들은 자기의 길
을 택하며 그들의 마음은 가증한
것을 기뻐한즉
4 나 또한 유혹을 그들에게 택하여
주며 그들이 무서워하는 것을 그들
에게 임하게 하리니 이는 내가 불
러도 대답하는 자가 없으며 내가
말하여도 그들이 듣지 않고 오직
나의 목전에서 악을 행하며 내가
기뻐하지 아니하는 것을 택하였음
이라 하시니라
5 야훼의 말씀으로 말미암아 떠는 자
들아 그의 말씀을 들을지어다 이르
시되 너희 형제가 너희를 미워하며
내 이름으로 말미암아 너희를 쫓아
내며 이르기를 야훼께서는 영광을
나타내사 너희 기쁨을 우리에게 보
이시기를 원하노라 하였으나 그들
은 수치를 당하리라 하셨느니라
6 떠드는 소리가 성읍에서부터 들려
오며 목소리가 성전에서부터 들리
니 이는 야훼께서 그의 원수에게
보응하시는 목소리로다
7 시온은 진통을 하기 전에 해산하며
고통을 당하기 전에 남아를 낳았
으니
8 이러한 일을 들은 자가 누구이며 이
러한 일을 본 자가 누구이냐 나라
가 어찌 하루에 생기겠으며 민족이
어찌 한 순간에 태어나겠느냐 그러
나 시온은 진통하는 즉시 그 아들
을 순산하였도다
9 야훼께서 이르시되 내가 아이를 갖
도록 하였은즉 해산하게 하지 아니
하겠느냐 네 하나님이 이르시되 나
는 해산하게 하는 이인즉 어찌 태
를 닫겠느냐 하시니라
10 예루살렘을 사랑하는 자들이여 다
그 성읍과 함께 기뻐하라 다 그 성
읍과 함께 즐거워하라 그 성을 위
하여 슬퍼하는 자들이여 다 그 성
의 기쁨으로 말미암아 그 성과 함
께 기뻐하라
11 너희가 젖을 빠는 것 같이 그 위로
하는 품에서 만족하겠고 젖을 넉넉
히 빤 것 같이 그 영광의 풍성함으
로 말미암아 즐거워하리라
12 야훼께서 이와 같이 말씀하시되 보
라 내가 그에게 평강을 강 같이, 그
에게 뭇 나라의 영광을 넘치는 시
내 같이 주리니 너희가 그 성읍의
젖을 빨 것이며 너희가 옆에 안기며

기록일 : . . .

그 무릎에서 놀 것이라
13 어머니가 자식을 위로함 같이 내가
너희를 위로할 것인즉 너희가 예루
살렘에서 위로를 받으리니
14 너희가 이를 보고 마음이 기뻐서
너희 뼈가 연한 풀의 무성함 같으
리라 야훼의 손은 그의 종들에게
나타나겠고 그의 진노는 그의 원수
에게 더하리라
15 보라 야훼께서 불에 둘러싸여 강림
하시리니 그의 수레들은 회오리바
람 같으리로다 그가 혁혁한 위세로
노여움을 나타내시며 맹렬한 화염
으로 책망하실 것이라
16 야훼께서 불과 칼로 모든 혈육에게
심판을 베푸신즉 야훼께 죽임 당할
자가 많으리니
17 스스로 거룩하게 구별하며 스스로
정결하게 하고 동산에 들어가서 그
가운데에 있는 자를 따라 돼지 고
기와 가증한 물건과 쥐를 먹는 자
가 다 함께 망하리라 야훼의 말씀
이니라
18 내가 그들의 행위와 사상을 아노라
때가 이르면 뭇 나라와 언어가 다
른 민족들을 모으리니 그들이 와서
나의 영광을 볼 것이며
19 내가 그들 가운데에서 징조를 세
워서 그들 가운데에서 도피한 자를
여러 나라 곧 다시스와 뿔과 활을
당기는 룻과 및 두발과 야완과 또
나의 명성을 듣지도 못하고 나의
영광을 보지도 못한 먼 섬들로 보
내리니 그들이 나의 영광을 뭇 나
라에 전파하리라
20 나 야훼가 말하노라 이스라엘 자손
이 예물을 깨끗한 그릇에 담아 야
훼의 집에 드림 같이 그들이 너희
모든 형제를 뭇 나라에서 나의 성
산 예루살렘으로 말과 수레와 교자
와 노새와 낙타에 태워다가 야훼께
예물로 드릴 것이요
21 나는 그 가운데에서 택하여 제사장
과 레위인을 삼으리라 야훼의 말이
니라
22 내가 지을 새 하늘과 새 땅이 내 앞
에 항상 있는 것 같이 너희 자손과
너희 이름이 항상 있으리라 야훼의
말이니라
23 야훼가 말하노라 매월 초하루와 매
안식일에 모든 혈육이 내 앞에 나
아와 예배하리라
24 그들이 나가서 내게 패역한 자들의
시체들을 볼 것이라 그 벌레가 죽
지 아니하며 그 불이 꺼지지 아니하
여 모든 혈육에게 가증함이 되리라

기록일 : . . .

JEREMIAH

예레미야

저 자	예레미야
주 제	하나님의 심판을 받을 민족들을 향한 회개의 권면과 하나님의 회복과 구원에 대한 소망 제시
기록목적	유다가 하나님의 심판으로 멸망 받을 것을 경고하면서, 그러한 심판 중에도 회개하고 하나님을 의뢰하면 하나님께서 그들을 바벨론에서 다시 돌아오게 할 뿐 아니라 전 인류를 구원할 메시아를 보내 주신다는 사실을 기록함으로써 종국에는 택한 백성을 구원하시려는 하나님의 뜻이 성취된다는 승리의 소망을 제시한다.
기록배경	예레미야는 유다의 요시야 왕 13년주전 627년부터 예루살렘 멸망주전 586년 이후까지 예언 사역을 하였다. 그 시기는 강대국인 앗수르와 애굽이 쇠퇴하고 바벨론이 세력을 확장할 때였다. 주전 612년 앗수르는 바벨론에 의해 정복되었으며, 애굽도 갈그미스 전투에서 바벨론에게 격퇴당했다주전 605년, 46:2 참조. 고대 근동 지역을 장악한 바벨론의 느부갓네살은 친애굽 정책을 펼치고 있던 유다를 침입하여 많은 재물을 노략하고 유다 백성들을 포로로 잡아갔다. 예레미야는 이러한 상황에서 임박한 하나님의 심판을 선포했으나 백성들은 이를 무시하였다. 결국 유다는 바벨론의 제3차 침공주전 586년 때 완전히 멸망당한다.
특 징	• 유다의 반역에 대해 애통해하고 가슴 아파하는 선지자의 모습을 잘 묘사하고 있다9:1-6; 17:12-18. • '바벨론 포로' 라는 하나님의 징계를 선포하는 반면, 하나님께서 당신의 백성들과 맺으실 '새 언약'의 실현을 증거함으로써 이스라엘에게 소망을 주고 있다31:1-34. • 다양한 상징과 비유를 사용하여 유다의 멸망과 회복을 예언하고 있다.

나의 기도

예레미야

1 베냐민 땅 아나돗의 제사장들 중
힐기야의 아들 예레미야의 말이라
2 아몬의 아들 유다 왕 요시야가 다
스린 지 십삼 년에 야훼의 말씀이
예레미야에게 임하였고
3 요시야의 아들 유다의 왕 여호야김
시대부터 요시야의 아들 유다의 왕
시드기야의 십일년 말까지 곧 오월
에 예루살렘이 사로잡혀 가기까지
임하니라
4 야훼의 말씀이 내게 임하니라 이르
시되
5 내가 너를 모태에 짓기 전에 너를
알았고 네가 배에서 나오기 전에
너를 성별하였고 너를 여러 나라의
선지자로 세웠노라 하시기로
6 내가 이르되 슬프도소이다 주 야훼
여 보소서 나는 아이라 말할 줄을
알지 못하나이다 하니
7 야훼께서 내게 이르시되 너는 아이
라 말하지 말고 내가 너를 누구에게
보내든지 너는 가며 내가 네게 무엇
을 명령하든지 너는 말할지니라
8 너는 그들 때문에 두려워하지 말라
내가 너와 함께 하여 너를 구원하
리라 나 야훼의 말이니라 하시고
9 야훼께서 그의 손을 내밀어 내 입에
대시며 야훼께서 내게 이르시되 보
라 내가 내 말을 네 입에 두었노라
10 보라 내가 오늘 너를 여러 나라와
여러 왕국 위에 세워 네가 그것들
을 뽑고 파괴하며 파멸하고 넘어뜨
리며 건설하고 심게 하였느니라 하
시니라
11 야훼의 말씀이 또 내게 임하니라
이르시되 예레미야야 네가 무엇을
보느냐 하시매 내가 대답하되 내가
살구나무 가지를 보나이다
12 야훼께서 내게 이르시되 네가 잘
보았도다 이는 내가 내 말을 지켜
그대로 이루려 함이라 하시니라
13 야훼의 말씀이 다시 내게 임하니라
이르시되 네가 무엇을 보느냐 대답
하되 끓는 가마를 보나이다 그 윗
면이 북에서부터 기울어졌나이다
하니
14 야훼께서 내게 이르시되 재앙이 북
방에서 일어나 이 땅의 모든 주민
들에게 부어지리라
15 내가 북방 왕국들의 모든 족속들을
부를 것인즉 그들이 와서 예루살렘
성문 어귀에 각기 자리를 정하고
그 사방 모든 성벽과 유다 모든 성
읍들을 치리라 야훼의 말이니라
16 무리가 나를 버리고 다른 신들에게
분향하며 자기 손으로 만든 것들에

기록일 : . . .

절하였은즉 내가 나의 심판을 그들
에게 선고하여 그들의 모든 죄악을
징계하리라
17 그러므로 너는 네 허리를 동이고 일
어나 내가 네게 명령한 바를 다 그
들에게 말하라 그들 때문에 두려워
하지 말라 네가 그들 앞에서 두려
움을 당하지 않게 하리라
18 보라 내가 오늘 너를 그 온 땅과
유다 왕들과 그 지도자들과 그 제
사장들과 그 땅 백성 앞에 견고한
성읍, 쇠기둥, 놋성벽이 되게 하였
은즉
19 그들이 너를 치나 너를 이기지 못하
리니 이는 내가 너와 함께 하여 너
를 구원할 것임이니라 야훼의 말이
니라

2 야훼의 말씀이 내게 임하니라 이
르시되
2 가서 예루살렘의 귀에 외칠지니라
야훼께서 이와 같이 말씀하시기를
내가 너를 위하여 네 청년 때의 인
애와 네 신혼 때의 사랑을 기억하
노니 곧 씨 뿌리지 못하는 땅, 그
광야에서 나를 따랐음이니라
3 이스라엘은 야훼를 위한 성물 곧
그의 소산 중 첫 열매이니 그를 삼
키는 자면 모두 벌을 받아 재앙이
그들에게 닥치리라 야훼의 말씀이
니라
4 야곱의 집과 이스라엘의 집 모든
족속들아 야훼의 말씀을 들으라
5 나 야훼가 이와 같이 말하노라 너
희 조상들이 내게서 무슨 불의함을
보았기에 나를 멀리 하고 가서 헛
된 것을 따라 헛되이 행하였느냐
6 그들이 우리를 애굽 땅에서 인도
하여 내시고 광야 곧 사막과 구덩
이 땅, 건조하고 사망의 그늘진 땅,
사람이 그 곳으로 다니지 아니하고
그 곳에 사람이 거주하지 아니하는
땅을 우리가 통과하게 하시던 야훼
께서 어디 계시냐 하고 말하지 아
니하였도다
7 내가 너희를 기름진 땅에 인도하여
그것의 열매와 그것의 아름다운 것
을 먹게 하였거늘 너희가 이리로 들
어와서는 내 땅을 더럽히고 내 기업
을 역겨운 것으로 만들었으며
8 제사장들은 야훼께서 어디 계시냐
말하지 아니하였으며 율법을 다루
는 자들은 나를 알지 못하며 관리
들도 나에게 반역하며 선지자들은
바알의 이름으로 예언하고 무익한
것들을 따랐느니라
9 그러므로 내가 다시 싸우고 너희
자손들과도 싸우리라 야훼의 말씀
이니라
10 너희는 깃딤 섬들에 건너가 보며 게
달에도 사람을 보내 이같은 일이

있었는지를 자세히 살펴보라
11 어느 나라가 그들의 신들을 신 아
닌 것과 바꾼 일이 있느냐 그러나
나의 백성은 그의 영광을 무익한
것과 바꾸었도다
12 너 하늘아 이 일로 말미암아 놀랄
지어다 심히 떨지어다 두려워할지
어다 야훼의 말씀이니라
13 내 백성이 두 가지 악을 행하였나
니 곧 그들이 생수의 근원되는 나
를 버린 것과 스스로 웅덩이를 판
것인데 그것은 그 물을 가두지 못
할 터진 웅덩이들이니라
14 이스라엘이 종이냐 씨종이냐 어찌
하여 포로가 되었느냐
15 어린 사자들이 그를 향하여 부르짖
으며 소리를 질러 그의 땅을 황폐
하게 하였으며 그의 성읍들은 불타
서 주민이 없게 되었으며
16 놉과 다바네스의 자손도 네 정수리
를 상하였으니
17 네 하나님 야훼가 너를 길로 인도
할 때에 네가 그를 떠남으로 이를
자취함이 아니냐
18 네가 시홀의 물을 마시려고 애굽으
로 가는 길에 있음은 어찌 됨이며
또 네가 그 강물을 마시려고 앗수르
로 가는 길에 있음은 어찌 됨이냐
19 네 악이 너를 징계하겠고 네 반역
이 너를 책망할 것이라 그런즉 네
하나님 야훼를 버림과 네 속에 나
를 경외함이 없는 것이 악이요 고통
인 줄 알라 주 만군의 야훼의 말씀
이니라
20 네가 옛적부터 네 멍에를 꺾고 네
결박을 끊으며 말하기를 나는 순
종하지 아니하리라 하고 모든 높은
산 위에서와 모든 푸른 나무 아래
에서 너는 몸을 굽혀 행음하도다
21 내가 너를 순전한 참 종자 곧 귀한
포도나무로 심었거늘 내게 대하여
이방 포도나무의 악한 가지가 됨은
어찌 됨이냐
22 주 야훼의 말씀이니라 네가 잿물로
스스로 씻으며 네가 많은 비누를
쓸지라도 네 죄악이 내 앞에 그대
로 있으리니
23 네가 어찌 말하기를 나는 더럽혀지
지 아니하였다 바알들의 뒤를 따르
지 아니하였다 하겠느냐 골짜기 속
에 있는 네 길을 보라 네 행한 바를
알 것이니라 발이 빠른 암낙타가
그의 길을 어지러이 달리는 것과 같
았으며
24 너는 광야에 익숙한 들암나귀들이
그들의 성욕이 일어나므로 헐떡거
림 같았도다 그 발정기에 누가 그
것을 막으리요 그것을 찾는 것들이
수고하지 아니하고 그 발정기에 만
나리라

25 내가 또 말하기를 네 발을 제어하
여 벗은 발이 되게 하지 말며 목
을 갈하게 하지 말라 하였으나 오
직 너는 말하기를 아니라 이는 헛된
말이라 내가 이방 신들을 사랑하였
은즉 그를 따라 가겠노라 하도다
26 도둑이 붙들리면 수치를 당함 같이
이스라엘 집 곧 그들의 왕들과 지
도자들과 제사장들과 선지자들이
수치를 당하였느니라
27 그들이 나무를 향하여 너는 나의
아버지라 하며 돌을 향하여 너는
나를 낳았다 하고 그들의 등을 내
게로 돌리고 그들의 얼굴은 내게로
향하지 아니하다가 그들이 환난을
당할 때에는 이르기를 일어나 우리
를 구원하소서 하리라
28 너를 위하여 네가 만든 네 신들이
어디 있느냐 그들이 네가 환난을
당할 때에 구원할 수 있으면 일어
날 것이니라 유다여 너의 신들이 너
의 성읍 수와 같도다
29 너희가 나에게 대항함은 어찌 됨이
냐 너희가 다 내게 잘못하였느니라
야훼의 말씀이니라
30 내가 너희 자녀들을 때린 것이 무
익함은 그들이 징계를 받아들이지
아니함이라 너희 칼이 사나운 사자
같이 너희 선지자들을 삼켰느니라
31 너희 이 세대여 야훼의 말을 들어
보라 내가 이스라엘에게 광야가 되
었었느냐 캄캄한 땅이 되었었느냐
무슨 이유로 내 백성이 말하기를
우리는 놓였으니 다시 주께로 가지
아니하겠다 하느냐
32 처녀가 어찌 그의 패물을 잊겠느냐
신부가 어찌 그의 예복을 잊겠느냐
오직 내 백성은 나를 잊었나니 그
날 수는 셀 수 없거늘
33 네가 어찌 사랑을 얻으려고 네 행
위를 아름답게 꾸미느냐 그러므로
네 행위를 악한 여자들에게까지 가
르쳤으며
34 또 네 옷단에는 죄 없는 가난한 자
를 죽인 피가 묻었나니 그들이 담
구멍을 뚫었기 때문이 아니라 오직
이 모든 일 때문이니라
35 그러나 너는 말하기를 나는 무죄하
니 그의 진노가 참으로 내게서 떠
났다 하거니와 보라 네 말이 나는
죄를 범하지 아니하였다 하였으므
로 내가 너를 심판하리라
36 네가 어찌하여 네 길을 바꾸어 부
지런히 돌아다니느냐 네가 앗수르
로 말미암아 수치를 당함 같이 또
한 애굽으로 말미암아 수치를 당할
것이라
37 네가 두 손으로 네 머리를 싸고 거
기서도 나가리니 이는 네가 의지하
는 자들을 나 야훼가 버렸으므로

기록일 : . . .

네가 그들로 말미암아 형통하지 못
할 것임이라

3 그들이 말하기를 가령 사람이 그
의 아내를 버리므로 그가 그에게
서 떠나 타인의 아내가 된다 하자
남편이 그를 다시 받겠느냐 그리하
면 그 땅이 크게 더러워지지 아니하
겠느냐 하느니라 네가 많은 무리와
행음하고서도 내게로 돌아오려느냐
야훼의 말씀이니라
2 네 눈을 들어 헐벗은 산을 보라 네
가 행음하지 아니한 곳이 어디 있느
냐 네가 길 가에 앉아 사람들을 기
다린 것이 광야에 있는 아라바 사
람 같아서 음란과 행악으로 이 땅
을 더럽혔도다
3 그러므로 단비가 그쳤고 늦은 비가
없어졌느니라 그럴지라도 네가 창
녀의 낯을 가졌으므로 수치를 알지
못하느니라
4 네가 이제부터는 내게 부르짖기를
나의 아버지여 아버지는 나의 청년
시절의 보호자이시오니
5 노여움을 한없이 계속하시겠으며
끝까지 품으시겠나이까 하지 아니
하겠느냐 보라 네가 이같이 말하여
도 악을 행하여 네 욕심을 이루었
느니라 하시니라
6 요시야 왕 때에 야훼께서 또 내게
이르시되 너는 배역한 이스라엘이
행한 바를 보았느냐 그가 모든 높
은 산에 오르며 모든 푸른 나무 아
래로 가서 거기서 행음하였도다
7 그가 이 모든 일들을 행한 후에 내
가 말하기를 그가 내게로 돌아오
리라 하였으나 아직도 내게로 돌아
오지 아니하였고 그의 반역한 자매
유다는 그것을 보았느니라
8 내게 배역한 이스라엘이 간음을 행
하였으므로 내가 그를 내쫓고 그에
게 이혼서까지 주었으되 그의 반역
한 자매 유다가 두려워하지 아니하
고 자기도 가서 행음함을 내가 보
았노라
9 그가 돌과 나무와 더불어 행음함을
가볍게 여기고 행음하여 이 땅을
더럽혔거늘
10 이 모든 일이 있어도 그의 반역한
자매 유다가 진심으로 내게 돌아오
지 아니하고 거짓으로 할 뿐이니라
야훼의 말씀이니라
11 야훼께서 내게 이르시되 배역한 이
스라엘은 반역한 유다보다 자신이
더 의로움이 나타났나니
12 너는 가서 북을 향하여 이 말을 선
포하여 이르라 야훼께서 이르시되
배역한 이스라엘아 돌아오라 나의
노한 얼굴을 너희에게로 향하지 아
니하리라 나는 긍휼이 있는 자라
노를 한없이 품지 아니하느니라 야

기록일 : . . .

훼의 말씀이니라
13 너는 오직 네 죄를 자복하라 이는
네 하나님 야훼를 배반하고 네 길
로 달려 이방인들에게로 나아가 모
든 푸른 나무 아래로 가서 내 목소
리를 듣지 아니하였음이라 야훼의
말씀이니라
14 야훼의 말씀이니라 배역한 자식들
아 돌아오라 나는 너희 남편임이라
내가 너희를 성읍에서 하나와 족속
중에서 둘을 택하여 너희를 시온으
로 데려오겠고
15 내가 또 내 마음에 합한 목자들을
너희에게 주리니 그들이 지식과 명
철로 너희를 양육하리라
16 야훼의 말씀이니라 너희가 이 땅에
서 번성하여 많아질 때에는 사람들
이 야훼의 언약궤를 다시는 말하지
아니할 것이요 생각하지 아니할 것
이요 기억하지 아니할 것이요 찾지
아니할 것이요 다시는 만들지 아니
할 것이며
17 그 때에 예루살렘이 그들에게 야훼
의 보좌라 일컬음이 되며 모든 백
성이 그리로 모이리니 곧 야훼의 이
름으로 말미암아 예루살렘에 모이
고 다시는 그들의 악한 마음의 완
악한 대로 그들이 행하지 아니할
것이며
18 그 때에 유다 족속이 이스라엘 족
속과 동행하여 북에서부터 나와서
내가 너희 조상들에게 기업으로 준
땅에 그들이 함께 이르리라
19 내가 말하기를 내가 어떻게 하든지
너를 자녀들 중에 두며 허다한 나
라들 중에 아름다운 기업인 이 귀
한 땅을 네게 주리라 하였고 내가
다시 말하기를 너희가 나를 나의
아버지라 하고 나를 떠나지 말 것
이니라 하였노라
20 그런데 이스라엘 족속아 마치 아내
가 그의 남편을 속이고 떠나감 같
이 너희가 확실히 나를 속였느니라
야훼의 말씀이니라
21 소리가 헐벗은 산 위에서 들리니 곧
이스라엘 자손이 애곡하며 간구하
는 것이라 그들이 그들의 길을 굽
게 하며 자기 하나님 야훼를 잊어버
렸음이로다
22 배역한 자식들아 돌아오라 내가 너
희의 배역함을 고치리라 하시니라
보소서 우리가 주께 왔사오니 주는
우리 하나님 야훼이심이니이다
23 작은 산들과 큰 산 위에서 떠드는
것은 참으로 헛된 일이라 이스라엘
의 구원은 진실로 우리 하나님 야
훼께 있나이다
24 부끄러운 그것이 우리가 청년의 때
로부터 우리 조상들의 산업인 양
떼와 소 떼와 아들들과 딸들을 삼

기록일 : . . .

켰사온즉
25 우리는 수치 중에 눕겠고 우리의
치욕이 우리를 덮을 것이니 이는 우
리와 우리 조상들이 청년의 때로부
터 오늘까지 우리 하나님 야훼께
범죄하여 우리 하나님 야훼의 목소
리에 순종하지 아니하였음이니이다

4 야훼께서 이르시되 이스라엘아 네
가 돌아오려거든 내게로 돌아오라
네가 만일 나의 목전에서 가증한 것
을 버리고 네가 흔들리지 아니하며
2 진실과 정의와 공의로 야훼의 삶을
두고 맹세하면 나라들이 나로 말미
암아 스스로 복을 빌며 나로 말미
암아 자랑하리라
3 야훼께서 유다와 예루살렘 사람에
게 이와 같이 이르노라 너희 묵은
땅을 갈고 가시덤불에 파종하지
말라
4 유다인과 예루살렘 주민들아 너희
는 스스로 할례를 행하여 너희 마
음 가죽을 베고 나 야훼께 속하라
그리하지 아니하면 너희 악행으로
말미암아 나의 분노가 불 같이 일
어나 사르리니 그것을 끌 자가 없
으리라
5 너희는 유다에 선포하며 예루살렘
에 공표하여 이르기를 이 땅에서
나팔을 불라 하며 또 크게 외쳐 이
르기를 너희는 모이라 우리가 견고
한 성으로 들어가자 하고
6 시온을 향하여 깃발을 세우라, 도피
하라, 지체하지 말라, 내가 북방에
서 재난과 큰 멸망을 가져오리라
7 사자가 그 수풀에서 올라왔으며 나
라들을 멸하는 자가 나아 왔으되
네 땅을 황폐하게 하려고 이미 그
의 처소를 떠났은즉 네 성읍들이
황폐하여 주민이 없게 되리니
8 이로 말미암아 너희는 굵은 베를
두르고 애곡하라 이는 야훼의 맹렬
한 노가 아직 너희에게서 돌이키지
아니하였음이라
9 야훼의 말씀이니라 그 날에 왕과
지도자들은 낙심할 것이며 제사장
들은 놀랄 것이며 선지자들은 깜짝
놀라리라
10 내가 이르되 슬프도소이다 주 야훼
여 주께서 진실로 이 백성과 예루
살렘을 크게 속이셨나이다 이르시
기를 너희에게 평강이 있으리라 하
시더니 칼이 생명에 이르렀나이다
11 그 때에 이 백성과 예루살렘에 전
할 자가 있어서 뜨거운 바람이 광
야에 있는 헐벗은 산에서 내 딸 백
성에게 불어온다 하리라 이는 키질
하기 위함도 아니요 정결하게 하려
함도 아니며
12 이보다 더 강한 바람이 나를 위하
여 오리니 이제 내가 그들에게 심

기록일 : . . .

판을 행할 것이라
13 보라 그가 구름 같이 올라오나니
그의 병거는 회오리바람 같고 그의
말들은 독수리보다 빠르도다 우리
에게 화 있도다 우리는 멸망하도다
하리라
14 예루살렘아 네 마음의 악을 씻어
버리라 그리하면 구원을 얻으리라
네 악한 생각이 네 속에 얼마나 오
래 머물겠느냐
15 단에서 소리를 선포하며 에브라임
산에서 재앙을 공포하는도다
16 너희는 여러 나라에 전하며 또 예루
살렘에 알리기를 에워싸고 치는 자
들이 먼 땅에서부터 와서 유다 성읍
들을 향하여 소리를 지른다 하라
17 그들이 밭을 지키는 자 같이 예루
살렘을 에워싸나니 이는 그가 나를
거역했기 때문이니라 야훼의 말씀
이니라
18 네 길과 행위가 이 일들을 부르게
하였나니 이는 네가 악함이라 그
고통이 네 마음에까지 미치느니라
19 슬프고 아프다 내 마음속이 아프고
내 마음이 답답하여 잠잠할 수 없
으니 이는 나의 심령이 나팔 소리와
전쟁의 경보를 들음이로다
20 패망에 패망이 연속하여 온 땅이
탈취를 당하니 나의 장막과 휘장은
갑자기 파멸되도다
21 내가 저 깃발을 보며 나팔 소리 듣
기를 어느 때까지 할꼬
22 내 백성은 나를 알지 못하는 어리
석은 자요 지각이 없는 미련한 자식
이라 악을 행하기에는 지각이 있으
나 선을 행하기에는 무지하도다
23 보라 내가 땅을 본즉 혼돈하고 공
허하며 하늘에는 빛이 없으며
24 내가 산들을 본즉 다 진동하며 작
은 산들도 요동하며
25 내가 본즉 사람이 없으며 공중의
새가 다 날아갔으며
26 보라 내가 본즉 좋은 땅이 황무지
가 되었으며 그 모든 성읍이 야훼
의 앞 그의 맹렬한 진노 앞에 무너
졌으니
27 야훼께서 이와 같이 말씀하시길 이
온 땅이 황폐할 것이나 내가 진멸
하지는 아니할 것이며
28 이로 말미암아 땅이 슬퍼할 것이며
위의 하늘이 어두울 것이라 내가
이미 말하였으며 작정하였고 후회
하지 아니하였은즉 또한 거기서 돌
이키지 아니하리라 하셨음이로다
29 기병과 활 쏘는 자의 함성으로 말
미암아 모든 성읍 사람들이 도망하
여 수풀에 들어가고 바위에 기어오
르며 각 성읍이 버림을 당하여 거기
사는 사람이 없나니
30 멸망을 당한 자여 네가 어떻게 하

기록일 : . . .

려느냐 네가 붉은 옷을 입고 금장
식으로 단장하고 눈을 그려 꾸밀지
라도 네가 화장한 것이 헛된 일이
라 연인들이 너를 멸시하여 네 생명
을 찾느니라
31 내가 소리를 들은즉 여인의 해산하
는 소리 같고 초산하는 자의 고통
하는 소리 같으니 이는 시온의 딸
의 소리라 그가 헐떡이며 그의 손
을 펴고 이르기를 내게 화가 있도
다 죽이는 자로 말미암아 나의 심
령이 피곤하도다 하는도다
5 너희는 예루살렘 거리로 빨리 다
니며 그 넓은 거리에서 찾아보고 알
라 너희가 만일 정의를 행하며 진리
를 구하는 자를 한 사람이라도 찾
으면 내가 이 성읍을 용서하리라
2 그들이 야훼께서 살아 계심을 두고
맹세할지라도 실상은 거짓 맹세니라
3 야훼여 주의 눈이 진리를 찾지 아니
하시나이까 주께서 그들을 치셨을
지라도 그들이 아픈 줄을 알지 못
하며 그들을 멸하셨을지라도 그들
이 징계를 받지 아니하고 그들의
얼굴을 바위보다 굳게 하여 돌아오
기를 싫어하므로
4 내가 말하기를 이 무리는 비천하고
어리석은 것뿐이라 야훼의 길, 자기
하나님의 법을 알지 못하니
5 내가 지도자들에게 가서 그들에게
말하리라 그들은 야훼의 길, 자기
하나님의 법을 안다 하였더니 그들
도 일제히 멍에를 꺾고 결박을 끊
은지라
6 그러므로 수풀에서 나오는 사자가
그들을 죽이며 사막의 이리가 그들
을 멸하며 표범이 성읍들을 엿본즉
그리로 나오는 자마다 찢기리니 이
는 그들의 허물이 많고 반역이 심
함이니이다
7 내가 어찌 너를 용서하겠느냐 네
자녀가 나를 버리고 신이 아닌 것들
로 맹세하였으며 내가 그들을 배불
리 먹인즉 그들이 간음하며 창기의
집에 허다히 모이며
8 그들은 두루 다니는 살진 수말 같
이 각기 이웃의 아내를 따르며 소
리지르는도다
9 야훼의 말씀이니라 내가 어찌 이
일들에 대하여 벌하지 아니하겠으
며 내 마음이 이런 나라에 보복하
지 않겠느냐
10 너희는 그 성벽에 올라가 무너뜨리
되 다 무너뜨리지 말고 그 가지만
꺾어 버리라 야훼의 것이 아님이
니라
11 야훼의 말씀이니라 이스라엘의 집
과 유다의 집이 내게 심히 반역하였
느니라
12 그들이 야훼를 인정하지 아니하며

기록일 : . . .

말하기를 야훼께서는 계시지 아니
하니 재앙이 우리에게 임하지 아니
할 것이요 우리가 칼과 기근을 보
지 아니할 것이며
13 선지자들은 바람이라 말씀이 그들
의 속에 있지 아니한즉 그같이 그
들이 당하리라 하느니라
14 그러므로 만군의 하나님 야훼께서
이와 같이 말씀하시니라 너희가 이
말을 하였은즉 볼지어다 내가 네
입에 있는 나의 말을 불이 되게 하
고 이 백성을 나무가 되게 하여 불
사르리라
15 야훼의 말씀이니라 이스라엘 집이
여 보라 내가 한 나라를 먼 곳에서
너희에게로 오게 하리니 곧 강하고
오랜 민족이라 그 나라 말을 네가
알지 못하며 그 말을 네가 깨닫지
못하느니라
16 그 화살통은 열린 무덤이요 그 사
람들은 다 용사라
17 그들이 네 자녀들이 먹을 추수 곡
물과 양식을 먹으며 네 양 떼와 소
떼를 먹으며 네 포도나무와 무화과
나무 열매를 먹으며 네가 믿는 견
고한 성들을 칼로 파멸하리라
18 야훼의 말씀이니라 그 때에도 내가
너희를 진멸하지는 아니하리라
19 그들이 만일 이르기를 우리 하나님
야훼께서 어찌하여 이 모든 일을
우리에게 행하셨느냐 하거든 너는
그들에게 이르기를 너희가 야훼를
버리고 너희 땅에서 이방 신들을 섬
겼은즉 이와 같이 너희 것이 아닌
땅에서 이방인들을 섬기리라 하라
20 너는 이를 야곱 집에 선포하며 유
다에 공포하여 이르기를
21 어리석고 지각이 없으며 눈이 있어
도 보지 못하며 귀가 있어도 듣지
못하는 백성이여 이를 들을지어다
22 야훼의 말씀이니라 너희가 나를 두
려워하지 아니하느냐 내 앞에서 떨
지 아니하겠느냐 내가 모래를 두어
바다의 한계를 삼되 그것으로 영
원한 한계를 삼고 지나치지 못하게
하였으므로 파도가 거세게 이나 그
것을 이기지 못하며 뛰노나 그것을
넘지 못하느니라
23 그러나 너희 백성은 배반하며 반역
하는 마음이 있어서 이미 배반하고
갔으며
24 또 너희 마음으로 우리에게 이른
비와 늦은 비를 때를 따라 주시며
우리를 위하여 추수 기한을 정하시
는 우리 하나님 야훼를 경외하자
말하지도 아니하니
25 너희 허물이 이러한 일들을 물리쳤
고 너희 죄가 너희로부터 좋은 것
을 막았느니라
26 내 백성 가운데 악인이 있어서 새

기록일 : . . .

사냥꾼이 매복함 같이 지키며 덫을
놓아 사람을 잡으며
27 새장에 새들이 가득함 같이 너희
집들에 속임이 가득하도다 그러므
로 너희가 번창하고 거부가 되어
28 살지고 윤택하며 또 행위가 심히
악하여 자기 이익을 얻으려고 송사
곧 고아의 송사를 공정하게 하지
아니하며 빈민의 재판을 공정하게
판결하지 아니하니
29 내가 이 일들에 대하여 벌하지 아니
하겠으며 내 마음이 이같은 나라에
보복하지 아니하겠느냐 야훼의 말
씀이니라
30 이 땅에 무섭고 놀라운 일이 있도다
31 선지자들은 거짓을 예언하며 제사
장들은 자기 권력으로 다스리며 내
백성은 그것을 좋게 여기니 마지막
에는 너희가 어찌하려느냐

6 베냐민 자손들아 예루살렘 가운
데로부터 피난하라 드고아에서 나
팔을 불고 벧학게렘에서 깃발을 들
라 재앙과 큰 파멸이 북방에서 엿
보아 옴이니라
2 아름답고 우아한 시온의 딸을 내가
멸절하리니
3 목자들이 그 양 떼를 몰고 와서 주
위에 자기 장막을 치고 각기 그 처
소에서 먹이리로다
4 너희는 그를 칠 준비를 하라 일어
나라 우리가 정오에 올라가자 아하
아깝다 날이 기울어 저녁 그늘이 길
었구나
5 일어나라 우리가 밤에 올라가서 그
요새들을 헐자 하도다
6 만군의 야훼께서 이와 같이 말하노
라 너희는 나무를 베어서 예루살렘
을 향하여 목책을 만들라 이는 벌
받을 성이라 그 중에는 오직 포학
한 것뿐이니라
7 샘이 그 물을 솟구쳐냄 같이 그가
그 악을 드러내니 폭력과 탈취가
거기에서 들리며 질병과 살상이 내
앞에 계속하느니라
8 예루살렘아 너는 훈계를 받으라 그
리하지 아니하면 내 마음이 너를 싫
어하고 너를 황폐하게 하여 주민이
없는 땅으로 만들리라
9 만군의 야훼께서 이와 같이 말씀하
시되 포도를 따듯이 그들이 이스라
엘의 남은 자를 말갛게 주우리라
너는 포도 따는 자처럼 네 손을 광
주리에 자주자주 놀리라 하시나니
10 내가 누구에게 말하며 누구에게 경
책하여 듣게 할꼬 보라 그 귀가 할
례를 받지 못하였으므로 듣지 못하
는도다 보라 야훼의 말씀을 그들이
자신들에게 욕으로 여기고 이를 즐
겨 하지 아니하니
11 그러므로 야훼의 분노가 내게 가득

기록일 : . . .

하여 참기 어렵도다 그것을 거리에
있는 아이들과 모인 청년들에게 부
으리니 남편과 아내와 나이 든 사
람과 늙은이가 다 잡히리로다
12 내가 그 땅 주민에게 내 손을 펼 것
인즉 그들의 집과 밭과 아내가 타
인의 소유로 이전되리라 야훼의 말
씀이니라
13 이는 그들이 가장 작은 자로부터
큰 자까지 다 탐욕을 부리며 선지
자로부터 제사장까지 다 거짓을 행
함이라
14 그들이 내 백성의 상처를 가볍게
여기면서 말하기를 평강하다 평강
하다 하나 평강이 없도다
15 그들이 가증한 일을 행할 때에 부
끄러워하였느냐 아니라 조금도 부
끄러워 하지 않을 뿐 아니라 얼굴
도 붉어지지 않았느니라 그러므로
그들이 엎드러지는 자와 함께 엎드
러질 것이라 내가 그들을 벌하리니
그 때에 그들이 거꾸러지리라 야훼
의 말씀이니라
16 야훼께서 이와 같이 말씀하시되 너
희는 길에 서서 보며 옛적 길 곧 선
한 길이 어디인지 알아보고 그리로
가라 너희 심령이 평강을 얻으리라
하나 그들의 대답이 우리는 그리로
가지 않겠노라 하였으며
17 내가 또 너희 위에 파수꾼을 세웠
으니 나팔 소리를 들으라 하나 그
들의 대답이 우리는 듣지 않겠노라
하였도다
18 그러므로 너희 나라들아 들으라 무
리들아 그들이 당할 일을 알라
19 땅이여 들으라 내가 이 백성에게
재앙을 내리리니 이것이 그들의 생
각의 결과라 그들이 내 말을 듣지
아니하며 내 율법을 거절하였음이
니라
20 시바에서 유향과 먼 곳에서 향품을
내게로 가져옴은 어찌함이냐 나는
그들의 번제를 받지 아니하며 그들
의 희생제물을 달게 여기지 않노라
21 그러므로 야훼께서 이와 같이 말씀
하시니라 보라 내가 이 백성 앞에
장애물을 두리니 아버지와 아들들
이 함께 거기에 걸려 넘어지며 이웃
과 그의 친구가 함께 멸망하리라
22 야훼께서 이와 같이 말씀하시되
보라 한 민족이 북방에서 오며 큰
나라가 땅 끝에서부터 떨쳐 일어
나나니
23 그들은 활과 창을 잡았고 잔인하
여 사랑이 없으며 그 목소리는 바
다처럼 포효하는 소리라 그들이 말
을 타고 전사 같이 다 대열을 벌이
고 시온의 딸인 너를 치려 하느니
라 하시도다
24 우리가 그 소문을 들었으므로 손이

기록일 : . . .

약하여졌고 고통이 우리를 잡았으
므로 그 아픔이 해산하는 여인 같
도다
25 너희는 밭에도 나가지 말라 길로도
다니지 말라 원수의 칼이 있고 사
방에 두려움이 있음이라
26 딸 내 백성이 굵은 베를 두르고 재
에서 구르며 독자를 잃음 같이 슬
퍼하며 통곡할지어다 멸망시킬 자
가 갑자기 우리에게 올 것임이라
27 내가 이미 너를 내 백성 중에 망대
와 요새로 삼아 그들의 길을 알고
살피게 하였노라
28 그들은 다 심히 반역한 자며 비방
하며 돌아다니는 자며 그들은 놋과
철이며 다 사악한 자라
29 풀무불을 맹렬히 불면 그 불에 납
이 살라져서 단련하는 자의 일이 헛
되게 되느니라 이와 같이 악한 자
가 제거되지 아니하나니
30 사람들이 그들을 내버린 은이라 부
르게 될 것은 야훼께서 그들을 버
렸음이라

7 야훼께로부터 예레미야에게 말씀
이 임하니라 이르시되
2 너는 야훼의 집 문에 서서 이 말을
선포하여 이르기를 야훼께 예배하
러 이 문으로 들어가는 유다 사람
들아 야훼의 말씀을 들으라
3 만군의 야훼 이스라엘의 하나님께
서 이와 같이 말씀하시되 너희 길
과 행위를 바르게 하라 그리하면
내가 너희로 이 곳에 살게 하리라
4 너희는 이것이 야훼의 성전이라, 야
훼의 성전이라, 야훼의 성전이라 하
는 거짓말을 믿지 말라
5 너희가 만일 길과 행위를 참으로
바르게 하여 이웃들 사이에 정의를
행하며
6 이방인과 고아와 과부를 압제하지
아니하며 무죄한 자의 피를 이 곳
에서 흘리지 아니하며 다른 신들 뒤
를 따라 화를 자초하지 아니하면
7 내가 너희를 이 곳에 살게 하리니
곧 너희 조상에게 영원무궁토록 준
땅에니라
8 보라 너희가 무익한 거짓말을 의존
하는도다
9 너희가 도둑질하며 살인하며 간음
하며 거짓 맹세하며 바알에게 분향
하며 너희가 알지 못하는 다른 신
들을 따르면서
10 내 이름으로 일컬음을 받는 이 집
에 들어와서 내 앞에 서서 말하기
를 우리가 구원을 얻었나이다 하느
냐 이는 이 모든 가증한 일을 행하
려 함이로다
11 내 이름으로 일컬음을 받는 이 집이
너희 눈에는 도둑의 소굴로 보이느
냐 보라 나 곧 내가 그것을 보았노

기록일 : . . .

라 야훼의 말씀이니라
12 너희는 내가 처음으로 내 이름을
둔 처소 실로에 가서 내 백성 이스
라엘의 악에 대하여 내가 어떻게
행하였는지를 보라
13 야훼의 말씀이니라 이제 너희가 그
모든 일을 행하였으며 내가 너희에
게 말하되 새벽부터 부지런히 말하
여도 듣지 아니하였고 너희를 불러
도 대답하지 아니하였느니라
14 그러므로 내가 실로에 행함 같이 너
희가 신뢰하는 바 내 이름으로 일컬
음을 받는 이 집 곧 너희와 너희 조
상들에게 준 이 곳에 행하겠고
15 내가 너희 모든 형제 곧 에브라임
온 자손을 쫓아낸 것 같이 내 앞에
서 너희를 쫓아내리라 하셨다 할지
니라
16 그런즉 너는 이 백성을 위하여 기도
하지 말라 그들을 위하여 부르짖어
구하지 말라 내게 간구하지 말라
내가 네게서 듣지 아니하리라
17 너는 그들이 유다 성읍들과 예루살
렘 거리에서 행하는 일을 보지 못
하느냐
18 자식들은 나무를 줍고 아버지들은
불을 피우며 부녀들은 가루를 반죽
하여 하늘의 여왕을 위하여 과자를
만들며 그들이 또 다른 신들에게
전제를 부음으로 나의 노를 일으키
느니라
19 야훼의 말씀이니라 그들이 나를 격
노하게 함이냐 자기 얼굴에 부끄러
움을 자취함이 아니냐
20 그러므로 주 야훼께서 이와 같이
말씀하시니라 보라 나의 진노와 분
노를 이 곳과 사람과 짐승과 들나
무와 땅의 소산에 부으리니 불 같
이 살라지고 꺼지지 아니하리라 하
시니라
21 만군의 야훼 이스라엘의 하나님께
서 이와 같이 말씀하시되 너희 희
생제물과 번제물의 고기를 아울러
먹으라
22 사실은 내가 너희 조상들을 애굽
땅에서 인도하여 낸 날에 번제나
희생에 대하여 말하지 아니하며 명
령하지 아니하고
23 오직 내가 이것을 그들에게 명령하
여 이르기를 너희는 내 목소리를
들으라 그리하면 나는 너희 하나님
이 되겠고 너희는 내 백성이 되리
라 너희는 내가 명령한 모든 길로
걸어가라 그리하면 복을 받으리라
하였으나
24 그들이 순종하지 아니하며 귀를 기
울이지도 아니하고 자신들의 악한
마음의 꾀와 완악한 대로 행하여
그 등을 내게로 돌리고 그 얼굴을
향하지 아니하였으며

25 너희 조상들이 애굽 땅에서 나온
날부터 오늘까지 내가 내 종 선지
자들을 너희에게 보내되 끊임없이
보내었으나
26 너희가 나에게 순종하지 아니하며
귀를 기울이지 아니하고 목을 굳게
하여 너희 조상들보다 악을 더 행
하였느니라
27 네가 그들에게 이 모든 말을 할지
라도 그들이 너에게 순종하지 아니
할 것이요 네가 그들을 불러도 그
들이 네게 대답하지 아니하리니
28 너는 그들에게 말하기를 너희는 너
희 하나님 야훼의 목소리를 순종하
지 아니하며 교훈을 받지 아니하는
민족이라 진실이 없어져 너희 입에
서 끊어졌다 할지니라
29 너의 머리털을 베어 버리고 벗은 산
위에서 통곡할지어다 야훼께서 그
노하신 바 이 세대를 끊어 버리셨음
이라
30 야훼께서 말씀하시되 유다 자손이
나의 눈 앞에 악을 행하여 내 이름
으로 일컬음을 받는 집에 그들의
가증한 것을 두어 집을 더럽혔으며
31 힌놈의 아들 골짜기에 도벳 사당을
건축하고 그들의 자녀들을 불에 살
랐나니 내가 명령하지 아니하였고
내 마음에 생각하지도 아니한 일이
니라
32 그러므로 야훼께서 말씀하시니라
날이 이르면 이 곳을 도벳이라 하거
나 힌놈의 아들의 골짜기라 말하지
아니하고 죽임의 골짜기라 말하리
니 이는 도벳에 자리가 없을 만큼
매장했기 때문이니라
33 이 백성의 시체가 공중의 새와 땅
의 짐승의 밥이 될 것이나 그것을
쫓을 자가 없을 것이라
34 그 때에 내가 유다 성읍들과 예루
살렘 거리에 기뻐하는 소리, 즐거워
하는 소리, 신랑의 소리, 신부의 소
리가 끊어지게 하리니 땅이 황폐하
리라

8

야훼의 말씀이니라 그 때에 사람
들이 유다 왕들의 뼈와 그의 지도
자들의 뼈와 제사장들의 뼈와 선지
자들의 뼈와 예루살렘 주민의 뼈를
그 무덤에서 끌어내어
2 그들이 사랑하며 섬기며 뒤따르며
구하며 경배하던 해와 달과 하늘의
뭇 별 아래에서 펼쳐지게 하리니 그
뼈가 거두이거나 묻히지 못하여 지
면에서 분토 같을 것이며
3 이 악한 민족의 남아 있는 자, 무릇
내게 쫓겨나서 각처에 남아 있는
자들이 사는 것보다 죽는 것을 원
하리라 만군의 야훼의 말씀이니라
4 너는 또 그들에게 말하기를 야훼의
말씀에 사람이 엎드러지면 어찌 일

기록일 : . . .

어나지 아니하겠으며 사람이 떠나갔
으면 어찌 돌아오지 아니하겠느냐
5 이 예루살렘 백성이 항상 나를 떠
나 물러감은 어찌함이냐 그들이 거
짓을 고집하고 돌아오기를 거절하
도다
6 내가 귀를 기울여 들은즉 그들이
정직을 말하지 아니하며 그들의 악
을 뉘우쳐서 내가 행한 것이 무엇인
고 말하는 자가 없고 전쟁터로 향
하여 달리는 말 같이 각각 그 길로
행하도다
7 공중의 학은 그 정한 시기를 알고
산비둘기와 제비와 두루미는 그들
이 올 때를 지키거늘 내 백성은 야
훼의 규례를 알지 못하도다
8 너희가 어찌 우리는 지혜가 있고
우리에게는 야훼의 율법이 있다 말
하겠느냐 참으로 서기관의 거짓의
붓이 거짓되게 하였나니
9 지혜롭다 하는 자들은 부끄러움을
당하며 두려워 떨다가 잡히리라 보
라 그들이 야훼의 말을 버렸으니
그들에게 무슨 지혜가 있으랴
10 그러므로 내가 그들의 아내를 타
인에게 주겠고 그들의 밭을 그 차
지할 자들에게 주리니 그들은 가장
작은 자로부터 큰 자까지 다 욕심
내며 선지자로부터 제사장까지 다
거짓을 행함이라
11 그들이 딸 내 백성의 상처를 가볍
게 여기면서 말하기를 평강하다, 평
강하다 하나 평강이 없도다
12 그들이 가증한 일을 행할 때에 부
끄러워하였느냐 아니라 조금도 부
끄러워 하지 않을 뿐 아니라 얼굴
도 붉어지지 아니하였느니라 그러
므로 그들이 엎드러질 자와 함께
엎드러질 것이라 내가 그들을 벌할
때에 그들이 거꾸러지리라 야훼의
말씀이니라
13 야훼의 말씀이니라 내가 그들을 진
멸하리니 포도나무에 포도가 없을
것이며 무화과나무에 무화과가 없
을 것이며 그 잎사귀가 마를 것이라
내가 그들에게 준 것이 없어지리라
하셨나니
14 우리가 어찌 가만히 앉았으랴 모일
지어다 우리가 견고한 성읍들로 들
어가서 거기에서 멸망하자 우리가
야훼께 범죄하였으므로 우리 하나
님 야훼께서 우리를 멸하시며 우리
에게 독한 물을 마시게 하심이니라
15 우리가 평강을 바라나 좋은 것이
없으며 고침을 입을 때를 바라나
놀라움뿐이로다
16 그 말의 부르짖음이 단에서부터 들
리고 그 준마들이 우는 소리에 온
땅이 진동하며 그들이 이르러 이
땅과 그 소유와 성읍과 그 중의 주

민을 삼켰도다
17 야훼의 말씀이니라 내가 술법으로
도 제어할 수 없는 뱀과 독사를 너
희 가운데 보내리니 그것들이 너희
를 물리라 하시도다
18 슬프다 나의 근심이여 어떻게 위로
를 받을 수 있을까 내 마음이 병들
었도다
19 딸 내 백성의 심히 먼 땅에서 부르
짖는 소리로다 야훼께서 시온에 계
시지 아니한가, 그의 왕이 그 가운
데 계시지 아니한가 그들이 어찌하
여 그 조각한 신상과 이방의 헛된
것들로 나를 격노하게 하였는고 하
시니
20 추수할 때가 지나고 여름이 다하
였으나 우리는 구원을 얻지 못한다
하는도다
21 딸 내 백성이 상하였으므로 나도 상
하여 슬퍼하며 놀라움에 잡혔도다
22 길르앗에는 유향이 있지 아니한가
그 곳에는 의사가 있지 아니한가
딸 내 백성이 치료를 받지 못함은
어찌 됨인고

9

어찌하면 내 머리는 물이 되고 내
눈은 눈물 근원이 될고 죽임을 당
한 딸 내 백성을 위하여 주야로 울
리로다
2 내가 광야에서 나그네가 머무를 곳
을 얻는다면 내 백성을 떠나 가리
니 그들은 다 간음하는 자요 반역
한 자의 무리가 됨이로다
3 야훼의 말씀이니라 그들이 활을 당
김 같이 그들의 혀를 놀려 거짓을
말하며 그들이 이 땅에서 강성하나
진실하지 아니하고 악에서 악으로
진행하며 또 나를 알지 못하느니라
4 너희는 각기 이웃을 조심하며 어떤
형제든지 믿지 말라 형제마다 완전
히 속이며 이웃마다 다니며 비방함
이라
5 그들은 각기 이웃을 속이며 진실을
말하지 아니하며 그들의 혀로 거짓
말하기를 가르치며 악을 행하기에
지치거늘
6 네가 사는 곳이 속이는 일 가운데
있도다 그들은 속이는 일로 말미암
아 나를 알기를 싫어하느니라 야훼
의 말씀이니라
7 그러므로 만군의 야훼께서 이와 같
이 말씀하시되 보라 내가 내 딸 백
성을 어떻게 처치할꼬 그들을 녹이
고 연단하리라
8 그들의 혀는 죽이는 화살이라 거짓
을 말하며 입으로는 그 이웃에게
평화를 말하나 마음으로는 해를 꾸
미는도다
9 내가 이 일들로 말미암아 그들에게
벌하지 아니하겠으며 내 마음이 이
런 나라에 보복하지 않겠느냐 야훼

기록일 : . . .

의 말씀이니라
10 내가 산들을 위하여 울며 부르짖으
며 광야 목장을 위하여 슬퍼하나니
이는 그것들이 불에 탔으므로 지나
는 자가 없으며 거기서 가축의 소
리가 들리지 아니하며 공중의 새도
짐승도 다 도망하여 없어졌음이라
11 내가 예루살렘을 무더기로 만들며
승냥이 굴이 되게 하겠고 유다의
성읍들을 황폐하게 하여 주민이 없
게 하리라
12 지혜가 있어서 이 일을 깨달을 만
한 자가 누구며 야훼의 입의 말씀
을 받아서 선포할 자가 누구인고
이 땅이 어찌하여 멸망하여 광야
같이 불타서 지나가는 자가 없게
되었느냐
13 야훼께서 말씀하시되 이는 그들이
내가 그들의 앞에 세운 나의 율법
을 버리고 내 목소리를 순종하지
아니하며 그대로 행하지 아니하고
14 그 마음의 완악함을 따라 그 조상
들이 자기에게 가르친 바알들을 따
랐음이라
15 그러므로 만군의 야훼 이스라엘의
하나님께서 이와 같이 말씀하시니
라 보라 내가 그들 곧 이 백성에게
쑥을 먹이며 독한 물을 마시게 하고
16 그들과 그들의 조상이 알지 못하던
여러 나라 가운데에 그들을 흩어
버리고 진멸되기까지 그 뒤로 칼을
보내리라 하셨느니라
17 만군의 야훼께서 이와 같이 말씀하
시되 너희는 잘 생각해 보고 곡하
는 부녀를 불러오며 또 사람을 보
내 지혜로운 부녀를 불러오되
18 그들로 빨리 와서 우리를 위하여
애곡하여 우리의 눈에서 눈물이 떨
어지게 하며 우리 눈꺼풀에서 물이
쏟아지게 하라
19 이는 시온에서 통곡하는 소리가 들
리기를 우리가 아주 망하였구나 우
리가 크게 부끄러움을 당하였구나
우리가 그 땅을 떠난 것은 그들이
우리 거처를 헐었음이로다 함이로다
20 부녀들이여 야훼의 말씀을 들으라
너희 귀에 그 입의 말씀을 받으라
너희 딸들에게 애곡하게 하고 각기
이웃에게 슬픈 노래를 가르치라
21 무릇 사망이 우리 창문을 통하여
넘어 들어오며 우리 궁실에 들어오
며 밖에서는 자녀들을 거리에서는
청년들을 멸절하려 하느니라
22 너는 이같이 말하라 야훼의 말씀에
사람의 시체가 분토 같이 들에 떨
어질 것이며 추수하는 자의 뒤에 버
려져 거두지 못한 곡식단 같이 되리
라 하셨느니라
23 야훼께서 이와 같이 말씀하시되 지
혜로운 자는 그의 지혜를 자랑하지

기록일 : . . .

말라 용사는 그의 용맹을 자랑하지
말라 부자는 그의 부함을 자랑하지
말라
24 자랑하는 자는 이것으로 자랑할지
니 곧 명철하여 나를 아는 것과 나
야훼는 사랑과 정의와 공의를 땅에
행하는 자인 줄 깨닫는 것이라 나
는 이 일을 기뻐하노라 야훼의 말
씀이니라
25 야훼의 말씀이니라 보라 날이 이르
면 할례 받은 자와 할례 받지 못한
자를 내가 다 벌하리니
26 곧 애굽과 유다와 에돔과 암몬 자
손과 모압과 및 광야에 살면서 살
쩍을 깎은 자들에게라 무릇 모든
민족은 할례를 받지 못하였고 이스
라엘은 마음에 할례를 받지 못하였
느니라 하셨느니라

10 이스라엘 집이여 야훼께서 너희
에게 이르시는 말씀을 들을지어다
2 야훼께서 이와 같이 말씀하시되 여
러 나라의 길을 배우지 말라 이방
사람들은 하늘의 징조를 두려워하
거니와 너희는 그것을 두려워하지
말라
3 여러 나라의 풍습은 헛된 것이니 삼
림에서 벤 나무요 기술공의 두 손
이 도끼로 만든 것이라
4 그들이 은과 금으로 그것에 꾸미고
못과 장도리로 그것을 든든히 하여
흔들리지 않게 하나니
5 그것이 둥근 기둥 같아서 말도 못
하며 걸어다니지도 못하므로 사람
이 메어야 하느니라 그것이 그들에
게 화를 주거나 복을 주지 못하나
니 너희는 두려워하지 말라 하셨느
니라
6 야훼여 주와 같은 이 없나이다 주
는 크시니 주의 이름이 그 권능으
로 말미암아 크시니이다
7 이방 사람들의 왕이시여 주를 경외
하지 아니할 자가 누구리이까 이는
주께 당연한 일이라 여러 나라와
여러 왕국들의 지혜로운 자들 가운
데 주와 같은 이가 없음이니이다
8 그들은 다 무지하고 어리석은 것이
니 우상의 가르침은 나무뿐이라
9 다시스에서 가져온 은박과 우바스
에서 가져온 금으로 꾸미되 기술공
과 은장색의 손으로 만들었고 청색
자색 옷을 입었나니 이는 정교한
솜씨로 만든 것이거니와
10 오직 야훼는 참 하나님이시요 살
아 계신 하나님이시요 영원한 왕이
시라 그 진노하심에 땅이 진동하며
그 분노하심을 이방이 능히 당하지
못하느니라
11 너희는 이같이 그들에게 이르기
를 천지를 짓지 아니한 신들은 땅
위에서, 이 하늘 아래에서 망하리

라 하라
12 야훼께서 그의 권능으로 땅을 지으
셨고 그의 지혜로 세계를 세우셨고
그의 명철로 하늘을 펴셨으며
13 그가 목소리를 내신즉 하늘에 많은
물이 생기나니 그는 땅 끝에서 구
름이 오르게 하시며 비를 위하여 번
개치게 하시며 그 곳간에서 바람을
내시거늘
14 사람마다 어리석고 무식하도다 은
장이마다 자기의 조각한 신상으로
말미암아 수치를 당하나니 이는 그
가 부어 만든 우상은 거짓 것이요
그 속에 생기가 없음이라
15 그것들은 헛 것이요 망령되이 만
든 것인즉 징벌하실 때에 멸망할 것
이나
16 야곱의 분깃은 이같지 아니하시니
그는 만물의 조성자요 이스라엘은
그의 기업의 지파라 그 이름은 만
군의 야훼시니라
17 에워싸인 가운데에 앉은 자여 네
짐 꾸러미를 이 땅에서 꾸리라
18 야훼께서 이와 같이 말씀하시되 보
라 내가 이 땅에 사는 자를 이번에
는 내던질 것이라 그들을 괴롭게
하여 깨닫게 하리라 하셨느니라
19 슬프다 내 상처여 내가 중상을 당
하였도다 그러나 내가 말하노라 이
는 참으로 고난이라 내가 참아야
하리로다
20 내 장막이 무너지고 나의 모든 줄
이 끊어졌으며 내 자녀가 나를 떠
나가고 있지 아니하니 내 장막을
세울 자와 내 휘장을 칠 자가 다시
없도다
21 목자들은 어리석어 야훼를 찾지 아
니하므로 형통하지 못하며 그 모든
양 떼는 흩어졌도다
22 들을지어다 북방에서부터 크게 떠
드는 소리가 들리니 유다 성읍들을
황폐하게 하여 승냥이의 거처가 되
게 하리로다
23 야훼여 내가 알거니와 사람의 길이
자신에게 있지 아니하니 걸음을 지
도함이 걷는 자에게 있지 아니하니
이다
24 야훼여 나를 징계하옵시되 너그러
이 하시고 진노로 하지 마옵소서
주께서 내가 없어지게 하실까 두려
워하나이다
25 주를 알지 못하는 이방 사람들과
주의 이름으로 기도하지 아니하는
족속들에게 주의 분노를 부으소서
그들은 야곱을 씹어 삼켜 멸하고
그의 거처를 황폐하게 하였나이다
하니라

11 야훼께로부터 예레미야에게 임한
말씀이라 이르시되
2 너희는 이 언약의 말을 듣고 유다

인과 예루살렘 주민에게 말하라
3 그들에게 이르기를 이스라엘의 하
나님 야훼께서 이와 같이 말씀하시
되 이 언약의 말을 따르지 않는 자
는 저주를 받을 것이니라
4 이 언약은 내가 너희 조상들을 쇠
풀무 애굽 땅에서 이끌어내던 날에
그들에게 명령한 것이라 곧 내가
이르기를 너희는 내 목소리를 순종
하고 나의 모든 명령을 따라 행하
라 그리하면 너희는 내 백성이 되
겠고 나는 너희의 하나님이 되리라
5 내가 또 너희 조상들에게 한 맹세
는 그들에게 젖과 꿀이 흐르는 땅
을 주리라 한 언약을 이루리라 한
것인데 오늘이 그것을 증언하느니
라 하라 하시기로 내가 대답하여
이르되 아멘 야훼여 하였노라
6 야훼께서 내게 이르시되 너는 이
모든 말로 유다 성읍들과 예루살렘
거리에서 선포하여 이르기를 너희
는 이 언약의 말을 듣고 지키라
7 내가 너희 조상들을 애굽 땅에서
인도하여 낸 날부터 오늘까지 간절
히 경계하며 끊임없이 경계하기를
너희는 내 목소리를 순종하라 하였
으나
8 그들이 순종하지 아니하며 귀를 기
울이지도 아니하고 각각 그 악한
마음의 완악한 대로 행하였으므로
내가 그들에게 행하라 명령하였어
도 그들이 행하지 아니한 이 언약
의 모든 규정대로 그들에게 이루게
하였느니라 하라
9 야훼께서 또 내게 이르시되 유다인
과 예루살렘 주민 중에 반역이 있
도다
10 그들이 내 말 듣기를 거절한 자기
들의 선조의 죄악으로 돌아가서 다
른 신들을 따라 섬겼은즉 이스라엘
집과 유다 집이 내가 그들의 조상
들과 맺은 언약을 깨뜨렸도다
11 그러므로 나 야훼가 이와 같이 말
하노라 보라 내가 재앙을 그들에게
내리리니 그들이 피할 수 없을 것이
라 그들이 내게 부르짖을지라도 내
가 듣지 아니할 것인즉
12 유다 성읍들과 예루살렘 주민이 그
분향하는 신들에게 가서 부르짖을
지라도 그 신들이 그 고난 가운데
에서 절대로 그들을 구원하지 못하
리라
13 유다야 네 신들이 네 성읍의 수와
같도다 너희가 예루살렘 거리의 수
대로 그 수치스러운 물건의 제단
곧 바알에게 분향하는 제단을 쌓았
도다
14 그러므로 너는 이 백성을 위하여 기
도하지 말라 그들을 위하여 부르짖
거나 구하지 말라 그들이 그 고난

기록일 : . . .

으로 말미암아 내게 부르짖을 때에
내가 그들에게서 듣지 아니하리라
15 나의 사랑하는 자가 많은 악한 음
모를 꾸미더니 나의 집에서 무엇을
하려느냐 거룩한 제물 고기로 네
재난을 피할 수 있겠느냐 그 때에
네가 기뻐하겠느냐
16 야훼께서는 그의 이름을 일컬어 좋
은 열매 맺는 아름다운 푸른 감람
나무라 하였었으나 큰 소동 중에
그 위에 불을 피웠고 그 가지는 꺾
였도다
17 바알에게 분향함으로 나의 노여움
을 일으킨 이스라엘 집과 유다 집
의 악으로 말미암아 그를 심은 만
군의 야훼께서 그에게 재앙을 선언
하셨느니라
18 야훼께서 내게 알게 하셨으므로 내
가 그것을 알았나이다 그 때에 주
께서 그들의 행위를 내게 보이셨나
이다
19 나는 끌려서 도살 당하러 가는 순
한 어린 양과 같으므로 그들이 나
를 해하려고 꾀하기를 우리가 그
나무와 열매를 함께 박멸하자 그를
살아 있는 자의 땅에서 끊어서 그
의 이름이 다시 기억되지 못하게 하
자 함을 내가 알지 못하였나이다
20 공의로 판단하시며 사람의 마음을
감찰하시는 만군의 야훼여 나의 원
통함을 주께 아뢰었사오니 그들에
게 대한 주의 보복을 내가 보리이
다 하였더니
21 야훼께서 아나돗 사람들에 대하여
이와 같이 말씀하시되 그들이 네
생명을 빼앗으려고 찾아 이르기를
너는 야훼의 이름으로 예언하지 말
라 두렵건대 우리 손에 죽을까 하
노라 하도다
22 그러므로 만군의 야훼께서 이와 같
이 말씀하시니라 보라 내가 그들을
벌하리니 청년들은 칼에 죽으며 자
녀들은 기근에 죽고
23 남는 자가 없으리라 내가 아나돗
사람에게 재앙을 내리리니 곧 그들
을 벌할 해에니라

12

야훼여 내가 주와 변론할 때에는
주께서 의로우시니이다 그러나 내
가 주께 질문하옵나니 악한 자의
길이 형통하며 반역한 자가 다 평안
함은 무슨 까닭이니이까
2 주께서 그들을 심으시므로 그들이
뿌리가 박히고 장성하여 열매를 맺
었거늘 그들의 입은 주께 가까우나
그들의 마음은 머니이다
3 야훼여 주께서 나를 아시고 나를
보시며 내 마음이 주를 향하여 어
떠함을 감찰하시오니 양을 잡으려
고 끌어냄과 같이 그들을 끌어내시
되 죽일 날을 위하여 그들을 구별

기록일 : . . .

하옵소서
4 언제까지 이 땅이 슬퍼하며 온 지
방의 채소가 마르리이까 짐승과 새
들도 멸절하게 되었사오니 이는 이
땅 주민이 악하여 스스로 말하기를
그가 우리의 나중 일을 보지 못하
리라 함이니이다
5 만일 네가 보행자와 함께 달려도
피곤하면 어찌 능히 말과 경주하겠
느냐 네가 평안한 땅에서는 무사하
려니와 요단 강 물이 넘칠 때에는
어찌하겠느냐
6 네 형제와 아버지의 집이라도 너를
속이며 네 뒤에서 크게 외치나니
그들이 네게 좋은 말을 할지라도
너는 믿지 말지니라
7 내가 내 집을 버리며 내 소유를 내
던져 내 마음으로 사랑하는 것을
그 원수의 손에 넘겼나니
8 내 소유가 숲속의 사자 같이 되어
서 나를 향하여 그 소리를 내므로
내가 그를 미워하였음이로라
9 내 소유가 내게 대하여는 무늬 있
는 매가 아니냐 매들이 그것을 에
워싸지 아니하느냐 너희는 가서 들
짐승들을 모아다가 그것을 삼키게
하라
10 많은 목자가 내 포도원을 헐며 내
몫을 짓밟아서 내가 기뻐하는 땅을
황무지로 만들었도다
11 그들이 이를 황폐하게 하였으므로
그 황무지가 나를 향하여 슬퍼하는
도다 온 땅이 황폐함은 이를 마음
에 두는 자가 없음이로다
12 파괴하는 자들이 광야의 모든 벗은
산 위에 이르렀고 야훼의 칼이 땅
이 끝에서 저 끝까지 삼키니 모든
육체가 평안하지 못하도다
13 무리가 밀을 심어도 가시를 거두며
수고하여도 소득이 없은즉 그 소산
으로 말미암아 스스로 수치를 당하
리니 이는 야훼의 분노로 말미암음
이니라
14 내가 내 백성 이스라엘에게 기업으
로 준 소유에 손을 대는 나의 모든
악한 이웃에 대하여 야훼께서 이와
같이 말씀하시니라 보라 내가 그들
을 그 땅에서 뽑아 버리겠고 유다
집을 그들 가운데서 뽑아 내리라
15 내가 그들을 뽑아 낸 후에 내가 돌
이켜 그들을 불쌍히 여겨서 각 사
람을 그들의 기업으로, 각 사람을
그 땅으로 다시 인도하리니
16 그들이 내 백성의 도를 부지런히
배우며 살아 있는 야훼라는 내 이
름으로 맹세하기를 자기들이 내 백
성을 가르쳐 바알로 맹세하게 한 것
같이 하면 그들이 내 백성 가운데
에 세움을 입으려니와
17 그들이 순종하지 아니하면 내가 반

기록일 : . . .

드시 그 나라를 뽑으리라 뽑아 멸
하리라 야훼의 말씀이니라

13 야훼께서 이와 같이 내게 이르시
되 너는 가서 베 띠를 사서 네 허리
에 띠고 물에 적시지 말라 하시기로
2 내가 야훼의 말씀대로 띠를 사서
내 허리에 띠니라
3 야훼의 말씀이 다시 내게 임하여
이르시되
4 너는 사서 네 허리에 띤 띠를 가지
고 일어나 유브라데로 가서 거기서
그것을 바위 틈에 감추라 하시기로
5 내가 야훼께서 내게 명령하신 대로
가서 그것을 유브라데 물 가에 감
추니라
6 여러 날 후에 야훼께서 내게 이르
시되 일어나 유브라데로 가서 내가
네게 명령하여 거기 감추게 한 띠
를 가져오라 하시기로
7 내가 유브라데로 가서 그 감추었던
곳을 파고 띠를 가져오니 띠가 썩
어서 쓸 수 없게 되었더라
8 야훼의 말씀이 내게 임하니라 이르
시되
9 야훼께서 이와 같이 말씀하시니라
내가 유다의 교만과 예루살렘의 큰
교만을 이같이 썩게 하리라
10 이 악한 백성이 내 말 듣기를 거절
하고 그 마음의 완악한 대로 행하
며 다른 신들을 따라 그를 섬기며
그에게 절하니 그들이 이 띠가 쓸
수 없음 같이 되리라
11 야훼의 말씀이니라 띠가 사람의 허
리에 속함 같이 내가 이스라엘 온
집과 유다 온 집으로 내게 속하게
하여 그들로 내 백성이 되게 하며
내 이름과 명예와 영광이 되게 하
려 하였으나 그들이 듣지 아니하였
느니라
12 그러므로 너는 이 말로 그들에게
이르기를 이스라엘의 하나님 야훼
의 말씀에 모든 가죽부대가 포도
주로 차리라 하셨다 하라 그리하면
그들이 네게 이르기를 모든 가죽부
대가 포도주로 찰 줄을 우리가 어
찌 알지 못하리요 하리니
13 너는 다시 그들에게 이르기를 야훼
의 말씀에 보라 내가 이 땅의 모든
주민과 다윗의 왕위에 앉은 왕들과
제사장들과 선지자들과 예루살렘
모든 주민으로 잔뜩 취하게 하고
14 또 그들로 피차 충돌하여 상하게
하되 부자 사이에도 그러하게 할
것이라 내가 그들을 불쌍히 여기지
아니하며 사랑하지 아니하며 아끼
지 아니하고 멸하리라 하셨다 하라
야훼의 말씀이니라
15 너희는 들을지어다, 귀를 기울일지
어다, 교만하지 말지어다, 야훼께서
말씀하셨음이라

기록일 : . . .

16 그가 어둠을 일으키시기 전, 너희
발이 어두운 산에 거치기 전, 너희
바라는 빛이 사망의 그늘로 변하여
침침한 어둠이 되게 하시기 전에 너
희 하나님 야훼께 영광을 돌리라
17 너희가 이를 듣지 아니하면 나의 심
령이 너희 교만으로 말미암아 은밀
한 곳에서 울 것이며 야훼의 양 떼
가 사로잡힘으로 말미암아 눈물을
흘려 통곡하리라
18 너는 왕과 왕후에게 전하기를 스스
로 낮추어 앉으라 관 곧 영광의 면
류관이 내려졌다 하라
19 네겝의 성읍들이 봉쇄되어 열 자가
없고 유다가 다 잡혀가되 온전히
잡혀가도다
20 너는 눈을 들어 북방에서 오는 자
들을 보라 네게 맡겼던 양 떼, 네
아름다운 양 떼는 어디 있느냐
21 너의 친구 삼았던 자를 그가 네 위
에 우두머리로 세우실 때에 네가
무슨 말을 하겠느냐 네가 고통에
사로잡힘이 산고를 겪는 여인 같지
않겠느냐
22 네가 마음으로 이르기를 어찌하여
이런 일이 내게 닥쳤는고 하겠으나
네 죄악이 크므로 네 치마가 들리
고 네 발뒤꿈치가 상함이니라
23 구스인이 그의 피부를, 표범이 그의
반점을 변하게 할 수 있느냐 할 수
있을진대 악에 익숙한 너희도 선을
행할 수 있으리라
24 그러므로 내가 그들을 사막 바람에
불려가는 겨불 같이 흩으리로다
25 야훼의 말씀이니라 이는 네 몫이요
내가 헤아려 정하여 네게 준 분깃
이니 네가 나를 잊어버리고 거짓을
신뢰하는 까닭이라
26 그러므로 내가 네 치마를 네 얼굴에
까지 들춰서 네 수치를 드러내리라
27 내가 너의 간음과 사악한 소리와
들의 작은 산 위에서 네가 행한 음
란과 음행과 가증한 것을 보았노라
화 있을진저 예루살렘이여 네가 얼
마나 오랜 후에야 정결하게 되겠느
냐 하시니라

14 가뭄에 대하여 예레미야에게 임
한 야훼의 말씀이라
2 유다가 슬퍼하며 성문의 무리가 피
곤하여 땅 위에서 애통하니 예루살
렘의 부르짖음이 위로 오르도다
3 귀인들은 자기 사환들을 보내어 물
을 얻으려 하였으나 그들이 우물에
갔어도 물을 얻지 못하여 빈 그릇
으로 돌아오니 부끄럽고 근심하여
그들의 머리를 가리며
4 땅에 비가 없어 지면이 갈라지니 밭
가는 자가 부끄러워서 그의 머리를
가리는도다
5 들의 암사슴은 새끼를 낳아도 풀이

기록일 : . . .

없으므로 내버리며
6 들 나귀들은 벗은 산 위에 서서 승
냥이 같이 헐떡이며 풀이 없으므로
눈이 흐려지는도다
7 야훼여 우리의 죄악이 우리에게 대
하여 증언할지라도 주는 주의 이름
을 위하여 일하소서 우리의 타락함
이 많으니이다 우리가 주께 범죄하
였나이다
8 이스라엘의 소망이시요 고난 당한
때의 구원자시여 어찌하여 이 땅에
서 거류하는 자 같이, 하룻밤을 유
숙하는 나그네 같이 하시나이까
9 어찌하여 놀란 자 같으시며 구원하
지 못하는 용사 같으시니이까 야훼
여 주는 그래도 우리 가운데 계시
고 우리는 주의 이름으로 일컬음을
받는 자이오니 우리를 버리지 마옵
소서
10 야훼께서 이 백성에 대하여 이와
같이 말씀하시되 그들이 어그러진
길을 사랑하여 그들의 발을 멈추지
아니하므로 야훼께서 그들을 받지
아니하고 이제 그들의 죄를 기억하
시고 그 죄를 벌하시리라 하시고
11 야훼께서 또 내게 이르시되 너는 이
백성을 위하여 복을 구하지 말라
12 그들이 금식할지라도 내가 그 부르
짖음을 듣지 아니하겠고 번제와 소
제를 드릴지라도 내가 그것을 받지
아니할 뿐 아니라 칼과 기근과 전
염병으로 내가 그들을 멸하리라
13 이에 내가 말하되 슬프도소이다 주
야훼여 보시옵소서 선지자들이 그
들에게 이르기를 너희가 칼을 보지
아니하겠고 기근은 너희에게 이르
지 아니할 것이라 내가 이 곳에서
너희에게 확실한 평강을 주리라 하
나이다
14 야훼께서 내게 이르시되 선지자들
이 내 이름으로 거짓 예언을 하도
다 나는 그들을 보내지 아니하였고
그들에게 명령하거나 이르지 아니
하였거늘 그들이 거짓 계시와 점술
과 헛된 것과 자기 마음의 거짓으
로 너희에게 예언하는도다
15 그러므로 내가 보내지 아니하였어
도 내 이름으로 예언하여 이르기를
칼과 기근이 이 땅에 이르지 아니
하리라 하는 선지자들에 대하여 야
훼께서 이와 같이 말씀하셨노라 그
선지자들은 칼과 기근에 멸망할 것
이요
16 그들의 예언을 받은 백성은 기근
과 칼로 말미암아 예루살렘 거리에
던짐을 당할 것인즉 그들을 장사
할 자가 없을 것이요 그들의 아내
와 아들과 딸이 그렇게 되리니 이
는 내가 그들의 악을 그 위에 부음
이니라

17 너는 이 말로 그들에게 이르라 내
눈이 밤낮으로 그치지 아니하고 눈
물을 흘리리니 이는 처녀 딸 내 백
성이 큰 파멸, 중한 상처로 말미암
아 망함이라
18 내가 들에 나간즉 칼에 죽은 자요
내가 성읍에 들어간즉 기근으로 병
든 자며 선지자나 제사장이나 알지
못하는 땅으로 두루 다니도다
19 주께서 유다를 온전히 버리시나이
까 주의 심령이 시온을 싫어하시나
이까 어찌하여 우리를 치시고 치료
하지 아니하시나이까 우리가 평강
을 바라도 좋은 것이 없고 치료 받
기를 기다리나 두려움만 보나이다
20 야훼여 우리의 악과 우리 조상의
죄악을 인정하나이다 우리가 주께
범죄하였나이다
21 주의 이름을 위하여 우리를 미워하
지 마옵소서 주의 영광의 보좌를
욕되게 마옵소서 주께서 우리와 세
우신 언약을 기억하시고 폐하지 마
옵소서
22 이방인의 우상 가운데 능히 비를
내리게 할 자가 있나이까 하늘이
능히 소나기를 내릴 수 있으리이까
우리 하나님 야훼여 그리하는 자는
주가 아니시니이까 그러므로 우리
가 주를 앙망하옵는 것은 주께서
이 모든 것을 만드셨음이니이다

하니라

15 야훼께서 내게 이르시되 모세와
사무엘이 내 앞에 섰다 할지라도 내
마음은 이 백성을 향할 수 없나니
그들을 내 앞에서 쫓아 내보내라
2 그들이 만일 네게 말하기를 우리가
어디로 나아가리요 하거든 너는 그
들에게 이르기를 야훼께서 이와 같
이 말씀하시니라 죽을 자는 죽음으
로 나아가고 칼을 받을 자는 칼로
나아가고 기근을 당할 자는 기근으
로 나아가고 포로 될 자는 포로 됨
으로 나아갈지니라 하셨다 하라
3 야훼의 말씀이니라 내가 그들을 네
가지로 벌하리니 곧 죽이는 칼과
찢는 개와 삼켜 멸하는 공중의 새
와 땅의 짐승으로 할 것이며
4 유다 왕 히스기야의 아들 므낫세가
예루살렘에 행한 것으로 말미암아
내가 그들을 세계 여러 민족 가운
데에 흩으리라
5 예루살렘아 너를 불쌍히 여길 자
누구며 너를 위해 울 자 누구며 돌
이켜 네 평안을 물을 자 누구냐
6 야훼께서 이르시되 네가 나를 버렸
고 내게서 물러갔으므로 네게로 내
손을 펴서 너를 멸하였노니 이는 내
가 뜻을 돌이키기에 지쳤음이로다
7 내가 그들을 그 땅의 여러 성문에
서 키로 까불러 그 자식을 끊어서

기록일 : . . .

내 백성을 멸하였나니 이는 그들이
자기들의 길에서 돌이키지 아니하
였음이라
8 그들의 과부가 내 앞에 바다 모래
보다 더 많아졌느니라 내가 대낮에
파멸시킬 자를 그들에게로 데려다
가 그들과 청년들의 어미를 쳐서 놀
람과 두려움을 그들에게 갑자기 닥
치게 하였으며
9 일곱을 낳은 여인에게는 쇠약하여
기절하게 하며 아직도 대낮에 그의
해가 떨어져서 그에게 수치와 근심
을 당하게 하였느니라 그 남은 자
는 그들의 대적의 칼에 붙이리라
야훼의 말씀이니라
10 내게 재앙이로다 나의 어머니여 어
머니께서 나를 온 세계에 다투는
자와 싸우는 자를 만날 자로 낳으
셨도다 내가 꾸어 주지도 아니하였
고 사람이 내게 꾸이지도 아니하였
건마는 다 나를 저주하는도다
11 야훼께서 이르시되 내가 진실로 너
를 강하게 할 것이요 너에게 복을
받게 할 것이며 내가 진실로 네 원
수로 재앙과 환난의 때에 네게 간
구하게 하리라
12 누가 능히 철 곧 북방의 철과 놋을
꺾으리요
13 그러나 네 모든 죄로 말미암아 네
국경 안의 모든 재산과 보물로 값
없이 탈취를 당하게 할 것이며
14 네 원수와 함께 네가 알지 못하는
땅에 이르게 하리니 이는 나의 진
노의 맹렬한 불이 너희를 사르려
함이라
15 야훼여 주께서 아시오니 원하건대
주는 나를 기억하시며 돌보시사 나
를 박해하는 자에게 보복하시고 주
의 오래 참으심으로 말미암아 나로
멸망하지 아니하게 하옵시며 주를
위하여 내가 부끄러움 당하는 줄을
아시옵소서
16 만군의 하나님 야훼시여 나는 주의
이름으로 일컬음을 받는 자라 내가
주의 말씀을 얻어 먹었사오니 주의
말씀은 내게 기쁨과 내 마음의 즐
거움이오나
17 내가 기뻐하는 자의 모임 가운데
앉지 아니하며 즐거워하지도 아니
하고 주의 손에 붙들려 홀로 앉았
사오니 이는 주께서 분노로 내게
채우셨음이니이다
18 나의 고통이 계속하며 상처가 중하
여 낫지 아니함은 어찌 됨이니이까
주께서는 내게 대하여 물이 말라서
속이는 시내 같으시리이까
19 야훼께서 이와 같이 말씀하시되 네
가 만일 돌아오면 내가 너를 다시
이끌어 내 앞에 세울 것이며 네가
만일 헛된 것을 버리고 귀한 것을

기록일 : . . .

말한다면 너는 나의 입이 될 것이라
그들은 네게로 돌아오려니와 너는
그들에게로 돌아가지 말지니라
20 내가 너로 이 백성 앞에 견고한 놋
성벽이 되게 하리니 그들이 너를 칠
지라도 이기지 못할 것은 내가 너와
함께 하여 너를 구하여 건짐이라
야훼의 말씀이니라
21 내가 너를 악한 자의 손에서 건지
며 무서운 자의 손에서 구원하리라

16 야훼의 말씀이 또 내게 임하여 이
르시되
2 너는 이 땅에서 아내를 맞이하지
말며 자녀를 두지 말지니라
3 이 곳에서 낳은 자녀와 이 땅에서
그들을 해산한 어머니와 그들을 낳
은 아버지에 대하여 야훼께서 이와
같이 말씀하시오니
4 그들은 독한 병으로 죽어도 아무도
슬퍼하지 않을 것이며 묻어 주지 않
아 지면의 분토와 같을 것이며 칼
과 기근에 망하고 그 시체는 공중
의 새와 땅의 짐승의 밥이 되리라
5 야훼께서 이와 같이 말씀하시되 초
상집에 들어가지 말라 가서 통곡
하지 말며 그들을 위하여 애곡하지
말라 내가 이 백성에게서 나의 평
강을 빼앗으며 인자와 사랑을 제함
이라 야훼의 말씀이니라
6 큰 자든지 작은 자든지 이 땅에서
죽으리니 그들이 매장되지 못할 것
이며 그들을 위하여 애곡하는 자도
없겠고 자기 몸을 베거나 머리털을
미는 자도 없을 것이며
7 그 죽은 자로 말미암아 슬퍼하는
자와 떡을 떼며 위로하는 자가 없
을 것이며 그들의 아버지나 어머니
의 상사를 위하여 위로의 잔을 그
들에게 마시게 할 자가 없으리라
8 너는 잔칫집에 들어가서 그들과 함
께 앉아 먹거나 마시지 말라
9 만군의 야훼 이스라엘의 하나님께
서 이와 같이 말씀하시니라 보라 기
뻐하는 소리와 즐거워하는 소리와
신랑의 소리와 신부의 소리를 내가
네 목전, 네 시대에 이 곳에서 끊어
지게 하리라
10 네가 이 모든 말로 백성에게 말할
때에 그들이 네게 묻기를 야훼께서
우리에게 이 모든 큰 재앙을 선포
하심은 어찌 됨이며 우리의 죄악은
무엇이며 우리가 우리 하나님 야훼
께 범한 죄는 무엇이냐 하거든
11 너는 그들에게 대답하기를 야훼께
서 말씀하시되 너희 조상들이 나를
버리고 다른 신들을 따라서 그들을
섬기며 그들에게 절하고 나를 버려
내 율법을 지키지 아니하였음이라
12 너희가 너희 조상들보다 더욱 악을
행하였도다 보라 너희가 각기 악한

기록일 : . . .

마음의 완악함을 따라 행하고 나에
게 순종하지 아니하였으므로
13 내가 너희를 이 땅에서 쫓아내어
너희와 너희 조상들이 알지 못하던
땅에 이르게 할 것이라 너희가 거
기서 주야로 다른 신들을 섬기리니
이는 내가 너희에게 은혜를 베풀지
아니함이라 하셨다 하라
14 야훼의 말씀이니라 그러나 보라 날
이 이르리니 다시는 이스라엘 자손
을 애굽 땅에서 인도하여 내신 야
훼께서 살아 계심을 두고 맹세하지
아니하고
15 이스라엘 자손을 북방 땅과 그 쫓
겨 났던 모든 나라에서 인도하여
내신 야훼께서 살아 계심을 두고
맹세하리라 내가 그들을 그들의 조
상들에게 준 그들의 땅으로 인도하
여 들이리라
16 야훼의 말씀이니라 보라 내가 많은
어부를 불러다가 그들을 낚게 하며
그 후에 많은 포수를 불러다가 그
들을 모든 산과 모든 언덕과 바위
틈에서 사냥하게 하리니
17 이는 내 눈이 그들의 행위를 살펴
보므로 그들이 내 얼굴 앞에서 숨
기지 못하며 그들의 죄악이 내 목
전에서 숨겨지지 못함이라
18 내가 우선 그들의 악과 죄를 배나
갚을 것은 그들이 그 미운 물건의
시체로 내 땅을 더럽히며 그들의
가증한 것으로 내 기업에 가득하게
하였음이라
19 야훼 나의 힘, 나의 요새, 환난날의
피난처시여 민족들이 땅 끝에서 주
께 이르러 말하기를 우리 조상들의
계승한 바는 허망하고 거짓되고 무
익한 것뿐이라
20 사람이 어찌 신 아닌 것을 자기의
신으로 삼겠나이까 하리이다
21 야훼께서 이르시되 보라 이번에 그
들에게 내 손과 내 능력을 알려서
그들로 내 이름이 야훼인 줄 알게
하리라

17 유다의 죄는 금강석 끝 철필로 기
록되되 그들의 마음 판과 그들의
제단 뿔에 새겨졌거늘
2 그들의 자녀가 높은 언덕 위 푸른
나무 곁에 있는 그 제단들과 아세
라들을 생각하도다
3 들에 있는 나의 산아 네 온 영토의
죄로 말미암아 내가 네 재산과 네
모든 보물과 산당들로 노략을 당하
게 하리니
4 내가 네게 준 네 기업에서 네 손을
뗄 것이며 또 내가 너로 하여금 너
의 알지 못하는 땅에서 네 원수를
섬기게 하리니 이는 너희가 내 노를
맹렬하게 하여 영원히 타는 불을
일으켰음이라

5 야훼께서 이와 같이 말씀하시니라
무릇 사람을 믿으며 육신으로 그의
힘을 삼고 마음이 야훼에게서 떠난
그 사람은 저주를 받을 것이라
6 그는 사막의 떨기나무 같아서 좋은
일이 오는 것을 보지 못하고 광야
간조한 곳, 건건한 땅, 사람이 살지
않는 땅에 살리라
7 그러나 무릇 야훼를 의지하며 야훼
를 의뢰하는 그 사람은 복을 받을
것이라
8 그는 물 가에 심어진 나무가 그 뿌
리를 강변에 뻗치고 더위가 올지라
도 두려워하지 아니하며 그 잎이 청
청하며 가무는 해에도 걱정이 없고
결실이 그치지 아니함 같으리라
9 만물보다 거짓되고 심히 부패한 것
은 마음이라 누가 능히 이를 알리
요마는
10 나 야훼는 심장을 살피며 폐부를
시험하고 각각 그의 행위와 그의
행실대로 보응하나니
11 불의로 치부하는 자는 자고새가 낳
지 아니한 알을 품음 같아서 그의
중년에 그것이 떠나겠고 마침내 어
리석은 자가 되리라
12 영화로우신 보좌여 시작부터 높이
계시며 우리의 성소이시며
13 이스라엘의 소망이신 야훼여 무릇
주를 버리는 자는 다 수치를 당할
것이라 무릇 야훼를 떠나는 자는
흙에 기록이 되오리니 이는 생수의
근원이신 야훼를 버림이니이다
14 야훼여 주는 나의 찬송이시오니 나
를 고치소서 그리하시면 내가 낫겠
나이다 나를 구원하소서 그리하시
면 내가 구원을 얻으리이다
15 보라 그들이 내게 이르기를 야훼의
말씀이 어디 있느냐 이제 임하게 할
지어다 하나이다
16 나는 목자의 직분에서 물러가지 아
니하고 주를 따랐사오며 재앙의 날
도 내가 원하지 아니하였음을 주께
서 아시는 바라 내 입술에서 나온
것이 주의 목전에 있나이다
17 주는 내게 두려움이 되지 마옵소서
재앙의 날에 주는 나의 피난처시니
이다
18 나를 박해하는 자로 치욕을 당하게
하시고 나로 치욕을 당하게 마옵소
서 그들은 놀라게 하시고 나는 놀
라게 하지 마시옵소서 재앙의 날을
그들에게 임하게 하시며 배나 되는
멸망으로 그들을 멸하소서
19 야훼께서 내게 이와 같이 말씀하시
되 너는 가서 유다 왕들이 출입하
는 평민의 문과 예루살렘 모든 문
에 서서
20 무리에게 이르기를 이 문으로 들어
오는 유다 왕들과 유다 모든 백성

기록일 : . . .

과 예루살렘 모든 주민인 너희는
야훼의 말씀을 들을지어다
21 야훼께서 이와 같이 말씀하시되
너희는 스스로 삼가서 안식일에 짐
을 지고 예루살렘 문으로 들어오
지 말며
22 안식일에 너희 집에서 짐을 내지 말
며 어떤 일이라도 하지 말고 내가
너희 조상들에게 명령함 같이 안식
일을 거룩히 할지어다
23 그들은 순종하지 아니하며 귀를 기
울이지 아니하며 그 목을 곧게 하
여 듣지 아니하며 교훈을 받지 아니
하였느니라
24 야훼의 말씀이니라 너희가 만일 삼
가 나를 순종하여 안식일에 짐을
지고 이 성문으로 들어오지 아니하
며 안식일을 거룩히 하여 어떤 일이
라도 하지 아니하면
25 다윗의 왕위에 앉아 있는 왕들과
고관들이 병거와 말을 타고 이 성
문으로 들어오되 그들과 유다 모든
백성과 예루살렘 주민들이 함께 그
리할 것이요 이 성은 영원히 있을
것이며
26 사람들이 유다 성읍들과 예루살렘
에 둘린 곳들과 베냐민 땅과 평지
와 산지와 네겝으로부터 와서 번제
와 희생과 소제와 유향과 감사제물
을 야훼의 성전에 가져오려니와
27 그러나 만일 너희가 나를 순종하지
아니하고 안식일을 거룩되게 아니
하여 안식일에 짐을 지고 예루살렘
문으로 들어오면 내가 성문에 불을
놓아 예루살렘 궁전을 삼키게 하리
니 그 불이 꺼지지 아니하리라 하셨
다 할지니라 하시니라

18 야훼께로부터 예레미야에게 임한
말씀에 이르시되
2 너는 일어나 토기장이의 집으로 내
려가라 내가 거기에서 내 말을 네
게 들려 주리라 하시기로
3 내가 토기장이의 집으로 내려가서
본즉 그가 녹로로 일을 하는데
4 진흙으로 만든 그릇이 토기장이의
손에서 터지매 그가 그것으로 자기
의견에 좋은 대로 다른 그릇을 만
들더라
5 그 때에 야훼의 말씀이 내게 임하
니라 이르시되
6 야훼의 말씀이니라 이스라엘 족속
아 이 토기장이가 하는 것 같이 내
가 능히 너희에게 행하지 못하겠느
냐 이스라엘 족속아 진흙이 토기장
이의 손에 있음 같이 너희가 내 손
에 있느니라
7 내가 어느 민족이나 국가를 뽑거나
부수거나 멸하려 할 때에
8 만일 내가 말한 그 민족이 그의 악
에서 돌이키면 내가 그에게 내리기

기록일 : . . .

로 생각하였던 재앙에 대하여 뜻을
돌이키겠고
9 내가 어느 민족이나 국가를 건설하
거나 심으려 할 때에
10 만일 그들이 나 보기에 악한 것을
행하여 내 목소리를 청종하지 아니
하면 내가 그에게 유익하게 하리라
고 한 복에 대하여 뜻을 돌이키리라
11 그러므로 이제 너는 유다 사람들과
예루살렘 주민들에게 말하여 이르
기를 야훼의 말씀에 보라 내가 너
희에게 재앙을 내리며 계책을 세워
너희를 치려 하노니 너희는 각기 악
한 길에서 돌이키며 너희의 길과 행
위를 아름답게 하라 하셨다 하라
12 그러나 그들이 말하기를 이는 헛되
니 우리는 우리의 계획대로 행하며
우리는 각기 악한 마음이 완악한
대로 행하리라 하느니라
13 그러므로 야훼께서 이와 같이 말씀
하시니라 너희는 누가 이러한 일을
들었는지 여러 나라 가운데 물어보
라 처녀 이스라엘이 심히 가증한 일
을 행하였도다
14 레바논의 눈이 어찌 들의 바위를
떠나겠으며 먼 곳에서 흘러내리는
찬물이 어찌 마르겠느냐
15 무릇 내 백성은 나를 잊고 허무한
것에게 분향하거니와 이러한 것들
은 그들로 그들의 길 곧 그 옛길에
서 넘어지게 하며 곁길 곧 닦지 아
니한 길로 행하게 하여
16 그들의 땅으로 두려움과 영원한 웃
음 거리가 되게 하리니 그리로 지나
는 자마다 놀라서 그의 머리를 흔
들리라
17 내가 그들을 그들의 원수 앞에서
흩어 버리기를 동풍으로 함 같이
할 것이며 그들의 재난의 날에는
내가 그들에게 등을 보이고 얼굴을
보이지 아니하리라
18 그들이 말하기를 오라 우리가 꾀를
내어 예레미야를 치자 제사장에게
서 율법이, 지혜로운 자에게서 책략
이, 선지자에게서 말씀이 끊어지지
아니할 것이니 오라 우리가 혀로 그
를 치고 그의 어떤 말에도 주의하
지 말자 하나이다
19 야훼여 나를 돌아보사 나와 더불어
다투는 그들의 목소리를 들어 보옵
소서
20 어찌 악으로 선을 갚으리이까마는
그들이 나의 생명을 해하려고 구덩
이를 팠나이다 내가 주의 분노를
그들에게서 돌이키려 하고 주의 앞
에 서서 그들을 위하여 유익한 말
을 한 것을 기억하옵소서
21 그러하온즉 그들의 자녀를 기근에
내어 주시며 그들을 칼의 세력에
넘기시며 그들의 아내들은 자녀를

기록일 : . . .

잃고 과부가 되며 그 장정은 죽음
을 당하며 그 청년은 전장에서 칼
을 맞게 하시며
22 주께서 군대로 갑자기 그들에게 이
르게 하사 그들의 집에서 부르짖음
이 들리게 하옵소서 이는 그들이 나
를 잡으려고 구덩이를 팠고 내 발을
빠뜨리려고 올무를 놓았음이니이다
23 야훼여 그들이 나를 죽이려 하는
계략을 주께서 다 아시오니 그 악
을 사하지 마옵시며 그들의 죄를
주의 목전에서 지우지 마시고 그들
을 주 앞에 넘어지게 하시되 주께
서 노하시는 때에 이같이 그들에게
행하옵소서 하니라

19 야훼께서 이와 같이 말씀하시되
가서 토기장이의 옹기를 사고 백성
의 어른들과 제사장의 어른 몇 사
람과
2 하시드 문 어귀 곁에 있는 힌놈의
아들의 골짜기로 가서 거기에서 내
가 네게 이른 말을 선포하여
3 말하기를 너희 유다 왕들과 예루살
렘 주민아 야훼의 말씀을 들으라
만군의 야훼 이스라엘의 하나님이
이같이 말씀하시되 보라 내가 이
곳에 재앙을 내릴 것이라 그것을
듣는 모든 자의 귀가 떨리니
4 이는 그들이 나를 버리고 이 곳을
불결하게 하며 이 곳에서 자기와 자
기 조상들과 유다 왕들이 알지 못하
던 다른 신들에게 분향하며 무죄한
자의 피로 이 곳에 채웠음이며
5 또 그들이 바알을 위하여 산당을
건축하고 자기 아들들을 바알에게
번제로 불살라 드렸나니 이는 내가
명령하거나 말하거나 뜻한 바가 아
니니라
6 그러므로 보라 다시는 이 곳을 도
벳이나 힌놈의 아들의 골짜기라 부
르지 아니하고 오직 죽임의 골짜기
라 부르는 날이 이를 것이라 야훼
의 말이니라
7 내가 이 곳에서 유다와 예루살렘의
계획을 무너뜨려 그들로 그 대적
앞과 생명을 찾는 자의 손의 칼에
엎드러지게 하고 그 시체를 공중의
새와 땅의 짐승의 밥이 되게 하며
8 이 성읍으로 놀람과 조롱 거리가
되게 하리니 그 모든 재앙으로 말
미암아 지나는 자마다 놀라며 조롱
할 것이며
9 그들이 그들의 원수와 그들의 생
명을 찾는 자에게 둘러싸여 곤경에
빠질 때에 내가 그들이 그들의 아
들의 살, 딸의 살을 먹게 하고 또
각기 친구의 살을 먹게 하리라 하
셨다 하고
10 너는 함께 가는 자의 목전에서 그
옹기를 깨뜨리고

11 그들에게 이르기를 만군의 야훼께
시 이와 같이 말씀하시되 사람이
토기장이의 그릇을 한 번 깨뜨리면
다시 완전하게 할 수 없나니 이와
같이 내가 이 백성과 이 성읍을 무
너뜨리리니 도벳에 매장할 자리가
없을 만큼 매장하리라
12 야훼의 말씀이니라 내가 이 곳과
그 가운데 주민에게 이같이 행하여
이 성읍으로 도벳 같게 할 것이라
13 예루살렘 집들과 유다 왕들의 집들
이 그 집 위에서 하늘의 만상에 분
향하고 다른 신들에게 전제를 부음
으로 더러워졌은즉 도벳 땅처럼 되
리라 하셨다 하라 하시니
14 예레미야가 야훼께서 자기를 보내
사 예언하게 하신 도벳에서 돌아와
야훼의 집 뜰에 서서 모든 백성에
게 말하되
15 만군의 야훼 이스라엘의 하나님께
서 이와 같이 말씀하시되 보라 내
가 이 성읍에 대하여 선언한 모든
재앙을 이 성읍과 그 모든 촌락에
내리리니 이는 그들의 목을 곧게
하여 내 말을 듣지 아니함이라 하
시니라

20

임멜의 아들 제사장 바스훌은 야
훼의 성전의 총감독이라 그가 예레
미야의 이 일 예언함을 들은지라
2 이에 바스훌이 선지자 예레미야를
때리고 야훼의 성전에 있는 베냐민
문 위층에 목에 씌우는 나무 고랑
으로 채워 두었더니
3 다음날 바스훌이 예레미야를 목에
씌우는 나무 고랑에서 풀어 주매
예레미야가 그에게 이르되 야훼께
서 네 이름을 바스훌이라 아니하시
고 마골밋사빕이라 하시느니라
4 야훼께서 이와 같이 말씀하시되 보
라 내가 너로 너와 네 모든 친구에
게 두려움이 되게 하리니 그들이
그들의 원수들의 칼에 엎드러질 것
이요 네 눈은 그것을 볼 것이며 내
가 온 유다를 바벨론 왕의 손에 넘
기리니 그가 그들을 사로잡아 바벨
론으로 옮겨 칼로 죽이리라
5 내가 또 이 성읍의 모든 부와 그 모
든 소득과 그 모든 귀중품과 유다
왕들의 모든 보물을 그 원수의 손
에 넘기리니 그들이 그것을 탈취하
여 바벨론으로 가져가리라
6 바스훌아 너와 네 집에 사는 모든
사람이 포로 되어 옮겨지리니 네가
바벨론에 이르러 거기서 죽어 거기
묻힐 것이라 너와 너의 거짓 예언을
들은 네 모든 친구도 그와 같으리
라 하셨느니라
7 야훼여 주께서 나를 권유하시므로
내가 그 권유를 받았사오며 주께서
나보다 강하사 이기셨으므로 내가

기록일 : . . .

조롱 거리가 되니 사람마다 종일토
록 나를 조롱하나이다
8 내가 말할 때마다 외치며 파멸과
멸망을 선포하므로 야훼의 말씀으
로 말미암아 내가 종일토록 치욕과
모욕 거리가 됨이니이다
9 내가 다시는 야훼를 선포하지 아니
하며 그의 이름으로 말하지 아니하
리라 하면 나의 마음이 불붙는 것
같아서 골수에 사무치니 답답하여
견딜 수 없나이다
10 나는 무리의 비방과 사방이 두려워
함을 들었나이다 그들이 이르기를
고소하라 우리도 고소하리라 하오
며 내 친한 벗도 다 내가 실족하기
를 기다리며 그가 혹시 유혹을 받
게 되면 우리가 그를 이기어 우리
원수를 갚자 하나이다
11 그러하오나 야훼는 두려운 용사 같
으시며 나와 함께 하시므로 나를
박해하는 자들이 넘어지고 이기지
못할 것이오며 그들은 지혜롭게 행
하지 못하므로 큰 치욕을 당하오리
니 그 치욕은 길이 잊지 못할 것이
니이다
12 의인을 시험하사 그 폐부와 심장
을 보시는 만군의 야훼여 나의 사
정을 주께 아뢰었사온즉 주께서 그
들에게 보복하심을 나에게 보게 하
옵소서
13 야훼께 노래하라 너희는 야훼를 찬
양하라 가난한 자의 생명을 행악자
의 손에서 구원하셨음이니라
14 내 생일이 저주를 받았더면, 나의
어머니가 나를 낳던 날이 복이 없었
더면,
15 나의 아버지에게 소식을 전하여 이
르기를 당신이 득남하였다 하여 아
버지를 즐겁게 하던 자가 저주를
받았더면,
16 그 사람은 야훼께서 무너뜨리시고
후회하지 아니하신 성읍 같이 되었
더면, 그가 아침에는 부르짖는 소
리, 낮에는 떠드는 소리를 듣게 하
였더면, 좋을 뻔하였나니
17 이는 그가 나를 태에서 죽이지 아
니하셨으며 나의 어머니를 내 무덤
이 되지 않게 하셨으며 그의 배가
부른 채로 항상 있지 않게 하신 까
닭이로다
18 어찌하여 내가 태에서 나와서 고생
과 슬픔을 보며 나의 날을 부끄러
움으로 보내는고 하니라

21

야훼께로부터 예레미야에게 말씀
이 임하니라 시드기야 왕이 말기야
의 아들 바스훌과 제사장 마아세야
의 아들 스바냐를 예레미야에게 보
내니라
2 바벨론의 느부갓네살 왕이 우리를
치니 청컨대 너는 우리를 위하여 야

훼께 간구하라 야훼께서 혹시 그의
모든 기적으로 우리를 도와 행하시
면 그가 우리를 떠나리라 하니
3 예레미야가 그들에게 대답하되 너
희는 시드기야에게 이같이 말하라
4 이스라엘의 하나님 야훼께서 이와
같이 말씀하시되 보라 너희가 성
밖에서 바벨론의 왕과 또 너희를
에워싼 갈대아인과 싸우는 데 쓰는
너희 손의 무기를 내가 뒤로 돌릴
것이요 그것들을 이 성 가운데 모
아들이리라
5 내가 든 손과 강한 팔 곧 진노와 분
노와 대노로 친히 너희를 칠 것이며
6 내가 또 사람이나 짐승이나 이 성
에 있는 것을 다 치리니 그들이 큰
전염병에 죽으리라 하셨다 하라
7 야훼의 말씀이니라 그 후에 내가
유다의 왕 시드기야와 그의 신하들
과 백성과 및 이 성읍에서 전염병과
칼과 기근에서 남은 자를 바벨론의
느부갓네살 왕의 손과 그들의 원수
의 손과 그들의 생명을 찾는 자들
의 손에 넘기리니 그가 칼날로 그
들을 치되 측은히 여기지 아니하며
긍휼히 여기지 아니하며 불쌍히 여
기지 아니하리라 하셨느니라
8 야훼께서 말씀하시기를 보라 내가
너희 앞에 생명의 길과 사망의 길
을 두었노라 너는 이 백성에게 전
하라 하셨느니라
9 이 성읍에 사는 자는 칼과 기근과
전염병에 죽으려니와 너희를 에워
싼 갈대아인에게 나가서 항복하는
자는 살 것이나 그의 목숨은 전리
품 같이 되리라
10 야훼의 말씀이니라 내가 나의 얼굴
을 이 성읍으로 향함은 복을 내리
기 위함이 아니요 화를 내리기 위
함이라 이 성읍이 바벨론 왕의 손
에 넘김이 될 것이요 그는 그것을
불사르리라
11 유다 왕의 집에 대한 야훼의 말을
들으라
12 야훼께서 이와 같이 말씀하시니라
다윗의 집이여 너는 아침마다 정의
롭게 판결하여 탈취 당한 자를 압
박자의 손에서 건지라 그리하지 아
니하면 너희의 악행 때문에 내 분
노가 불 같이 일어나서 사르리니 능
히 끌 자가 없으리라
13 야훼의 말씀이니라 골짜기와 평원
바위의 주민아 보라 너희가 말하
기를 누가 내려와서 우리를 치리요
누가 우리의 거처에 들어오리요 하
거니와 나는 네 대적이라
14 내가 너희 행위대로 너희를 벌할
것이요 내가 또 수풀에 불을 놓아
그 모든 주위를 사르리라 야훼의
말씀이니라

기록일 : . . .

22 야훼께서 이와 같이 말씀하시되
너는 유다 왕의 집에 내려가서 거기
에서 이 말을 선언하여
2 이르기를 다윗의 왕위에 앉은 유다
왕이여 너와 네 신하와 이 문들로
들어오는 네 백성은 야훼의 말씀을
들을지니라
3 야훼께서 이와 같이 말씀하시되 너
희가 정의와 공의를 행하여 탈취
당한 자를 압박하는 자의 손에서
건지고 이방인과 고아와 과부를 압
제하거나 학대하지 말며 이 곳에서
무죄한 피를 흘리지 말라
4 너희가 참으로 이 말을 준행하면
다윗의 왕위에 앉을 왕들과 신하들
과 백성이 병거와 말을 타고 이 집
문으로 들어오게 되리라
5 그러나 너희가 이 말을 듣지 아니
하면 내가 나를 두고 맹세하노니
이 집이 황폐하리라 야훼의 말씀이
니라
6 야훼께서 유다 왕의 집에 대하여
이와 같이 말씀하시니라 네가 내게
길르앗 같고 레바논의 머리이나 내
가 반드시 너로 광야와 주민이 없
는 성읍을 만들 것이라
7 내가 너를 파멸할 자를 준비하리니
그들이 각기 손에 무기를 가지고
네 아름다운 백향목을 찍어 불에
던지리라
8 여러 민족들이 이 성읍으로 지나가
며 서로 말하기를 야훼가 이 큰 성
읍에 이같이 행함은 어찌 됨인고
하겠고
9 그들이 대답하기는 이는 그들이 자
기 하나님 야훼의 언약을 버리고
다른 신들에게 절하고 그를 섬긴
까닭이라 하셨다 할지니라
10 너희는 죽은 자를 위하여 울지 말
며 그를 위하여 애통하지 말고 잡
혀 간 자를 위하여 슬피 울라 그는
다시 돌아와 그 고국을 보지 못할
것임이라
11 야훼께서 유다 왕 요시야의 아들 곧
그의 아버지 요시야를 이어 왕이 되
었다가 이 곳에서 나간 살룸에 대하
여 이와 같이 말씀하시니라 그가 이
곳으로 다시 돌아오지 못하고
12 잡혀 간 곳에서 그가 거기서 죽으리
니 이 땅을 다시 보지 못하리라
13 불의로 그 집을 세우며 부정하게
그 다락방을 지으며 자기의 이웃을
고용하고 그의 품삯을 주지 아니하
는 자에게 화 있을진저
14 그가 이르기를 내가 나를 위하여
큰 집과 넓은 다락방을 지으리라
하고 자기를 위하여 창문을 만들고
그것에 백향목으로 입히고 붉은 빛
으로 칠하도다
15 네가 백향목을 많이 사용하여 왕이

될 수 있겠느냐 네 아버지가 먹거
나 마시지 아니하였으며 정의와 공
의를 행하지 아니하였느냐 그 때에
그가 형통하였었느니라
16 그는 가난한 자와 궁핍한 자를 변
호하고 형통하였나니 이것이 나를
앎이 아니냐 야훼의 말씀이니라
17 그러나 네 두 눈과 마음은 탐욕과
무죄한 피를 흘림과 압박과 포악을
행하려 할 뿐이니라
18 그러므로 야훼께서 유다의 왕 요시
야의 아들 여호야김에게 대하여 이
와 같이 말씀하시니라 무리가 그
를 위하여 슬프다 내 형제여, 슬프
다 내 자매여 하며 통곡하지 아니
할 것이며 그를 위하여 슬프다 주
여 슬프다 그 영광이여 하며 통곡
하지도 아니할 것이라
19 그가 끌려 예루살렘 문 밖에 던져
지고 나귀 같이 매장함을 당하리라
20 너는 레바논에 올라 외치며 바산에
서 네 소리를 높이며 아바림에서 외
치라 이는 너를 사랑하는 자가 다
멸망하였음이라
21 네가 평안할 때에 내가 네게 말하
였으나 네 말이 나는 듣지 아니하
리라 하였나니 네가 어려서부터 내
목소리를 청종하지 아니함이 네 습
관이라
22 네 목자들은 다 바람에 삼켜질 것
이요 너를 사랑하는 자들은 사로잡
혀 가리니 그 때에 네가 반드시 네
모든 악 때문에 수치와 욕을 당하
리라
23 레바논에 살면서 백향목에 깃들이
는 자여 여인이 해산하는 고통 같
은 고통이 네게 임할 때에 너의 가
련함이 얼마나 심하랴
24 야훼의 말씀이니라 나의 삶으로 맹
세하노니 유다 왕 여호야김의 아들
고니야가 나의 오른손의 인장반지
라 할지라도 내가 빼어
25 네 생명을 찾는 자의 손과 네가 두
려워하는 자의 손 곧 바벨론의 왕
느부갓네살의 손과 갈대아인의 손
에 줄 것이라
26 내가 너와 너를 낳은 어머니를 너희
가 나지 아니한 다른 지방으로 쫓아
내리니 너희가 거기에서 죽으리라
27 그들이 그들의 마음에 돌아오기를
사모하는 땅에 돌아오지 못하리라
28 이 사람 고니야는 천하고 깨진 그릇
이냐 좋아하지 아니하는 그릇이냐
어찌하여 그와 그의 자손이 쫓겨나
서 알지 못하는 땅에 들어갔는고
29 땅이여, 땅이여, 땅이여, 야훼의 말
을 들을지니라
30 야훼께서 이와 같이 말씀하시니라
너희는 이 사람이 자식이 없겠고 그
의 평생 동안 형통하지 못할 자라

기록일 : . . .

기록하라 이는 그의 자손 중 형통
하여 다윗의 왕위에 앉아 유다를
다스릴 사람이 다시는 없을 것임이
라 하시니라

23

야훼의 말씀이니라 내 목장의 양
떼를 멸하며 흩어지게 하는 목자에
게 화 있으리라
2 그러므로 이스라엘의 하나님 야훼
께서 내 백성을 기르는 목자에게
이와 같이 말씀하시니라 너희가 내
양 떼를 흩으며 그것을 몰아내고
돌보지 아니하였도다 보라 내가 너
희의 악행 때문에 너희에게 보응하
리라 야훼의 말씀이니라
3 내가 내 양 떼의 남은 것을 그 몰려
갔던 모든 지방에서 모아 다시 그
우리로 돌아오게 하리니 그들의 생
육이 번성할 것이며
4 내가 그들을 기르는 목자들을 그들
위에 세우리니 그들이 다시는 두려
워하거나 놀라거나 잃어 버리지 아
니하리라 야훼의 말씀이니라
5 야훼의 말씀이니라 보라 때가 이르
리니 내가 다윗에게 한 의로운 가
지를 일으킬 것이라 그가 왕이 되어
지혜롭게 다스리며 세상에서 정의
와 공의를 행할 것이며
6 그의 날에 유다는 구원을 받겠고
이스라엘은 평안히 살 것이며 그의
이름은 야훼 우리의 공의라 일컬음
을 받으리라
7 그러므로 야훼의 말씀이니라 보라
날이 이르리니 그들이 다시는 이스
라엘 자손을 애굽 땅에서 인도하여
내신 야훼의 사심으로 맹세하지 아
니하고
8 이스라엘 집 자손을 북쪽 땅, 그 모
든 쫓겨났던 나라에서 인도하여 내
신 야훼의 사심으로 맹세할 것이며
그들이 자기 땅에 살리라 하시니라
9 선지자들에 대한 말씀이라 내 마음
이 상하며 내 모든 뼈가 떨리며 내
가 취한 사람 같으며 포도주에 잡
힌 사람 같으니 이는 야훼와 그 거
룩한 말씀 때문이라
10 이 땅에 간음하는 자가 가득하도다
저주로 말미암아 땅이 슬퍼하며 광
야의 초장들이 마르나니 그들의 행
위가 악하고 힘쓰는 것이 정직하지
못함이로다
11 야훼의 말씀이니라 선지자와 제사
장이 다 사악한지라 내가 내 집에
서도 그들의 악을 발견하였노라
12 그러므로 그들의 길이 그들에게 어
두운 가운데 미끄러운 곳과 같이
되고 그들이 밀어냄을 당하여 그
길에 엎드러질 것이라 그들을 벌하
는 해에 내가 그들에게 재앙을 내
리리라 야훼의 말씀이니라
13 내가 사마리아 선지자들 가운데 우

매함을 보았나니 그들은 바알을 의
지하고 예언하여 내 백성 이스라엘
을 그릇되게 하였고
14 내가 예루살렘 선지자들 가운데도
가증한 일을 보았나니 그들은 간음
을 행하며 거짓을 말하며 악을 행
하는 자의 손을 강하게 하여 사람
으로 그 악에서 돌이킴이 없게 하였
은즉 그들은 다 내 앞에서 소돔과
다름이 없고 그 주민은 고모라와
다름이 없느니라
15 그러므로 만군의 야훼께서 선지자
에 대하여 이와 같이 말씀하시니라
보라 내가 그들에게 쑥을 먹이며
독한 물을 마시게 하리니 이는 사
악이 예루살렘 선지자들로부터 나
와서 온 땅에 퍼짐이라 하시니라
16 만군의 야훼께서 이와 같이 말씀
하시되 너희에게 예언하는 선지자
들의 말을 듣지 말라 그들은 너희
에게 헛된 것을 가르치나니 그들이
말한 묵시는 자기 마음으로 말미암
은 것이요 야훼의 입에서 나온 것이
아니니라
17 항상 그들이 나를 멸시하는 자에게
이르기를 너희가 평안하리라 야훼
의 말씀이니라 하며 또 자기 마음
이 완악한 대로 행하는 모든 사람
에게 이르기를 재앙이 너희에게 임
하지 아니하리라 하였느니라
18 누가 야훼의 회의에 참여하여 그
말을 알아들었으며 누가 귀를 기울
여 그 말을 들었느냐
19 보라 야훼의 노여움이 일어나 폭풍
과 회오리바람처럼 악인의 머리를
칠 것이라
20 야훼의 진노가 내 마음의 뜻하는
바를 행하여 이루기까지는 그치지
아니하나니 너희가 끝날에 그것을
완전히 깨달으리라
21 이 선지자들은 내가 보내지 아니하
였어도 달음질하며 내가 그들에게
이르지 아니하였어도 예언하였은즉
22 그들이 만일 나의 회의에 참여하였
더라면 내 백성에게 내 말을 들려
서 그들을 악한 길과 악한 행위에
서 돌이키게 하였으리라
23 야훼의 말씀이니라 나는 가까운 데
에 있는 하나님이요 먼 데에 있는
하나님은 아니냐
24 야훼의 말씀이니라 사람이 내게 보
이지 아니하려고 누가 자신을 은밀
한 곳에 숨길 수 있겠느냐 야훼가
말하노라 나는 천지에 충만하지 아
니하냐
25 내 이름으로 거짓을 예언하는 선지
자들의 말에 내가 꿈을 꾸었다 꿈
을 꾸었다고 말하는 것을 내가 들
었노라
26 거짓을 예언하는 선지자들이 언제

기록일 : . . .

까지 이 마음을 품겠느냐 그들은 그
마음의 간교한 것을 예언하느니라
27 그들이 서로 꿈 꾼 것을 말하니 그
생각인즉 그들의 조상들이 바알로
말미암아 내 이름을 잊어버린 것 같
이 내 백성으로 내 이름을 잊게 하
려 함이로다
28 야훼의 말씀이니라 꿈을 꾼 선지자
는 꿈을 말할 것이요 내 말을 받은
자는 성실함으로 내 말을 말할 것
이라 겨가 어찌 알곡과 같겠느냐
29 야훼의 말씀이니라 내 말이 불 같
지 아니하냐 바위를 쳐서 부스러뜨
리는 방망이 같지 아니하냐
30 야훼의 말씀이라 그러므로 보라 서
로 내 말을 도둑질하는 선지자들을
내가 치리라
31 야훼의 말씀이니라 보라 그들이 혀
를 놀려 야훼가 말씀하셨다 하는
선지자들을 내가 치리라
32 야훼의 말씀이니라 보라 거짓 꿈을
예언하여 이르며 거짓과 헛된 자만
으로 내 백성을 미혹하게 하는 자를
내가 치리라 내가 그들을 보내지 아
니하였으며 명령하지 아니하였나니
그들은 이 백성에게 아무 유익이 없
느니라 야훼의 말씀이니라
33 이 백성이나 선지자나 제사장이 네
게 물어 이르기를 야훼의 엄중한
말씀이 무엇인가 묻거든 너는 그들
에게 대답하기를 엄중한 말씀이 무
엇이냐 묻느냐 야훼의 말씀에 내가
너희를 버리리라 하셨고
34 또 야훼의 엄중한 말씀이라 하는
선지자에게나 제사장에게나 백성에
게는 내가 그 사람과 그 집안을 벌
하리라 하셨다 하고
35 너희는 서로 이웃과 형제에게 묻기
를 야훼께서 무엇이라 응답하셨으
며 야훼께서 무엇이라 말씀하셨느
냐 하고
36 다시는 야훼의 엄중한 말씀이라 말
하지 말라 각 사람의 말이 자기에
게 중벌이 되리니 이는 너희가 살아
계신 하나님, 만군의 야훼 우리 하
나님의 말씀을 망령되이 사용함이
니라 하고
37 너는 또 선지자에게 말하기를 야훼
께서 네게 무엇이라 대답하셨으며
야훼께서 무엇이라 말씀하셨느냐
38 너희는 야훼의 엄중한 말씀이라 말
하도다 그러므로 야훼께서 이와 같
이 말씀하시되 내가 너희에게 사람
을 보내어 너희는 야훼의 엄중한
말씀이라 하지 말라 하였으나 너희
가 야훼의 엄중한 말씀이라는 이
말을 하였은즉
39 내가 너희를 온전히 잊어버리며 내
가 너희와 너희 조상들에게 준 이
성읍을 내 앞에서 내버려

기록일 : . . .

40 너희는 영원한 치욕과 잊지 못할 영
구한 수치를 당하게 하리라 하셨느
니라

24 바벨론의 느부갓네살 왕이 유다
왕 여호야김의 아들 여고냐와 유다
고관들과 목공들과 철공들을 예루
살렘에서 바벨론으로 옮긴 후에 야
훼께서 야훼의 성전 앞에 놓인 무
화과 두 광주리를 내게 보이셨는데
2 한 광주리에는 처음 익은 듯한 극
히 좋은 무화과가 있고 한 광주리
에는 나빠서 먹을 수 없는 극히 나
쁜 무화과가 있더라
3 야훼께서 내게 이르시되 예레미야
야 네가 무엇을 보느냐 하시매 내
가 대답하되 무화과이온데 그 좋은
무화과는 극히 좋고 그 나쁜 것은
아주 나빠서 먹을 수 없게 나쁘니
이다 하니
4 야훼의 말씀이 또 내게 임하니라
이르시되
5 이스라엘의 하나님 야훼께서 이와
같이 말씀하시니라 내가 이 곳에서
옮겨 갈대아인의 땅에 이르게 한
유다 포로를 이 좋은 무화과 같이
잘 돌볼 것이라
6 내가 그들을 돌아보아 좋게 하여 다
시 이 땅으로 인도하여 세우고 헐지
아니하며 심고 뽑지 아니하겠고
7 내가 야훼인 줄 아는 마음을 그들
에게 주어서 그들이 전심으로 내게
돌아오게 하리니 그들은 내 백성이
되겠고 나는 그들의 하나님이 되
리라
8 야훼께서 이와 같이 말씀하시니라
내가 유다의 왕 시드기야와 그 고
관들과 예루살렘의 남은 자로서 이
땅에 남아 있는 자와 애굽 땅에 사
는 자들을 나빠서 먹을 수 없는 이
나쁜 무화과 같이 버리되
9 세상 모든 나라 가운데 흩어서 그
들에게 환난을 당하게 할 것이며
또 그들에게 내가 쫓아 보낼 모든
곳에서 부끄러움을 당하게 하며 말
거리가 되게 하며 조롱과 저주를
받게 할 것이며
10 내가 칼과 기근과 전염병을 그들
가운데 보내 그들이 내가 그들과
그들의 조상들에게 준 땅에서 멸절
하기까지 이르게 하리라 하시니라

25 유다의 왕 요시야의 아들 여호야
김 넷째 해 곧 바벨론의 왕 느부갓
네살 원년에 유다의 모든 백성에 관
한 말씀이 예레미야에게 임하니라
2 선지자 예레미야가 유다의 모든 백
성과 예루살렘의 모든 주민에게 말
하여 이르되
3 유다의 왕 아몬의 아들 요시야 왕
열셋째 해부터 오늘까지 이십삼 년
동안 야훼의 말씀이 내게 임하기로

기록일 : . . .

내가 너희에게 꾸준히 일렀으나 너
희가 순종하지 아니하였느니라
4 그러므로 야훼께서 그의 모든 종
선지자를 너희에게 끊임없이 보내
셨으나 너희가 순종하지 아니하였
으며 귀를 기울여 듣지도 아니하였
도다
5 그가 이르시기를 너희는 각자의 악
한 길과 악행을 버리고 돌아오라
그리하면 나 야훼가 너희와 너희
조상들에게 영원부터 영원까지 준
그 땅에 살리라
6 너희는 다른 신을 따라다니며 섬
기거나 경배하지 말며 너희 손으로
만든 것으로써 나의 노여움을 일
으키지 말라 그리하면 내가 너희를
해하지 아니하리라 하였으나
7 너희가 내 말을 순종하지 아니하고
너희 손으로 만든 것으로써 나의
노여움을 일으켜 스스로 해하였느
니라 야훼의 말씀이니라
8 그러므로 만군의 야훼께서 이와 같
이 말씀하시니라 너희가 내 말을
듣지 아니하였느니라
9 보라 내가 북쪽 모든 종족과 내 종
바벨론의 왕 느부갓네살을 불러다
가 이 땅과 그 주민과 사방 모든 나
라를 쳐서 진멸하여 그들을 놀램과
비웃음 거리가 되게 하며 땅으로
영원한 폐허가 되게 할 것이라 야
훼의 말씀이니라
10 내가 그들 중에서 기뻐하는 소리와
즐거워하는 소리와 신랑의 소리와
신부의 소리와 맷돌 소리와 등불
빛이 끊어지게 하리니
11 이 모든 땅이 폐허가 되어 놀랄 일
이 될 것이며 이 민족들은 칠십 년
동안 바벨론의 왕을 섬기리라
12 야훼의 말씀이니라 칠십 년이 끝나
면 내가 바벨론의 왕과 그의 나라
와 갈대아인의 땅을 그 죄악으로
말미암아 벌하여 영원히 폐허가 되
게 하되
13 내가 그 땅을 향하여 선언한 바 곧
예레미야가 모든 민족을 향하여 예
언하고 이 책에 기록한 나의 모든
말을 그 땅에 임하게 하리라
14 그리하여 여러 민족과 큰 왕들이 그
들로 자기들을 섬기게 할 것이나
나는 그들의 행위와 그들의 손이
행한 대로 갚으리라
15 이스라엘의 하나님 야훼께서 이같
이 내게 이르시되 너는 내 손에서
이 진노의 술잔을 받아가지고 내가
너를 보내는 바 그 모든 나라로 하
여금 마시게 하라
16 그들이 마시고 비틀거리며 미친 듯
이 행동하리니 이는 내가 그들 중에
칼을 보냈기 때문이니라 하시기로
17 내가 야훼의 손에서 그 잔을 받아

기록일 : . . .

서 야훼께서 나를 보내신 바 그 모
든 나라로 마시게 하되
18 예루살렘과 유다 성읍들과 그 왕
들과 그 고관들로 마시게 하였더니
그들이 멸망과 놀램과 비웃음과 저
주를 당함이 오늘과 같으니라
19 또 애굽의 왕 바로와 그의 신하들과
그의 고관들과 그의 모든 백성과
20 모든 섞여 사는 민족들과 우스 땅
의 모든 왕과 블레셋 사람의 땅 모
든 왕과 아스글론과 가사와 에그론
과 아스돗의 나머지 사람들과
21 에돔과 모압과 암몬 자손과
22 두로의 모든 왕과 시돈의 모든 왕
과 바다 건너쪽 섬의 왕들과
23 드단과 데마와 부스와 살쩍을 깎은
모든 자와
24 아라비아의 모든 왕과 광야에서 섞
여 사는 민족들의 모든 왕과
25 시므리의 모든 왕과 엘람의 모든
왕과 메대의 모든 왕과
26 북쪽 원근의 모든 왕과 지면에 있
는 세상의 모든 나라로 마시게 하
니라 세삭 왕은 그 후에 마시리라
27 너는 그들에게 이르기를 만군의 야
훼 이스라엘의 하나님의 말씀에 너
희는 내가 너희 가운데 보내는 칼
앞에서 마시며 취하여 토하고 엎드
러져 다시는 일어나지 말아라 하셨
느니라
28 그들이 만일 네 손에서 잔을 받아
마시기를 거절하거든 너는 그들에
게 이르기를 만군의 야훼께서 말씀
하시기를 너희가 반드시 마셔야 하
리라
29 보라 내가 내 이름으로 일컬음을
받는 성에서부터 재앙 내리기를 시
작하였은즉 너희가 어찌 능히 형벌
을 면할 수 있느냐 면하지 못하리니
이는 내가 칼을 불러 세상의 모든
주민을 칠 것임이라 하셨다 하라 만
군의 야훼의 말씀이니라
30 그러므로 너는 그들에게 이 모든
말로 예언하여 이르기를 야훼께서
높은 데서 포효하시고 그의 거룩한
처소에서 소리를 내시며 그의 초장
을 향하여 크게 부르시고 세상 모
든 주민에 대하여 포도 밟는 자 같
이 흥겹게 노래하시리라
31 요란한 소리가 땅 끝까지 이름은
야훼께서 뭇 민족과 다투시며 모든
육체를 심판하시며 악인을 칼에 내
어 주셨음이라 야훼의 말씀이니라
32 만군의 야훼께서 이와 같이 말씀하
시니라 보라 재앙이 나서 나라에서
나라에 미칠 것이며 큰 바람이 땅
끝에서 일어날 것이라
33 그 날에 야훼에게 죽임을 당한 자
가 땅 이 끝에서 땅 저 끝에 미칠
것이나 그들을 위하여 애곡하는 자

기록일 : . . .

도 없고 시신을 거두어 주는 자도
없고 매장하여 주는 자도 없으리니
그들은 지면에서 분토가 되리로다
34 너희 목자들아 외쳐 애곡하라 너
희 양 떼의 인도자들아 잿더미에
서 뒹굴라 이는 너희가 도살 당할
날과 흩음을 당할 기한이 찼음인즉
너희가 귀한 그릇이 떨어짐 같이
될 것이라
35 목자들은 도망할 수 없겠고 양 떼의
인도자들은 도주할 수 없으리로다
36 목자들이 부르짖는 소리와 양 떼의
인도자들이 애곡하는 소리여 야훼가
그들의 초장을 황폐하게 함이로다
37 평화로운 목장들이 야훼의 진노하
시는 열기 앞에서 적막하게 되리라
38 그가 젊은 사자 같이 그 굴에서 나
오셨으니 그 호통치시는 분의 분노
와 그의 극렬한 진노로 말미암아
그들의 땅이 폐허가 되리로다 하시
니라

26

유다의 왕 요시야의 아들 여호야
김이 다스리기 시작한 때에 야훼께
로부터 이 말씀이 임하여 이르시되
2 야훼께서 이와 같이 말씀하시니라
너는 야훼의 성전 뜰에 서서 유다
모든 성읍에서 야훼의 성전에 와서
예배하는 자에게 내가 네게 명령하
여 이르게 한 모든 말을 전하되 한
마디도 감하지 말라
3 그들이 듣고 혹시 각각 그 악한 길
에서 돌아오리라 그리하면 내가
그들의 악행으로 말미암아 그들에
게 재앙을 내리려 하던 뜻을 돌이
키리라
4 너는 그들에게 이와 같이 이르라
야훼의 말씀에 너희가 나를 순종하
지 아니하며 내가 너희 앞에 둔 내
율법을 행하지 아니하며
5 내가 너희에게 나의 종 선지자들을
꾸준히 보내 그들의 말을 순종하라
고 하였으나 너희는 순종하지 아니
하였느니라
6 내가 이 성전을 실로 같이 되게 하
고 이 성을 세계 모든 민족의 저줏
거리가 되게 하리라 하셨느니라
7 예레미야가 야훼의 성전에서 이 말
을 하매 제사장들과 선지자들과 모
든 백성이 듣더라
8 예레미야가 야훼께서 명령하신 말
씀을 모든 백성에게 전하기를 마치
매 제사장들과 선지자들과 모든 백
성이 그를 붙잡고 이르되 네가 반
드시 죽어야 하리라
9 어찌하여 네가 야훼의 이름을 의지
하고 예언하여 이르기를 이 성전이
실로 같이 되겠고 이 성이 황폐하
여 주민이 없으리라 하느냐 하며 그
모든 백성이 야훼의 성전에서 예레
미야를 향하여 모여드니라

기록일 : . . .

10 유다의 고관들이 이 말을 듣고 왕궁
에서 야훼의 성전으로 올라가 야훼
의 성전 새 대문의 입구에 앉으매
11 제사장들과 선지자들이 고관들과
모든 백성에게 말하여 이르되 이
사람은 죽는 것이 합당하니 너희
귀로 들음 같이 이 성에 관하여 예
언하였음이라
12 예레미야가 모든 고관과 백성에게
말하여 이르되 야훼께서 나를 보내
사 너희가 들은 바 모든 말로 이 성
전과 이 성을 향하여 예언하게 하셨
느니라
13 그런즉 너희는 너희 길과 행위를
고치고 너희 하나님 야훼의 목소리
를 청종하라 그리하면 야훼께서 너
희에게 선언하신 재앙에 대하여 뜻
을 돌이키시리라
14 보라 나는 너희 손에 있으니 너희
의견에 좋은 대로, 옳은 대로 하려
니와
15 너희는 분명히 알아라 너희가 나를
죽이면 반드시 무죄한 피를 너희
몸과 이 성과 이 성 주민에게 돌리
는 것이니라 이는 야훼께서 진실로
나를 보내사 이 모든 말을 너희 귀
에 말하게 하셨음이라
16 고관들과 모든 백성이 제사장들과
선지자들에게 이르되 이 사람이 우
리 하나님 야훼의 이름으로 우리에
게 말하였으니 죽일 만한 이유가
없느니라
17 그러자 그 지방의 장로 중 몇 사람
이 일어나 백성의 온 회중에게 말
하여 이르기를
18 유다의 왕 히스기야 시대에 모레셋
사람 미가가 유다의 모든 백성에게
예언하여 이르되 만군의 야훼께서
이와 같이 말씀하셨느니라 시온은
밭 같이 경작지가 될 것이며 예루살
렘은 돌 무더기가 되며 이 성전의
산은 산당의 숲과 같이 되리라 하
였으나
19 유다의 왕 히스기야와 모든 유다가
그를 죽였느냐 히스기야가 야훼를
두려워하여 야훼께 간구하매 야훼
께서 그들에게 선언한 재앙에 대하
여 뜻을 돌이키지 아니하셨느냐 우
리가 이같이 하면 우리의 생명을 스
스로 심히 해롭게 하는 것이니라
20 또 야훼의 이름으로 예언한 사람이
있었는데 곧 기럇여아림 스마야의
아들 우리야라 그가 예레미야의 모
든 말과 같이 이 성과 이 땅에 경고
하여 예언하매
21 여호야김 왕과 그의 모든 용사와
모든 고관이 그의 말을 듣고서 왕
이 그를 죽이려 하매 우리야가 그
말을 듣고 두려워 애굽으로 도망하
여 간지라

기록일 : . . .

22 여호야김 왕이 사람을 애굽으로 보
내되 곧 악볼의 아들 엘라단과 몇
사람을 함께 애굽으로 보냈더니
23 그들이 우리야를 애굽에서 연행하
여 여호야김 왕에게로 그를 데려오
매 왕이 칼로 그를 죽이고 그의 시
체를 평민의 묘지에 던지게 하니라
24 사반의 아들 아히감의 손이 예레미
야를 도와 주어 그를 백성의 손에
내어 주지 아니하여 죽이지 못하게
하니라

27

유다의 왕 요시야의 아들 여호야
김이 다스리기 시작할 때에 야훼께
서 말씀으로 예레미야에게 임하시
니라
2 야훼께서 이와 같이 내게 말씀하시
되 너는 줄과 멍에를 만들어 네 목
에 걸고
3 유다의 왕 시드기야를 보러 예루살
렘에 온 사신들의 손에도 그것을
주어 에돔의 왕과 모압의 왕과 암
몬 자손의 왕과 두로의 왕과 시돈
의 왕에게 보내며
4 그들에게 명령하여 그들의 주에게
말하게 하기를 만군의 야훼 이스라
엘의 하나님께서 이와 같이 말씀하
시되 너희는 너희의 주에게 이같이
전하라
5 나는 내 큰 능력과 나의 쳐든 팔로
땅과 지상에 있는 사람과 짐승들을
만들고 내가 보기에 옳은 사람에게
그것을 주었노라
6 이제 내가 이 모든 땅을 내 종 바
벨론의 왕 느부갓네살의 손에 주고
또 들짐승들을 그에게 주어서 섬기
게 하였나니
7 모든 나라가 그와 그의 아들과 손
자를 그 땅의 기한이 이르기까지
섬기리라 또한 많은 나라들과 큰
왕들이 그 자신을 섬기리라
8 야훼의 말씀이니라 바벨론의 왕 느
부갓네살을 섬기지 아니하며 그 목
으로 바벨론의 왕의 멍에를 메지
아니하는 백성과 나라는 내가 그들
이 멸망하기까지 칼과 기근과 전염
병으로 그 민족을 벌하리라
9 너희는 너희 선지자나 복술가나 꿈
꾸는 자나 술사나 요술자가 이르
기를 너희가 바벨론의 왕을 섬기게
되지 아니하리라 하여도 너희는 듣
지 말라
10 그들은 너희에게 거짓을 예언하여
너희가 너희 땅에서 멀리 떠나게
하며 또 내가 너희를 몰아내게 하
며 너희를 멸망하게 하느니라
11 그러나 그 목으로 바벨론의 왕의
멍에를 메고 그를 섬기는 나라는
내가 그들을 그 땅에 머물러 밭을
갈며 거기서 살게 하리라 하셨다 하
라 야훼의 말씀이니라 하시니라

12 내가 이 모든 말씀대로 유다의 왕
시드기야에게 전하여 이르되 왕과
백성은 바벨론 왕의 멍에를 목에
메고 그와 그의 백성을 섬기소서
그리하면 사시리라
13 어찌하여 당신과 당신의 백성이 야
훼께서 바벨론의 왕을 섬기지 아니
하는 나라에 대하여 하신 말씀과
같이 칼과 기근과 전염병에 죽으려
하나이까
14 그러므로 당신들은 바벨론의 왕을
섬기게 되지 아니하리라 하는 선지
자의 말을 듣지 마소서 그들은 거
짓을 예언함이니이다
15 이는 야훼의 말씀이니라 내가 그들
을 보내지 아니하였거늘 그들이 내
이름으로 거짓을 예언하니 내가 너
희를 몰아내리니 너희와 너희에게
예언하는 선지자들이 멸망하리라
16 내가 또 제사장들과 그 모든 백성
에게 전하여 이르되 야훼께서 이와
같이 말씀하시기를 보라 야훼의 성
전의 기구를 이제 바벨론에서 속
히 돌려오리라고 너희에게 예언하
는 선지자들의 말을 듣지 말라 이
는 그들이 거짓을 예언함이니라 하
셨나니
17 너희는 그들의 말을 듣지 말고 바
벨론의 왕을 섬기라 그리하면 살리
라 어찌하여 이 성을 황무지가 되
게 하려느냐
18 만일 그들이 선지자이고 야훼의 말
씀을 가지고 있다면 그들이 야훼의
성전에와 유다의 왕의 궁전에와 예
루살렘에 남아 있는 기구를 바벨론
으로 옮겨가지 못하도록 만군의 야
훼께 구하여야 할 것이니라
19 만군의 야훼께서 기둥들과 큰 대야
와 받침들과 이 성에 남아 있는 기
구에 대하여 이같이 말씀하시나니
20 이것은 바벨론의 왕 느부갓네살이
유다의 왕 여호야김의 아들 여고니
야와 유다와 예루살렘 모든 귀인을
예루살렘에서 바벨론으로 사로잡아
옮길 때에 가져가지 아니하였던 것
이라
21 만군의 야훼 이스라엘의 하나님께
서 야훼의 성전과 유다의 왕의 궁전
과 예루살렘에 남아 있는 그 기구에
대하여 이와 같이 말씀하셨느니라
22 그것들이 바벨론으로 옮겨지고 내
가 이것을 돌보는 날까지 거기에
있을 것이니라 그 후에 내가 그것
을 올려 와 이 곳에 그것들을 되돌
려 두리라 야훼의 말씀이니라

28 그 해 곧 유다 왕 시드기야가 다
스리기 시작한 지 사 년 다섯째 달
기브온앗술의 아들 선지자 하나냐
가 야훼의 성전에서 제사장들과 모
든 백성이 보는 앞에서 내게 말하

여 이르되
2 만군의 야훼 이스라엘의 하나님이
이같이 일러 말씀하시기를 내가 바
벨론의 왕의 멍에를 꺾었느니라
3 내가 바벨론의 왕 느부갓네살이 이
곳에서 빼앗아 바벨론으로 옮겨 간
야훼의 성전 모든 기구를 이 년 안
에 다시 이 곳으로 되돌려 오리라
4 내가 또 유다의 왕 여호야김의 아
들 여고니야와 바벨론으로 간 유
다 모든 포로를 다시 이 곳으로 돌
아오게 하리니 이는 내가 바벨론의
왕의 멍에를 꺾을 것임이라 야훼의
말씀이니라 하시니라
5 선지자 예레미야가 야훼의 성전에
서 있는 제사장들과 모든 백성들이
보는 앞에서 선지자 하나냐에게 말
하니라
6 선지자 예레미야가 말하니라 아멘,
야훼는 이같이 하옵소서 야훼께서
네가 예언한 말대로 이루사 야훼의
성전 기구와 모든 포로를 바벨론에
서 이 곳으로 되돌려 오시기를 원
하노라
7 그러나 너는 내가 네 귀와 모든 백성
의 귀에 이르는 이 말을 잘 들으라
8 나와 너 이전의 선지자들이 예로부
터 많은 땅들과 큰 나라들에 대하
여 전쟁과 재앙과 전염병을 예언하
였느니라
9 평화를 예언하는 선지자는 그 예언
자의 말이 응한 후에야 그가 진실
로 야훼께서 보내신 선지자로 인정
받게 되리라
10 선지자 하나냐가 선지자 예레미야
의 목에서 멍에를 빼앗아 꺾고
11 모든 백성 앞에서 하나냐가 말하여
이르되 야훼께서 이와 같이 말씀하
시니라 내가 이 년 안에 모든 민족
의 목에서 바벨론의 왕 느부갓네살
의 멍에를 이와 같이 꺾어 버리리라
하셨느니라 하매 선지자 예레미야
가 자기의 길을 가니라
12 선지자 하나냐가 선지자 예레미야
의 목에서 멍에를 꺾어 버린 후에
야훼의 말씀이 예레미야에게 임하
니라 이르시기를
13 너는 가서 하나냐에게 말하여 이르
기를 야훼의 말씀에 네가 나무 멍
에들을 꺾었으나 그 대신 쇠 멍에
들을 만들었느니라
14 만군의 야훼 이스라엘의 하나님께
서 이와 같이 말씀하시니라 내가
쇠 멍에로 이 모든 나라의 목에 메
워 바벨론의 왕 느부갓네살을 섬기
게 하였으니 그들이 그를 섬기리라
내가 들짐승도 그에게 주었느니라
하라
15 선지자 예레미야가 선지자 하나냐
에게 이르되 하나냐여 들으라 야훼

께서 너를 보내지 아니하셨거늘 네
가 이 백성에게 거짓을 믿게 하는
도다
16 그러므로 야훼께서 이와 같이 말씀
하시되 내가 너를 지면에서 제하리
니 네가 야훼께 패역한 말을 하였
음이라 네가 금년에 죽으리라 하셨
느니라 하더니
17 선지자 하나냐가 그 해 일곱째 달
에 죽었더라

29

선지자 예레미야가 예루살렘에서
이 같은 편지를 느부갓네살이 예루살
렘에서 바벨론으로 끌고 간 포로 중
남아 있는 장로들과 제사장들과 선
지자들과 모든 백성에게 보냈는데
2 그 때는 여고니야 왕과 왕후와 궁
중 내시들과 유다와 예루살렘의 고
관들과 기능공과 토공들이 예루살
렘에서 떠난 후라
3 유다의 왕 시드기야가 바벨론으로
보내어 바벨론의 왕 느부갓네살에
게로 가게 한 사반의 아들 엘라사
와 힐기야의 아들 그마랴 편으로
말하되
4 만군의 야훼 이스라엘의 하나님께
서 예루살렘에서 바벨론으로 사로
잡혀 가게 한 모든 포로에게 이와
같이 말씀하시니라
5 너희는 집을 짓고 거기에 살며 텃밭
을 만들고 그 열매를 먹으라
6 아내를 맞이하여 자녀를 낳으며 너
희 아들이 아내를 맞이하며 너희
딸이 남편을 맞아 그들로 자녀를
낳게 하여 너희가 거기에서 번성하
고 줄어들지 아니하게 하라
7 너희는 내가 사로잡혀 가게 한 그
성읍의 평안을 구하고 그를 위하여
야훼께 기도하라 이는 그 성읍이 평
안함으로 너희도 평안할 것임이라
8 만군의 야훼 이스라엘의 하나님께
서 이와 같이 말하노라 너희 중에
있는 선지자들에게와 점쟁이에게
미혹되지 말며 너희가 꾼 꿈도 곧
이 듣고 믿지 말라
9 내가 그들을 보내지 아니하였어도
그들이 내 이름으로 거짓을 예언함
이라 야훼의 말씀이니라
10 야훼께서 이와 같이 말씀하시니라
바벨론에서 칠십 년이 차면 내가 너
희를 돌보고 나의 선한 말을 너희
에게 성취하여 너희를 이 곳으로
돌아오게 하리라
11 야훼의 말씀이니라 너희를 향한 나
의 생각을 내가 아나니 평안이요
재앙이 아니니라 너희에게 미래와
희망을 주는 것이니라
12 너희가 내게 부르짖으며 내게 와서
기도하면 내가 너희들의 기도를 들
을 것이요
13 너희가 온 마음으로 나를 구하면

나를 찾을 것이요 나를 만나리라
14 이것은 야훼의 말씀이니라 나는 너
희들을 만날 것이며 너희를 포로된
중에서 다시 돌아오게 하되 내가
쫓아 보내었던 나라들과 모든 곳에
서 모아 사로잡혀 떠났던 그 곳으
로 돌아오게 하리라 이것은 야훼의
말씀이니라
15 너희가 말하기를 야훼께서 우리를
위하여 바벨론에서 선지자를 일으
키셨느니라
16 다윗의 왕좌에 앉은 왕과 이 성에
사는 모든 백성 곧 너희와 함께 포
로 되어 가지 아니한 너희 형제에
게 야훼께서 이와 같이 말씀하셨느
니라
17 만군의 야훼께서 이와 같이 말씀하
시되 보라 내가 칼과 기근과 전염
병을 그들에게 보내어 그들에게 상
하여 먹을 수 없는 몹쓸 무화과 같
게 하겠고
18 내가 칼과 기근과 전염병으로 그들
을 뒤따르게 하며 그들을 세계 여
러 나라 가운데에 흩어 학대를 당
하게 할 것이며 내가 그들을 쫓아
낸 나라들 가운데에서 저주와 경악
과 조소와 수모의 대상이 되게 하
리라
19 야훼의 말씀이니라 너희들이 내 말
을 듣지 않았기 때문이니라 내가 내
종 선지자들을 너희들에게 꾸준히
보냈으나 너희는 그들의 말을 듣지
않았느니라 야훼의 말씀이니라
20 그런즉 내가 예루살렘에서 바벨론
으로 보낸 너희 모든 포로여 야훼
의 말씀을 들을지니라
21 만군의 야훼 이스라엘의 하나님께
서 골라야의 아들 아합과 마아세
야의 아들 시드기야에 대하여 이와
같이 말씀하시니라 그들은 내 이름
으로 너희에게 거짓을 예언한 자라
보라 내가 그들을 바벨론의 왕 느
부갓네살의 손에 넘기리니 그가 너
희 눈 앞에서 그들을 죽일 것이라
22 바벨론에 있는 유다의 모든 포로가
그들을 저줏거리로 삼아서 이르기
를 야훼께서 너를 바벨론 왕이 불
살라 죽인 시드기야와 아합 같게
하시기를 원하노라 하리니
23 이는 그들이 이스라엘 중에서 어리
석게 행하여 그 이웃의 아내와 간
음하며 내가 그들에게 명령하지 아
니한 거짓을 내 이름으로 말함이라
나는 알고 있는 자로서 증인이니라
야훼의 말씀이니라 하시니라
24 너는 느헬람 사람 스마야에게 이같
이 말하여 이르라
25 만군의 야훼 이스라엘의 하나님께
서 이와 같이 말씀하여 이르시되 네
가 네 이름으로 예루살렘에 있는

기록일 : . . .

모든 백성과 제사장 마아세야의 아
들 스바냐와 모든 제사장에게 글을
보내 이르기를
26 야훼께서 너를 제사장 여호야다를
대신하여 제사장을 삼아 야훼의 성
전 감독자로 세우심은 모든 미친
자와 선지자 노릇을 하는 자들을
목에 씌우는 나무 고랑과 목에 씌
우는 쇠 고랑을 채우게 하심이어늘
27 이제 네가 어찌하여 너희 중에 선
지자 노릇을 하는 아나돗 사람 예
레미야를 책망하지 아니하느냐
28 그가 바벨론에 있는 우리에게 편지
하기를 오래 지내야 하리니 너희는
집을 짓고 살며 밭을 일구고 그 열
매를 먹으라 하셨다 하니라
29 제사장 스바냐가 스마야의 글을 선
지자 예레미야에게 읽어서 들려 줄
때에
30 야훼의 말씀이 예레미야에게 임하
여 이르시되
31 너는 모든 포로에게 전언하여 이르
기를 야훼께서 느헬람 사람 스마야
를 두고 이같이 말씀하셨느니라 내
가 그를 보내지 아니하였거늘 스마
야가 너희에게 예언하고 너희에게
거짓을 믿게 하였도다
32 그러므로 야훼께서 이와 같이 말씀
하시니라 보라 내가 느헬람 사람
스마야와 그의 자손을 벌하리니 그
가 나 야훼께 패역한 말을 하였기
때문에 이 백성 중에 살아 남을 그
의 자손이 하나도 없을 것이라 내
가 내 백성에게 행하려 하는 복된
일을 그가 보지 못하리라 하셨느니
라 이것은 야훼의 말씀이니라

30

야훼께로부터 말씀이 예레미야에
게 임하여 이르시니라
2 이스라엘의 하나님 야훼께서 이와
같이 말씀하여 이르시기를 내가
네게 일러 준 모든 말을 책에 기록
하라
3 야훼의 말씀이니라 보라 내가 내
백성 이스라엘과 유다의 포로를 돌
아가게 할 날이 오리니 내가 그들
을 그 조상들에게 준 땅으로 돌아
오게 할 것이니 그들이 그 땅을 차
지하리라 야훼께서 말씀하시니라
4 야훼께서 이스라엘과 유다에 대하
여 하신 말씀이 이러하니라
5 야훼께서 이와 같이 말씀하시되 우
리가 무서워 떠는 자의 소리를 들으
니 두려움이요 평안함이 아니로다
6 너희는 자식을 해산하는 남자가 있
는가 물어보라 어찌하여 모든 남자
가 해산하는 여자 같이 손을 자기
허리에 대고 모든 얼굴이 겁에 질려
새파래졌는가
7 슬프다 그 날이여 그와 같이 엄청
난 날이 없으리라 그 날은 야곱의

환난의 때가 됨이로다 그러나 그가
환난에서 구하여 냄을 얻으리로다
8 만군의 야훼의 말씀이라 그 날에
내가 네 목에서 그 멍에를 꺾어 버
리며 네 포박을 끊으리니 다시는 이
방인을 섬기지 않으리라
9 그들은 그들의 하나님 야훼를 섬기
며 내가 그들을 위하여 세울 그들
의 왕 다윗을 섬기리라
10 야훼의 말씀이니라 그러므로 나의
종 야곱아 너는 두려워하지 말라
이스라엘아 놀라지 말라 내가 너를
먼 곳으로부터 구원하고 네 자손을
잡혀가 있는 땅에서 구원하리니 야
곱이 돌아와서 태평과 안락을 누릴
것이며 두렵게 할 자가 없으리라
11 이는 야훼의 말씀이라 내가 너와
함께 있어 너를 구원할 것이라 너
를 흩었던 그 모든 이방을 내가 멸
망시키리라 그럴지라도 너만은 멸
망시키지 아니하리라 그러나 내가
법에 따라 너를 징계할 것이요 결
코 무죄한 자로만 여기지는 아니하
리라
12 야훼께서 이와 같이 말씀하시니라
네 상처는 고칠 수 없고 네 부상은
중하도다
13 네 송사를 처리할 재판관이 없고
네 상처에는 약도 없고 처방도 없
도다
14 너를 사랑하던 자가 다 너를 잊고
찾지 아니하니 이는 네 악행이 많
고 네 죄가 많기 때문에 나는 네
원수가 당할 고난을 네가 받게 하
며 잔인한 징계를 내렸도다
15 너는 어찌하여 네 상처 때문에 부
르짖느냐 네 고통이 심하도다 네
악행이 많고 네 죄가 허다하므로
내가 이 일을 너에게 행하였느니라
16 그러므로 너를 먹는 모든 자는 잡
아먹힐 것이며 네 모든 대적은 사
로잡혀 갈 것이고 너에게서 탈취해
간 자는 탈취를 당할 것이며 너에
게서 노략질한 모든 자는 노략물이
되리라
17 야훼의 말씀이니라 그들이 쫓겨난
자라 하매 시온을 찾는 자가 없은
즉 내가 너의 상처로부터 새 살이
돋아나게 하여 너를 고쳐 주리라
18 야훼께서 말씀하시니라 보라 내가
야곱 장막의 포로들을 돌아오게 할
것이고 그 거처들에 사랑을 베풀
것이라 성읍은 그 폐허가 된 언덕
위에 건축될 것이요 그 보루는 규
정에 따라 사람이 살게 되리라
19 그들에게서 감사하는 소리가 나오
고 즐거워하는 자들의 소리가 나오
리라 내가 그들을 번성하게 하리니
그들의 수가 줄어들지 아니하겠고
내가 그들을 존귀하게 하리니 그들

기록일 : . . .

은 비천하여지지 아니하리라
20 그의 자손은 예전과 같겠고 그 회
중은 내 앞에 굳게 설 것이며 그를
압박하는 모든 사람은 내가 다 벌
하리라
21 그 영도자는 그들 중에서 나올 것
이요 그 통치자도 그들 중에서 나
오리라 내가 그를 가까이 오게 하
리니 그가 내게 가까이 오리라 참
으로 담대한 마음으로 내게 가까이
올 자가 누구냐 야훼의 말씀이니라
22 너희는 내 백성이 되겠고 나는 너
희들의 하나님이 되리라
23 보라 야훼의 노여움이 일어나 폭풍
과 회오리바람처럼 악인의 머리 위
에서 회오리칠 것이라
24 야훼의 진노는 그의 마음의 뜻한
바를 행하여 이루기까지는 돌이키
지 아니하나니 너희가 끝날에 그것
을 깨달으리라

31 야훼의 말씀이니라 그 때에 내가
이스라엘 모든 종족의 하나님이 되
고 그들은 내 백성이 되리라
2 야훼께서 이같이 말씀하시니라 칼
에서 벗어난 백성이 광야에서 은혜
를 입었나니 곧 내가 이스라엘로
안식을 얻게 하러 갈 때에라
3 옛적에 야훼께서 나에게 나타나사
내가 영원한 사랑으로 너를 사랑하
기에 인자함으로 너를 이끌었다 하
였노라
4 처녀 이스라엘아 내가 다시 너를
세우리니 네가 세움을 입을 것이요
네가 다시 소고를 들고 즐거워하는
자들과 함께 춤추며 나오리라
5 네가 다시 사마리아 산들에 포도나
무들을 심되 심는 자가 그 열매를
따기 시작하리라
6 에브라임 산 위에서 파수꾼이 외치
는 날이 있을 것이라 이르기를 너희
는 일어나라 우리가 시온에 올라가
서 우리 하나님 야훼께로 나아가자
하리라
7 야훼께서 이와 같이 말씀하시니라
너희는 여러 민족의 앞에 서서 야곱
을 위하여 기뻐 외치라 너희는 전
파하며 찬양하며 말하라 야훼여 주
의 백성 이스라엘의 남은 자를 구
원하소서 하라
8 보라 나는 그들을 북쪽 땅에서 인
도하며 땅 끝에서부터 모으리라 그
들 중에는 맹인과 다리 저는 사람
과 잉태한 여인과 해산하는 여인이
함께 있으며 큰 무리를 이루어 이
곳으로 돌아오리라
9 그들이 울며 돌아오리니 나의 인도
함을 받고 간구할 때에 내가 그들
을 넘어지지 아니하고 물 있는 계곡
의 곧은 길로 가게 하리라 나는 이
스라엘의 아버지요 에브라임은 나

의 장자니라
10 이방들이여 너희는 야훼의 말씀을
듣고 먼 섬에 전파하여 이르기를 이
스라엘을 흩으신 자가 그를 모으시
고 목자가 그 양 떼에게 행함 같이
그를 지키시리로다
11 야훼께서 야곱을 구원하시되 그들
보다 강한 자의 손에서 속량하셨
으니
12 그들이 와서 시온의 높은 곳에서
찬송하며 야훼의 복 곧 곡식과 새
포도주와 기름과 어린 양의 떼와
소의 떼를 얻고 크게 기뻐하리라
그 심령은 물 댄 동산 같겠고 다시
는 근심이 없으리로다 할지어다
13 그 때에 처녀는 춤추며 즐거워하겠
고 청년과 노인은 함께 즐거워하리
니 내가 그들의 슬픔을 돌려서 즐
겁게 하며 그들을 위로하여 그들의
근심으로부터 기쁨을 얻게 할 것임
이라
14 내가 기름으로 제사장들의 마음을
흡족하게 하며 내 복으로 내 백성
을 만족하게 하리라 야훼의 말씀이
니라
15 야훼께서 이와 같이 말씀하시니라
라마에서 슬퍼하며 통곡하는 소리
가 들리니 라헬이 그 자식 때문에
애곡하는 것이라 그가 자식이 없어
져서 위로 받기를 거절하는도다
16 야훼께서 이와 같이 말씀하시니라
네 울음 소리와 네 눈물을 멈추어
라 네 일에 삯을 받을 것인즉 그들
이 그의 대적의 땅에서 돌아오리라
야훼의 말씀이니라
17 너의 장래에 소망이 있을 것이라 너
의 자녀가 자기들의 지경으로 돌아
오리라 야훼의 말씀이니라
18 에브라임이 스스로 탄식함을 내가
분명히 들었노니 주께서 나를 징벌
하시매 멍에에 익숙하지 못한 송아
지 같은 내가 징벌을 받았나이다
주는 나의 하나님 야훼이시니 나를
이끌어 돌이키소서 그리하시면 내
가 돌아오겠나이다
19 내가 돌이킨 후에 뉘우쳤고 내가 교
훈을 받은 후에 내 볼기를 쳤사오니
이는 어렸을 때의 치욕을 지므로 부
끄럽고 욕됨이니이다 하도다
20 에브라임은 나의 사랑하는 아들 기
뻐하는 자식이 아니냐 내가 그를 책
망하여 말할 때마다 깊이 생각하노
라 그러므로 그를 위하여 내 창자가
들끓으니 내가 반드시 그를 불쌍히
여기리라 야훼의 말씀이니라
21 처녀 이스라엘아 너의 이정표를 세
우며 너의 푯말을 만들고 큰 길 곧
네가 전에 가던 길을 마음에 두라
돌아오라 네 성읍들로 돌아오라
22 반역한 딸아 네가 어느 때까지 방

기록일 : . . .

황하겠느냐 야훼가 새 일을 세상에
창조하였나니 곧 여자가 남자를 둘
러 싸리라
23 만군의 야훼 이스라엘의 하나님께
서 이와 같이 말씀하시니라 내가
그 사로잡힌 자를 돌아오게 할 때
에 그들이 유다 땅과 그 성읍들에
서 다시 이 말을 쓰리니 곧 의로운
처소여, 거룩한 산이여, 야훼께서
네게 복 주시기를 원하노라 할 것
이며
24 유다와 그 모든 성읍의 농부와 양
떼를 인도하는 자가 거기에 함께
살리니
25 이는 내가 그 피곤한 심령을 상쾌
하게 하며 모든 연약한 심령을 만
족하게 하였음이라 하시기로
26 내가 깨어 보니 내 잠이 달았더라
27 야훼의 말씀이니라 보라 내가 사람
의 씨와 짐승의 씨를 이스라엘 집
과 유다 집에 뿌릴 날이 이르리니
28 깨어서 그들을 뿌리 뽑으며 무너뜨
리며 전복하며 멸망시키며 괴롭게
하던 것과 같이 내가 깨어서 그들
을 세우며 심으리라 야훼의 말씀이
니라
29 그 때에 그들이 말하기를 다시는
아버지가 신 포도를 먹었으므로 아
들들의 이가 시다 하지 아니하겠고
30 신 포도를 먹는 자마다 그의 이가
신 것 같이 누구나 자기의 죄악으
로 말미암아 죽으리라
31 야훼의 말씀이니라 보라 날이 이르
리니 내가 이스라엘 집과 유다 집
에 새 언약을 맺으리라
32 이 언약은 내가 그들의 조상들의
손을 잡고 애굽 땅에서 인도하여
내던 날에 맺은 것과 같지 아니할
것은 내가 그들의 남편이 되었어도
그들이 내 언약을 깨뜨렸음이라 야
훼의 말씀이니라
33 그러나 그 날 후에 내가 이스라엘
집과 맺을 언약은 이러하니 곧 내
가 나의 법을 그들의 속에 두며 그
들의 마음에 기록하여 나는 그들의
하나님이 되고 그들은 내 백성이
될 것이라 야훼의 말씀이니라
34 그들이 다시는 각기 이웃과 형제를
가리켜 이르기를 너는 야훼를 알라
하지 아니하리니 이는 작은 자로부
터 큰 자까지 다 나를 알기 때문이
라 내가 그들의 악행을 사하고 다
시는 그 죄를 기억하지 아니하리라
야훼의 말씀이니라
35 야훼께서 이와 같이 말씀하셨느니
라 그는 해를 낮의 빛으로 주셨고
달과 별들을 밤의 빛으로 정하였고
바다를 뒤흔들어 그 파도로 소리치
게 하나니 그의 이름은 만군의 야
훼니라

36 이 법도가 내 앞에서 폐할진대 이
스라엘 자손도 내 앞에서 끊어져
영원히 나라가 되지 못하리라 야훼
의 말씀이니라
37 야훼께서 이와 같이 말씀하시니라
위에 있는 하늘을 측량할 수 있으
며 밑에 있는 땅의 기초를 탐지할
수 있다면 내가 이스라엘 자손이
행한 모든 일로 말미암아 그들을
다 버리리라 야훼의 말씀이니라
38 보라, 날이 이르리니 이 성은 하나
넬 망대로부터 모퉁이에 이르기까
지 야훼를 위하여 건축될 것이라
야훼의 말씀이니라
39 측량줄이 곧게 가렙 언덕 밑에 이
르고 고아로 돌아
40 시체와 재의 모든 골짜기와 기드론
시내에 이르는 모든 고지 곧 동쪽
마문의 모퉁이에 이르기까지 야훼
의 거룩한 곳이니라 영원히 다시는
뽑거나 전복하지 못할 것이니라

32 유다의 시드기야 왕 열째 해 곧
느부갓네살 열여덟째 해에 야훼의
말씀이 예레미야에게 임하니라
2 그 때에 바벨론 군대는 예루살렘을
에워싸고 선지자 예레미야는 유다
의 왕의 궁중에 있는 시위대 뜰에
갇혔으니
3~5 이는 그가 예언하기를 야훼의 말씀
에 보라 내가 이 성을 바벨론 왕의
손에 넘기리니 그가 차지할 것이며
유다 왕 시드기야는 갈대아인의 손
에서 벗어나지 못하고 반드시 바벨
론 왕의 손에 넘겨진 바 되리니 입
이 입을 대하여 말하고 눈이 서로
볼 것이며 그가 시드기야를 바벨론
으로 끌어 가리니 시드기야는 내가
돌볼 때까지 거기에 있으리라 야훼
께서 이와 같이 말씀하시니라 너희
가 갈대아인과 싸울지라도 승리하
지 못하리라 하셨다 하였더니 유다
왕 시드기야가 이르되 네가 어찌하
여 이같이 예언하였느냐 하고 그를
가두었음이었더라
6 예레미야가 이르되 야훼의 말씀이
내게 임하였느니라 이르시기를
7 보라 네 숙부 살룸의 아들 하나멜
이 네게 와서 말하기를 너는 아나
돗에 있는 내 밭을 사라 이 기업을
무를 권리가 네게 있느니라 하리라
하시더니
8 야훼의 말씀과 같이 나의 숙부의
아들 하나멜이 시위대 뜰 안 나에
게 와서 이르되 청하노니 너는 베
냐민 땅 아나돗에 있는 나의 밭
을 사라 기업의 상속권이 네게 있
고 무를 권리가 네게 있으니 너를
위하여 사라 하는지라 내가 이것이
야훼의 말씀인 줄 알았으므로
9 내 숙부의 아들 하나멜의 아나돗에

기록일 : . . .

있는 밭을 사는데 은 십칠 세겔을
달아 주되
10 증서를 써서 봉인하고 증인을 세우
고 은을 저울에 달아 주고
11 법과 규례대로 봉인하고 봉인하지
아니한 매매 증서를 내가 가지고
12 나의 숙부의 아들 하나멜과 매매
증서에 인 친 증인 앞과 시위대 뜰
에 앉아 있는 유다 모든 사람 앞에
서 그 매매 증서를 마세야의 손자
네리야의 아들 바룩에게 부치며
13 그들의 앞에서 바룩에게 명령하여
이르되
14 만군의 야훼 이스라엘의 하나님께
서 이와 같이 말씀하시기를 너는 이
증서 곧 봉인하고 봉인하지 않은
매매 증서를 가지고 토기에 담아
오랫동안 보존하게 하라
15 만군의 야훼 이스라엘의 하나님께
서 이와 같이 말씀하시니라 사람이
이 땅에서 집과 밭과 포도원을 다
시 사게 되리라 하셨다 하니라
16 내가 매매 증서를 네리야의 아들
바룩에게 넘겨 준 뒤에 야훼께 기
도하여 이르되
17 슬프도소이다 주 야훼여 주께서 큰
능력과 펴신 팔로 천지를 지으셨사
오니 주에게는 할 수 없는 일이 없
으시니이다
18 주는 은혜를 천만인에게 베푸시며
아버지의 죄악을 그 후손의 품에
갚으시오니 크고 능력 있으신 하나
님이시요 이름은 만군의 야훼시니
이다
19 주는 책략에 크시며 하시는 일에
능하시며 인류의 모든 길을 주목하
시며 그의 길과 그의 행위의 열매
대로 보응하시나이다
20 주께서 애굽 땅에서 표적과 기사를
행하셨고 오늘까지도 이스라엘과
인류 가운데 그와 같이 행하사 주
의 이름을 오늘과 같이 되게 하셨
나이다
21 주께서 표적과 기사와 강한 손과
펴신 팔과 큰 두려움으로 주의 백
성 이스라엘을 애굽 땅에서 인도하
여 내시고
22 그들에게 주시기로 그 조상들에게
맹세하신 바 젖과 꿀이 흐르는 땅
을 그들에게 주셨으므로
23 그들이 들어가서 이를 차지하였거늘
주의 목소리를 순종하지 아니하며
주의 율법에서 행하지 아니하며 무
릇 주께서 행하라 명령하신 일을 행
하지 아니하였으므로 주께서 이 모
든 재앙을 그들에게 내리셨나이다
24 보옵소서 이 성을 빼앗으려고 만
든 참호가 이 성에 이르렀고 칼과
기근과 전염병으로 말미암아 이 성
이 이를 치는 갈대아인의 손에 넘긴

기록일 : . . .

바 되었으니 주의 말씀대로 되었음
을 주께서 보시나이다
25 주 야훼여 주께서 내게 은으로 밭
을 사며 증인을 세우라 하셨으나
이 성은 갈대아인의 손에 넘기신 바
되었나이다
26 그 때에 야훼의 말씀이 예레미야에
게 임하여 이르시되
27 나는 야훼요 모든 육체의 하나님이
라 내게 할 수 없는 일이 있겠느냐
28 그러므로 야훼께서 이와 같이 말씀
하시니라 보라 내가 이 성을 갈대
아인의 손과 바벨론의 느부갓네살
왕의 손에 넘길 것인즉 그가 차지
할 것이라
29 이 성을 치는 갈대아인이 와서 이
성읍에 불을 놓아 성과 집 곧 그 지
붕에서 바알에게 분향하며 다른 신
들에게 전제를 드려 나를 격노하게
한 집들을 사르리니
30 이는 이스라엘 자손과 유다 자손
이 예로부터 내 눈 앞에 악을 행하
였을 뿐이라 이스라엘 자손은 그의
손으로 만든 것을 가지고 나를 격
노하게 한 것뿐이니라 야훼의 말씀
이니라
31 이 성이 건설된 날부터 오늘까지 나
의 노여움과 분을 일으키므로 내가
내 앞에서 그것을 옮기려 하노니
32 이는 이스라엘 자손과 유다 자손이
모든 악을 행하여 내 노여움을 일
으켰음이라 그들과 그들의 왕들과
그의 고관들과 그의 제사장들과 그
의 선지자들과 유다 사람들과 예루
살렘 주민들이 다 그러하였느니라
33 그들이 등을 내게로 돌리고 얼굴을
내게로 향하지 아니하며 내가 그
들을 가르치되 끊임없이 가르쳤는
데도 그들이 교훈을 듣지 아니하며
받지 아니하고
34 내 이름으로 일컫는 집에 자기들의
가증한 물건들을 세워서 그 집을
더럽게 하며
35 힌놈의 아들의 골짜기에 바알의 산
당을 건축하였으며 자기들의 아들
들과 딸들을 몰렉 앞으로 지나가게
하였느니라 그들이 이런 가증한 일
을 행하여 유다로 범죄하게 한 것
은 내가 명령한 것도 아니요 내 마
음에 둔 것도 아니니라
36 그러나 이스라엘의 하나님 야훼께
서 너희가 말하는 바 칼과 기근과
전염병으로 말미암아 바벨론 왕의
손에 넘긴 바 되었다 하는 이 성에
대하여 이와 같이 말씀하시니라
37 보라 내가 노여움과 분함과 큰 분
노로 그들을 쫓아 보내었던 모든
지방에서 그들을 모아들여 이 곳으
로 돌아오게 하여 안전히 살게 할
것이라

38 그들은 내 백성이 되겠고 나는 그
들의 하나님이 될 것이며
39 내가 그들에게 한 마음과 한 길을
주어 자기들과 자기 후손의 복을
위하여 항상 나를 경외하게 하고
40 내가 그들에게 복을 주기 위하여
그들을 떠나지 아니하리라 하는 영
원한 언약을 그들에게 세우고 나를
경외함을 그들의 마음에 두어 나를
떠나지 않게 하고
41 내가 기쁨으로 그들에게 복을 주되
분명히 나의 마음과 정성을 다하여
그들을 이 땅에 심으리라
42 야훼께서 이와 같이 말씀하시니라
내가 이 백성에게 이 큰 재앙을 내
린 것 같이 허락한 모든 복을 그들
에게 내리리라
43 너희가 말하기를 황폐하여 사람이
나 짐승이 없으며 갈대아인의 손에
넘긴 바 되었다 하는 이 땅에서 사
람들이 밭을 사되
44 베냐민 땅과 예루살렘 사방과 유다
성읍들과 산지의 성읍들과 저지대
의 성읍들과 네겝의 성읍들에 있는
밭을 은으로 사고 증서를 기록하여
봉인하고 증인을 세우리니 이는 내
가 그들의 포로를 돌아오게 함이니
라 야훼의 말씀이니라

33

예레미야가 아직 시위대 뜰에 갇
혀 있을 때에 야훼의 말씀이 그에
게 두 번째로 임하니라 이르시되
2 일을 행하시는 야훼, 그것을 만들며
성취하시는 야훼, 그의 이름을 야
훼라 하는 이가 이와 같이 이르시
도다
3 너는 내게 부르짖으라 내가 네게
응답하겠고 네가 알지 못하는 크고
은밀한 일을 네게 보이리라
4 이스라엘의 하나님 야훼께서 말씀
하시니라 무리가 이 성읍의 가옥과
유다 왕궁을 헐어서 갈대아인의 참
호와 칼을 대항하여
5 싸우려 하였으나 내가 나의 노여움
과 분함으로 그들을 죽이고 그들의
시체로 이 성을 채우게 하였나니 이
는 그들의 모든 악행으로 말미암아
나의 얼굴을 가리어 이 성을 돌아
보지 아니하였음이라
6 그러나 보라 내가 이 성읍을 치료
하며 고쳐 낫게 하고 평안과 진실이
풍성함을 그들에게 나타낼 것이며
7 내가 유다의 포로와 이스라엘의 포
로를 돌아오게 하여 그들을 처음과
같이 세울 것이며
8 내가 그들을 내게 범한 그 모든 죄
악에서 정하게 하며 그들이 내게
범하며 행한 모든 죄악을 사할 것
이라
9 이 성읍이 세계 열방 앞에서 나의
기쁜 이름이 될 것이며 찬송과 영광

기록일 : . . .

이 될 것이요 그들은 내가 이 백성
에게 베푼 모든 복을 들을 것이요
내가 이 성읍에 베푼 모든 복과 모
든 평안으로 말미암아 두려워하며
떨리라
10~11 야훼께서 이와 같이 말씀하시니라
너희가 가리켜 말하기를 황폐하여
사람도 없고 짐승도 없다 하던 여
기 곧 황폐하여 사람도 없고 주민
도 없고 짐승도 없던 유다 성읍들
과 예루살렘 거리에서 즐거워하는
소리, 기뻐하는 소리, 신랑의 소리,
신부의 소리와 및 만군의 야훼께
감사하라, 야훼는 선하시니 그 인자
하심이 영원하다 하는 소리와 야훼
의 성전에 감사제를 드리는 자들의
소리가 다시 들리리니 이는 내가 이
땅의 포로를 돌려보내어 지난 날처
럼 되게 할 것임이라 야훼의 말씀
이니라
12 만군의 야훼께서 이와 같이 말씀하
시니라 황폐하여 사람도 없고 짐승
도 없던 이 곳과 그 모든 성읍에 다
시 목자가 살 곳이 있으리니 그의
양 떼를 눕게 할 것이라
13 산지 성읍들과 평지 성읍들과 네겝
의 성읍들과 베냐민 땅과 예루살렘
사면과 유다 성읍들에서 양 떼가
다시 계수하는 자의 손 아래로 지
나리라 야훼께서 말씀하시니라
14 야훼의 말씀이니라 보라 내가 이스
라엘 집과 유다 집에 대하여 일러
준 선한 말을 성취할 날이 이르리라
15 그 날 그 때에 내가 다윗에게서 한
공의로운 가지가 나게 하리니 그가
이 땅에 정의와 공의를 실행할 것
이라
16 그 날에 유다가 구원을 받겠고 예
루살렘이 안전히 살 것이며 이 성은
야훼는 우리의 의라는 이름을 얻으
리라
17 야훼께서 이와 같이 말씀하시니라
이스라엘 집의 왕위에 앉을 사람이
다윗에게 영원히 끊어지지 아니할
것이며
18 내 앞에서 번제를 드리며 소제를
사르며 다른 제사를 항상 드릴 레
위 사람 제사장들도 끊어지지 아니
하리라 하시니라
19 야훼의 말씀이 예레미야에게 임하
니라 이르시되
20 야훼께서 이와 같이 말씀하시니라
너희가 능히 낮에 대한 나의 언약과
밤에 대한 나의 언약을 깨뜨려 주야
로 그 때를 잃게 할 수 있을진대
21 내 종 다윗에게 세운 나의 언약
도 깨뜨려 그에게 그의 자리에 앉
아 다스릴 아들이 없게 할 수 있
겠으며 내가 나를 섬기는 레위인
제사장에게 세운 언약도 파할 수

기록일 : . . .

있으리라
22 하늘의 만상은 셀 수 없으며 바다
의 모래는 측량할 수 없나니 내가
그와 같이 내 종 다윗의 자손과 나
를 섬기는 레위인을 번성하게 하리
라 하시니라
23 야훼의 말씀이 예레미야에게 임하
니라 이르시되
24 이 백성이 말하기를 야훼께서 자기
가 택하신 그들 중에 두 가계를 버
리셨다 한 것을 네가 생각하지 아
니하느냐 그들이 내 백성을 멸시하
여 자기들 앞에서 나라로 인정하지
아니하도다
25 야훼께서 이와 같이 말씀하시니라
내가 주야와 맺은 언약이 없다든지
천지의 법칙을 내가 정하지 아니하
였다면
26 야곱과 내 종 다윗의 자손을 버리
고 다시는 다윗의 자손 중에서 아
브라함과 이삭과 야곱의 자손을 다
스릴 자를 택하지 아니하리라 내가
그 포로된 자를 돌아오게 하고 그
를 불쌍히 여기리라

34 바벨론의 느부갓네살 왕과 그의
모든 군대와 그의 통치하에 있는
땅의 모든 나라와 모든 백성이 예
루살렘과 그 모든 성읍을 칠 때에
말씀이 야훼께로부터 예레미야에게
임하여 이르시되
2 이스라엘의 하나님 야훼께서 이와
같이 말씀하시니라 너는 가서 유다
의 시드기야 왕에게 아뢰어 이르기
를 야훼의 말씀에 보라 내가 이 성
을 바벨론 왕의 손에 넘기리니 그
가 이 성을 불사를 것이라
3 네가 그의 손에서 벗어나지 못하고
반드시 사로잡혀 그의 손에 넘겨지
서 네 눈은 바벨론 왕의 눈을 볼 것
이며 그의 입은 네 입을 마주 대하
여 말할 것이요 너는 바벨론으로
가리라
4 그러나 유다의 시드기야 왕이여 야
훼의 말씀을 들으라 야훼께서 네게
대하여 이와 같이 말씀하시니라 네
가 칼에 죽지 아니하고
5 평안히 죽을 것이며 사람이 너보다
먼저 있은 네 조상들 곧 선왕들에
게 분향하던 것 같이 네게 분향하
며 너를 위하여 애통하기를 슬프다
주여 하리니 이는 내가 말하였음이
라 야훼의 말씀이니라 하시니라
6 선지자 예레미야가 이 모든 말씀을
예루살렘에서 유다의 시드기야 왕
에게 아뢰니라
7 그 때에 바벨론의 왕의 군대가 예
루살렘과 유다의 남은 모든 성읍
들을 쳤으니 곧 라기스와 아세가라
유다의 견고한 성읍 중에 이것들만
남았음이더라

기록일 : . . .

8 시드기야 왕이 예루살렘에 있는 모
든 백성과 한 가지로 하나님 앞에
서 계약을 맺고 자유를 선포한 후
에 야훼께로부터 말씀이 예레미야
에게 임하니라
9 그 계약은 사람마다 각기 히브리
남녀 노비를 놓아 자유롭게 하고
그의 동족 유다인을 종으로 삼지
못하게 한 것이라
10 이 계약에 가담한 고관들과 모든
백성이 각기 노비를 자유롭게 하고
다시는 종을 삼지 말라 함을 듣고
순복하여 놓았더니
11 후에 그들의 뜻이 변하여 자유를
주었던 노비를 끌어다가 복종시켜
다시 노비로 삼았더라
12 그러므로 야훼의 말씀이 야훼께로
부터 예레미야에게 임하니라 이르
시되
13 이스라엘 하나님 야훼께서 이와
같이 말씀하시니라 내가 너희 선조
를 애굽 땅 종의 집에서 인도하여
낼 때에 그들과 언약을 맺으며 이
르기를
14 너희 형제 히브리 사람이 네게 팔
려 왔거든 너희는 칠 년 되는 해에
그를 놓아 줄 것이니라 그가 육 년
동안 너를 섬겼은즉 그를 놓아 자
유롭게 할지니라 하였으나 너희 선
조가 내게 순종하지 아니하며 귀를
기울이지도 아니하였느니라
15 그러나 너희는 이제 돌이켜 내 눈
앞에 바른 일을 행하여 각기 이웃
에게 자유를 선포하되 내 이름으로
일컬음을 받는 집에서 내 앞에서
계약을 맺었거늘
16 너희가 돌이켜 내 이름을 더럽히고
각기 놓아 그들의 마음대로 자유롭
게 하였던 노비를 끌어다가 다시 너
희에게 복종시켜 너희의 노비로 삼
았도다
17 그러므로 야훼께서 이와 같이 말
씀하시니라 너희가 나에게 순종하
지 아니하고 각기 형제와 이웃에게
자유를 선포한 것을 실행하지 아니
하였은즉 내가 너희를 대적하여 칼
과 전염병과 기근에게 자유를 주리
라 야훼의 말씀이니라 내가 너희를
세계 여러 나라 가운데에 흩어지게
할 것이며
18 송아지를 둘로 쪼개고 그 두 조각
사이로 지나매 내 앞에 언약을 맺
었으나 그 말을 실행하지 아니하여
내 계약을 어긴 그들을
19 곧 송아지 두 조각 사이로 지난 유
다 고관들과 예루살렘 고관들과 내
시들과 제사장들과 이 땅 모든 백
성을
20 내가 그들의 원수의 손과 그들의
생명을 찾는 자의 손에 넘기리니

기록일 : . . .

그들의 시체가 공중의 새와 땅의
짐승의 먹이가 될 것이며
21 또 내가 유다의 시드기야 왕과 그
의 고관들을 그의 원수의 손과 그
의 생명을 찾는 자의 손과 너희에
게서 떠나간 바벨론 왕의 군대의
손에 넘기리라
22 야훼의 말씀이니라 보라 내가 그들
에게 명령하여 이 성읍에 다시 오게
하리니 그들이 이 성을 쳐서 빼앗아
불사를 것이라 내가 유다의 성읍들
을 주민이 없어 처참한 황무지가 되
게 하리라

35

유다의 요시야 왕의 아들 여호야
김 때에 야훼께로부터 말씀이 예레
미야에게 임하여 이르시되
2 너는 레갑 사람들의 집에 가서 그
들에게 말하고 그들을 야훼의 집
한 방으로 데려다가 포도주를 마시
게 하라 하시니라
3 이에 내가 하바시냐의 손자요 예레
미야의 아들인 야아사냐와 그의 형
제와 그의 모든 아들과 모든 레갑
사람들을 데리고
4 야훼의 집에 이르러 익다랴의 아들
하나님의 사람 하난의 아들들의 방
에 들였는데 그 방은 고관들의 방
곁이요 문을 지키는 살룸의 아들
마아세야의 방 위더라
5 내가 레갑 사람들의 후손들 앞에
포도주가 가득한 종지와 술잔을 놓
고 마시라 권하매
6 그들이 이르되 우리는 포도주를 마
시지 아니하겠노라 레갑의 아들 우
리 선조 요나답이 우리에게 명령하
여 이르기를 너희와 너희 자손은 영
원히 포도주를 마시지 말며
7 너희가 집도 짓지 말며 파종도 하지
말며 포도원을 소유하지도 말고 너
희는 평생 동안 장막에 살아라 그
리하면 너희가 머물러 사는 땅에서
너희 생명이 길리라 하였으므로
8 우리가 레갑의 아들 우리 선조 요
나답이 우리에게 명령한 모든 말을
순종하여 우리와 우리 아내와 자녀
가 평생 동안 포도주를 마시지 아
니하며
9 살 집도 짓지 아니하며 포도원이나
밭이나 종자도 가지지 아니하고
10 장막에 살면서 우리 선조 요나답이
우리에게 명령한 대로 다 지켜 행
하였노라
11 그러나 바벨론의 느부갓네살 왕이
이 땅에 올라왔을 때에 우리가 말
하기를 갈대아인의 군대와 수리아
인의 군대를 피하여 예루살렘으로
가자 하고 우리가 예루살렘에 살았
노라
12 그 때에 야훼의 말씀이 예레미야에
게 임하여 이르시되

13 만군의 야훼 이스라엘의 하나님께
서 이와 같이 말씀하시니라 너는 가
서 유다 사람들과 예루살렘 주민에
게 이르기를 너희가 내 말을 들으
며 교훈을 받지 아니하겠느냐 야훼
의 말씀이니라
14 레갑의 아들 요나답이 그의 자손에
게 포도주를 마시지 말라 한 그 명
령은 실행되도다 그들은 그 선조의
명령을 순종하여 오늘까지 마시지
아니하거늘 내가 너희에게 말하고
끊임없이 말하여도 너희는 내게 순
종하지 아니하도다
15 내가 내 종 모든 선지자를 너희에
게 보내고 끊임없이 보내며 이르기
를 너희는 이제 각기 악한 길에서
돌이켜 행위를 고치고 다른 신을
따라 그를 섬기지 말라 그리하면
너희는 내가 너희와 너희 선조에게
준 이 땅에 살리라 하여도 너희가
귀를 기울이지 아니하며 내게 순종
하지 아니하였느니라
16 레갑의 아들 요나답의 자손은 그의
선조가 그들에게 명령한 그 명령을
지켜 행하나 이 백성은 내게 순종
하지 아니하도다
17 그러므로 만군의 야훼 이스라엘의
하나님께서 이와 같이 말씀하시니
라 보라 내가 유다와 예루살렘의
모든 주민에게 내가 그들에게 대하
여 선포한 모든 재앙을 내리리니 이
는 내가 그들에게 말하여도 듣지
아니하며 불러도 대답하지 아니함
이니라 하셨다 하라
18 예레미야가 레갑 사람의 가문에게
이르되 만군의 야훼 이스라엘의 하
나님께서 이와 같이 말씀하시기를
너희가 너희 선조 요나답의 명령을
순종하여 그의 모든 규율을 지키며
그가 너희에게 명령한 것을 행하였
도다
19 그러므로 만군의 야훼 이스라엘의
하나님께서 이와 같이 말씀하시니
라 레갑의 아들 요나답에게서 내
앞에 설 사람이 영원히 끊어지지 아
니하리라 하시니라

36 유다의 요시야 왕의 아들 여호야
김 제사년에 야훼께로부터 예레미
야에게 말씀이 임하니라 이르시되
2 너는 두루마리 책을 가져다가 내가
네게 말하던 날 곧 요시야의 날부
터 오늘까지 이스라엘과 유다와 모
든 나라에 대하여 내가 네게 일러
준 모든 말을 거기에 기록하라
3 유다 가문이 내가 그들에게 내리려
한 모든 재난을 듣고 각기 악한 길
에서 돌이키리니 그리하면 내가 그
악과 죄를 용서하리라 하시니라
4 이에 예레미야가 네리야의 아들 바
룩을 부르매 바룩이 예레미야가 불

기록일 : . . .

려 주는 대로 야훼께서 그에게 이
르신 모든 말씀을 두루마리 책에
기록하니라
5 예레미야가 바룩에게 명령하여 이
르되 나는 붙잡혔으므로 야훼의 집
에 들어갈 수 없으니
6 너는 들어가서 내가 말한 대로 두
루마리에 기록한 야훼의 말씀을 금
식일에 야훼의 성전에 있는 백성의
귀에 낭독하고 유다 모든 성읍에서
온 자들의 귀에도 낭독하라
7 그들이 야훼 앞에 기도를 드리며
각기 악한 길을 떠나리라 야훼께서
이 백성에 대하여 선포하신 노여움
과 분이 크니라
8 네리야의 아들 바룩이 선지자 예레
미야가 자기에게 명령한 대로 하여
야훼의 성전에서 책에 있는 야훼의
모든 말씀을 낭독하니라
9 유다의 요시야 왕의 아들 여호야김
의 제오년 구월에 예루살렘 모든
백성과 유다 성읍들에서 예루살렘
에 이른 모든 백성이 야훼 앞에서
금식을 선포한지라
10 바룩이 야훼의 성전 위뜰 곧 야훼
의 성전에 있는 새 문 어귀 곁에 있
는 사반의 아들 서기관 그마랴의
방에서 그 책에 기록된 예레미야의
말을 모든 백성에게 낭독하니라
11 사반의 손자요 그마랴의 아들인 미
가야가 그 책에 기록된 야훼의 말
씀을 다 듣고
12 왕궁에 내려가서 서기관의 방에 들
어가니 모든 고관 곧 서기관 엘리
사마와 스마야의 아들 들라야와 악
볼의 아들 엘라단과 사반의 아들
그마랴와 하나냐의 아들 시드기야
와 모든 고관이 거기에 앉아 있는
지라
13 미가야가 바룩이 백성의 귀에 책을
낭독할 때에 들은 모든 말을 그들
에게 전하매
14 이에 모든 고관이 구시의 증손 셀
레먀의 손자 느다냐의 아들 여후디
를 바룩에게 보내 이르되 너는 백
성의 귀에 낭독한 두루마리를 손에
가지고 오라 네리야의 아들 바룩이
두루마리를 손에 가지고 그들에게
로 오니
15 그들이 바룩에게 이르되 앉아서 이
를 우리 귀에 낭독하라 바룩이 그
들의 귀에 낭독하매
16 그들이 그 모든 말씀을 듣고 놀라
서로 보며 바룩에게 이르되 우리가
이 모든 말을 왕에게 아뢰리라
17 그들이 또 바룩에게 물어 이르되
너는 그가 불러 주는 이 모든 말을
어떻게 기록하였느냐 청하노니 우
리에게 알리라
18 바룩이 대답하되 그가 그의 입으로

기록일 : . . .

이 모든 말을 내게 불러 주기로 내
가 먹으로 책에 기록하였노라
19 이에 고관들이 바룩에게 이르되 너
는 가서 예레미야와 함께 숨고 너
희가 있는 곳을 사람에게 알리지
말라 하니라
20 그들이 두루마리를 서기관 엘리사
마의 방에 두고 뜰에 들어가 왕께
나아가서 이 모든 말을 왕의 귀에
아뢰니
21 왕이 여후디를 보내어 두루마리를
가져오게 하매 여후디가 서기관 엘
리사마의 방에서 가져다가 왕과 왕
의 곁에 선 모든 고관의 귀에 낭독
하니
22 그 때는 아홉째 달이라 왕이 겨울
궁전에 앉았고 그 앞에는 불 피운
화로가 있더라
23 여후디가 서너 쪽을 낭독하면 왕이
면도칼로 그것을 연하여 베어 화로
불에 던져서 두루마리를 모두 태웠
더라
24 왕과 그의 신하들이 이 모든 말을
듣고도 두려워하거나 자기들의 옷
을 찢지 아니하였고
25 엘라단과 들라야와 그마랴가 왕께
두루마리를 불사르지 말도록 아뢰
어도 왕이 듣지 아니하였으며
26 왕이 왕의 아들 여라므엘과 아스리
엘의 아들 스라야와 압디엘의 아들
셀레먀에게 명령하여 서기관 바룩
과 선지자 예레미야를 잡으라 하였
으나 야훼께서 그들을 숨기셨더라
27 왕이 두루마리와 바룩이 예레미야
의 입을 통해 기록한 말씀을 불사
른 후에 야훼의 말씀이 예레미야에
게 임하니라 이르시되
28 너는 다시 다른 두루마리를 가지고
유다의 여호야김 왕이 불사른 첫
두루마리의 모든 말을 기록하고
29 또 유다의 여호야김 왕에 대하여
이와 같이 말하기를 야훼의 말씀에
네가 이 두루마리를 불사르며 말하
기를 네가 어찌하여 바벨론의 왕이
반드시 와서 이 땅을 멸하고 사람
과 짐승을 이 땅에서 없어지게 하리
라 하는 말을 이 두루마리에 기록
하였느냐 하도다
30 그러므로 야훼께서 유다의 왕 여호
야김에 대하여 이와 같이 말씀하시
니라 그에게 다윗의 왕위에 앉을
자가 없게 될 것이요 그의 시체는
버림을 당하여 낮에는 더위, 밤에는
추위를 당하리라
31 또 내가 그와 그의 자손과 신하들
을 그들의 죄악으로 말미암아 벌할
것이라 내가 일찍이 그들과 예루살
렘 주민과 유다 사람에게 그 모든
재난을 내리리라 선포하였으나 그
들이 듣지 아니하였느니라

기록일 : . . .

32 이에 예레미야가 다른 두루마리를
가져다가 네리야의 아들 서기관 바
룩에게 주매 그가 유다의 여호야
김 왕이 불사른 책의 모든 말을 예
레미야가 전하는 대로 기록하고 그
외에도 그 같은 말을 많이 더 하였
더라

37 요시야의 아들 시드기야가 여호
야김의 아들 고니야의 뒤를 이어
왕이 되었으니 이는 바벨론의 느부
갓네살 왕이 그를 유다 땅의 왕으
로 삼음이었더라
2 그와 그의 신하와 그의 땅 백성이
야훼께서 선지자 예레미야에게 하
신 말씀을 듣지 아니하니라
3 시드기야 왕이 셀레먀의 아들 여후
갈과 마아세야의 아들 제사장 스바
냐를 선지자 예레미야에게 보내 청
하되 너는 우리를 위하여 우리 하
나님 야훼께 기도하라 하였으니
4 그 때에 예레미야가 갇히지 아니하
였으므로 백성 가운데 출입하는 중
이었더라
5 바로의 군대가 애굽에서 나오매
예루살렘을 에워쌌던 갈대아인이
그 소문을 듣고 예루살렘에서 떠
났더라
6 야훼의 말씀이 선지자 예레미야에
게 임하여 이르시되
7 이스라엘의 하나님 야훼께서 이와
같이 말씀하시니라 너희를 보내어
내게 구하게 한 유다의 왕에게 아
뢰라 너희를 도우려고 나왔던 바로
의 군대는 자기 땅 애굽으로 돌아
가겠고
8 갈대아인이 다시 와서 이 성을 쳐서
빼앗아 불사르리라
9 야훼께서 이와 같이 말씀하시니라
너희는 스스로 속여 말하기를 갈대
아인이 반드시 우리를 떠나리라 하
지 말라 그들이 떠나지 아니하리라
10 가령 너희가 너희를 치는 갈대아인
의 온 군대를 쳐서 그 중에 부상자
만 남긴다 할지라도 그들이 각기 장
막에서 일어나 이 성을 불사르리라
11 갈대아인의 군대가 바로의 군대를
두려워하여 예루살렘에서 떠나매
12 예레미야가 베냐민 땅에서 백성 가
운데 분깃을 받으려고 예루살렘을
떠나 그리로 가려 하여
13 베냐민 문에 이른즉 하나냐의 손자
요 셀레먀의 아들인 이리야라 이름
하는 문지기의 우두머리가 선지자
예레미야를 붙잡아 이르되 네가 갈
대아인에게 항복하려 하는도다
14 예레미야가 이르되 거짓이다 나는
갈대아인에게 항복하려 하지 아니
하노라 이리야가 듣지 아니하고 예
레미야를 잡아 고관들에게로 끌어
가매

기록일 : . . .

15 고관들이 노여워하여 예레미야를
때려서 서기관 요나단의 집에 가두
었으니 이는 그들이 이 집을 옥으로
삼았음이더라
16 예레미야가 뜰껑 씌운 웅덩이에 들
어간 지 여러 날 만에
17 시드기야 왕이 사람을 보내어 그를
이끌어내고 왕궁에서 그에게 비밀
히 물어 이르되 야훼께로부터 받은
말씀이 있느냐 예레미야가 대답하
되 있나이다 또 이르되 왕이 바벨
론의 왕의 손에 넘겨지리이다
18 예레미야가 다시 시드기야 왕에게
이르되 내가 왕에게나 왕의 신하에
게나 이 백성에게 무슨 죄를 범하
였기에 나를 옥에 가두었나이까
19 바벨론의 왕이 와서 왕과 이 땅을
치지 아니하리라고 예언한 왕의 선
지자들이 이제 어디 있나이까
20 내 주 왕이여 이제 청하건대 내게
들으시며 나의 탄원을 받으사 나를
서기관 요나단의 집으로 돌려보내
지 마옵소서 내가 거기에서 죽을까
두려워하나이다
21 이에 시드기야 왕이 명령하여 예레
미야를 감옥 뜰에 두고 떡 만드는
자의 거리에서 매일 떡 한 개씩 그
에게 주게 하매 성중에 떡이 떨어
질 때까지 이르니라 예레미야가 감
옥 뜰에 머무니라

38

맛단의 아들 스바다와 바스훌의
아들 그다랴와 셀레먀의 아들 유
갈과 말기야의 아들 바스훌이 예레
미야가 모든 백성에게 이르는 말을
들은즉 이르기를
2 야훼께서 이와 같이 말씀하시되 이
성에 머무는 자는 칼과 기근과 전
염병에 죽으리라 그러나 갈대아인
에게 항복하는 자는 살리니 그는
노략물을 얻음 같이 자기의 목숨을
건지리라
3 야훼께서 이와 같이 말씀하시니라
이 성이 반드시 바벨론의 왕의 군
대의 손에 넘어가리니 그가 차지하
리라 하셨다 하는지라
4 이에 그 고관들이 왕께 아뢰되 이
사람이 백성의 평안을 구하지 아니
하고 재난을 구하오니 청하건대 이
사람을 죽이소서 그가 이같이 말하
여 이 성에 남은 군사의 손과 모든
백성의 손을 약하게 하나이다
5 시드기야 왕이 이르되 보라 그가
너희 손 안에 있느니라 왕은 조금
도 너희를 거스를 수 없느니라 하
는지라
6 그들이 예레미야를 끌어다가 감옥
뜰에 있는 왕의 아들 말기야의 구
덩이에 던져 넣을 때에 예레미야를
줄로 달아내렸는데 그 구덩이에는
물이 없고 진창뿐이므로 예레미야

기록일 : . . .

가 진창 속에 빠졌더라
7 왕궁 내시 구스인 에벳멜렉이 그들
이 예레미야를 구덩이에 던져 넣었
음을 들으니라 그 때에 왕이 베냐
민 문에 앉았더니
8 에벳멜렉이 왕궁에서 나와 왕께 아
뢰어 이르되
9 내 주 왕이여 저 사람들이 선지자
예레미야에게 행한 모든 일은 악
하니이다 성 중에 떡이 떨어졌거늘
그들이 그를 구덩이에 던져 넣었으
니 그가 거기에서 굶어 죽으리이다
하니
10 왕이 구스 사람 에벳멜렉에게 명령
하여 이르되 너는 여기서 삼십 명을
데리고 가서 선지자 예레미야가 죽
기 전에 그를 구덩이에서 끌어내라
11 에벳멜렉이 사람들을 데리고 왕궁
곳간 밑 방에 들어가서 거기에서 헝
겊과 낡은 옷을 가져다가 그것을
구덩이에 있는 예레미야에게 밧줄
로 내리며
12 구스인 에벳멜렉이 예레미야에게
이르되 당신은 이 헝겊과 낡은 옷
을 당신의 겨드랑이에 대고 줄을
그 아래에 대시오 예레미야가 그대
로 하매
13 그들이 줄로 예레미야를 구덩이에
서 끌어낸지라 예레미야가 시위대
뜰에 머무니라
14 시드기야 왕이 사람을 보내어 선지
자 예레미야를 야훼의 성전 셋째
문으로 데려오게 하고 왕이 예레미
야에게 이르되 내가 네게 한 가지
일을 물으리니 한 마디도 내게 숨
기지 말라
15 예레미야가 시드기야에게 이르되
내가 이 일을 왕에게 아시게 하여
도 왕이 결코 나를 죽이지 아니하시
리이까 가령 내가 왕을 권한다 할
지라도 왕이 듣지 아니하시리이다
16 시드기야 왕이 비밀히 예레미야에
게 맹세하여 이르되 우리에게 이
영혼을 지으신 야훼께서 살아 계심
을 두고 맹세하노니 내가 너를 죽
이지도 아니하겠으며 네 생명을 찾
는 그 사람들의 손에 넘기지도 아
니하리라 하는지라
17 예레미야가 시드기야에게 이르되
만군의 하나님이신 이스라엘의 하
나님 야훼께서 이와 같이 말씀하시
되 네가 만일 바벨론의 왕의 고관
들에게 항복하면 네 생명이 살겠고
이 성이 불사름을 당하지 아니하겠
고 너와 네 가족이 살려니와
18 네가 만일 나가서 바벨론의 왕의
고관들에게 항복하지 아니하면 이
성이 갈대아인의 손에 넘어가리니
그들이 이 성을 불사를 것이며 너는
그들의 손을 벗어나지 못하리라 하

기록일 : . . .

셨나이다
19 시드기야 왕이 예레미야에게 이르
되 나는 갈대아인에게 항복한 유다
인을 두려워하노라 염려하건대 갈
대아인이 나를 그들의 손에 넘기면
그들이 나를 조롱할까 하노라 하는
지라
20 예레미야가 이르되 그 무리가 왕을
그들에게 넘기지 아니하리이다 원
하옵나니 내가 왕에게 아뢴 바 야
훼의 목소리에 순종하소서 그리하
면 왕이 복을 받아 생명을 보전하
시리이다
21 그러나 만일 항복하기를 거절하시
면 야훼께서 내게 보이신 말씀대로
되리이다
22 보라 곧 유다 왕궁에 남아 있는 모
든 여자가 바벨론 왕의 고관들에게
로 끌려갈 것이요 그 여자들은 네
게 말하기를 네 친구들이 너를 꾀
어 이기고 네 발이 진흙에 빠짐을
보고 물러갔도다 하리라
23 네 아내들과 자녀는 갈대아인에게
로 끌려가겠고 너는 그들의 손에서
벗어나지 못하고 바벨론 왕의 손에
잡히리라 또 네가 이 성읍으로 불
사름을 당하게 하리라 하셨나이다
24 시드기야가 예레미야에게 이르되
너는 이 말을 어느 사람에게도 알
리지 말라 그리하면 네가 죽지 아니
하리라
25 만일 고관들이 내가 너와 말하였다
함을 듣고 와서 네게 말하기를 네
가 왕에게 말씀한 것을 우리에게
전하라 우리에게 숨기지 말라 그리
하면 우리가 너를 죽이지 아니하리
라 또 왕이 네게 말씀한 것을 전하
라 하거든
26 그들에게 대답하되 내가 왕 앞에
간구하기를 나를 요나단의 집으로
되돌려 보내지 마소서 그리하여 거
기서 죽지 않게 하옵소서 하였다
하라 하니라
27 모든 고관이 예레미야에게 와서 물
으매 그가 왕이 명령한 모든 말대
로 대답하였으므로 일이 탄로되지
아니하였고 그들은 그와 더불어 말
하기를 그쳤더라
28 예레미야가 예루살렘이 함락되는
날까지 감옥 뜰에 머물렀더라

39 유다의 시드기야 왕의 제구년 열
째 달에 바벨론의 느부갓네살 왕과
그의 모든 군대가 와서 예루살렘을
에워싸고 치더니
2 시드기야의 제십일년 넷째 달 아홉
째 날에 성이 함락되니라 예루살렘
이 함락되매
3 바벨론의 왕의 모든 고관이 나타나
중문에 앉으니 곧 네르갈사레셀과
삼갈네부와 내시장 살스김이니 네

기록일 : . . .

르갈사레셀은 궁중 장관이며 바벨
론의 왕의 나머지 고관들도 있더라
4 유다의 시드기야 왕과 모든 군사
가 그들을 보고 도망하되 밤에 왕
의 동산 길을 따라 두 담 샛문을
통하여 성읍을 벗어나서 아라바로
갔더니
5 갈대아인의 군대가 그들을 따라 여
리고 평원에서 시드기야에게 미쳐
그를 잡아서 데리고 하맛 땅 리블
라에 있는 바벨론의 느부갓네살 왕
에게로 올라가매 왕이 그를 심문하
였더라
6 바벨론의 왕이 리블라에서 시드기
야의 눈 앞에서 그의 아들들을 죽
였고 왕이 또 유다의 모든 귀족을
죽였으며
7 왕이 또 시드기야의 눈을 빼게 하
고 바벨론으로 옮기려고 사슬로 결
박하였더라
8 갈대아인들이 왕궁과 백성의 집을
불사르며 예루살렘 성벽을 헐었고
9 사령관 느부사라단이 성중에 남아
있는 백성과 자기에게 항복한 자와
그 외의 남은 백성을 잡아 바벨론
으로 옮겼으며
10 사령관 느부사라단이 아무 소유가
없는 빈민을 유다 땅에 남겨 두고
그 날에 포도원과 밭을 그들에게
주었더라
11 바벨론의 느부갓네살 왕이 예레미
야에 대하여 사령관 느부사라단에
게 명령하여 이르되
12 그를 데려다가 선대하고 해하지 말
며 그가 네게 말하는 대로 행하라
13 이에 사령관 느부사라단과 내시장
느부사스반과 궁중 장관 네르갈사
레셀과 바벨론 왕의 모든 장관이
14 사람을 보내어 예레미야를 감옥 뜰
에서 데리고 사반의 손자 아히감의
아들 그다랴에게 넘겨서 그를 집으
로 데려가게 하매 그가 백성 가운
데에 사니라
15 예레미야가 감옥 뜰에 갇혔을 때에
야훼의 말씀이 그에게 임하니라 이
르시되
16 너는 가서 구스인 에벳멜렉에게 말
하기를 만군의 야훼 이스라엘의 하
나님의 말씀에 내가 이 성에 재난
을 내리고 복을 내리지 아니하리라
한 나의 말이 그 날에 네 눈 앞에
이루리라
17 야훼의 말씀이니라 내가 그 날에
너를 구원하리니 네가 그 두려워하
는 사람들의 손에 넘겨지지 아니하
리라
18 내가 반드시 너를 구원할 것인즉
네가 칼에 죽지 아니하고 네가 노
략물 같이 네 목숨을 얻을 것이니
이는 네가 나를 믿었음이라 야훼의

기록일 : . . .

말씀이니라 하시더라

40 사령관 느부사라단이 예루살렘과
유다의 포로를 바벨론으로 옮기는
중에 예레미야도 잡혀 사슬로 결박
되어 가다가 라마에서 풀려난 후에
말씀이 야훼께로부터 예레미야에게
임하니라
2 사령관이 예레미야를 불러다가 이
르되 네 하나님 야훼께서 이 곳에
이 재난을 선포하시더니
3 야훼께서 그가 말씀하신 대로 행하
셨으니 이는 너희가 야훼께 범죄하
고 그의 목소리에 순종하지 아니하
였으므로 이제 이루어졌도다 이 일
이 너희에게 임한 것이니라
4 보라 내가 오늘 네 손의 사슬을 풀
어 너를 풀어 주노니 만일 네가 나
와 함께 바벨론으로 가는 것을 좋
게 여기거든 가자 내가 너를 선대
하리라 만일 나와 함께 바벨론으로
가는 것을 좋지 않게 여기거든 그
만 두라 보라 온 땅이 네 앞에 있나
니 네가 좋게 여기는 대로 옳게 여
기는 곳으로 갈지니라 하니라
5 예레미야가 아직 돌이키기 전에 그
가 다시 이르되 너는 바벨론의 왕
이 유다 성읍들을 맡도록 세운 사
반의 손자 아히감의 아들 그다랴에
게로 돌아가서 그와 함께 백성 가
운데 살거나 네가 옳게 여기는 곳
으로 가거나 할지니라 하고 그 사
령관이 그에게 양식과 선물을 주어
보내매
6 예레미야가 미스바로 가서 아히감
의 아들 그다랴에게로 나아가서 그
땅에 남아 있는 백성 가운데서 그
와 함께 사니라
7 들에 있는 모든 지휘관과 그 부하
들이 바벨론의 왕이 아히감의 아들
그다랴에게 그 땅을 맡기고 남녀와
유아과 바벨론으로 잡혀가지 아니
한 빈민을 그에게 위임하였다 함을
듣고
8 그들 곧 느다냐의 아들 이스마엘과
가레아의 두 아들 요하난과 요나단
과 단후멧의 아들 스라야와 느도바
사람 에배의 아들들과 마아가 사람
의 아들 여사냐와 그들의 사람들이
미스바로 가서 그다랴에게 이르니
9 사반의 손자 아히감의 아들 그다랴
가 그들과 그들의 사람들에게 맹세
하며 이르되 너희는 갈대아 사람을
섬기기를 두려워하지 말고 이 땅에
살면서 바벨론의 왕을 섬기라 그리
하면 너희에게 유익하리라
10 보라 나는 미스바에 살면서 우리에
게로 오는 갈대아 사람을 섬기리니
너희는 포도주와 여름 과일과 기름
을 모아 그릇에 저장하고 너희가
얻은 성읍들에 살라 하니라

기록일 : . . .

11 모압과 암몬 자손 중과 에돔과 모
든 지방에 있는 유다 사람도 바벨
론의 왕이 유다에 사람을 남겨 두
것과 사반의 손자 아히감의 아들
그다랴를 그들을 위하여 세웠다 함
을 듣고
12 그 모든 유다 사람이 쫓겨났던 각
처에서 돌아와 유다 땅 미스바에
사는 그다랴에게 이르러 포도주와
여름 과일을 심히 많이 모으니라
13 가레아의 아들 요하난과 들에 있던
모든 군 지휘관들이 미스바에 사는
그다랴에게 이르러
14 그에게 이르되 암몬 자손의 왕 바
알리스가 네 생명을 빼앗으려 하여
느다냐의 아들 이스마엘을 보낸 줄
네가 아느냐 하되 아히감의 아들
그다랴가 믿지 아니한지라
15 가레아의 아들 요하난이 미스바에
서 그다랴에게 비밀히 말하여 이르
되 청하노니 내가 가서 사람이 모
르게 느다냐의 아들 이스마엘을 죽
이게 하라 어찌하여 그가 네 생명
을 빼앗게 하여 네게 모인 모든 유
다 사람을 흩어지게 하며 유다의
남은 자로 멸망을 당하게 하랴 하
니라
16 그러나 아히감의 아들 그다랴가 가
레아의 아들 요하난에게 이르되 네
가 이 일을 행하지 말 것이니라 네
가 이스마엘에 대하여 한 말은 진
정이 아니니라 하니라

41

일곱째 달에 왕의 종친 엘리사마
의 손자요 느다냐의 아들로서 왕의
장관인 이스마엘이 열 사람과 함께
미스바로 가서 아히감의 아들 그다
랴에게 이르러 미스바에서 함께 떡
을 먹다가
2 느다냐의 아들 이스마엘과 그와 함
께 있던 열 사람이 일어나서 바벨론
의 왕의 그 땅을 위임했던 사반의
손자 아히감의 아들 그다랴를 칼로
쳐죽였고
3 이스마엘이 또 미스바에서 그다랴
와 함께 있던 모든 유다 사람과 거
기에 있는 갈대아 군사를 죽였더라
4 그가 그다랴를 죽인 지 이틀이 되
었어도 이를 아는 사람이 없었더라
5 그 때에 사람 팔십 명이 자기들의
수염을 깎고 옷을 찢고 몸에 상처
를 내고 손에 소제물과 유향을 가
지고 세겜과 실로와 사마리아로부
터 와서 야훼의 성전으로 나아가려
한지라
6 느다냐의 아들 이스마엘이 그들을
영접하러 미스바에서 나와 울면서
가다가 그들을 만나 아히감의 아들
그다랴에게로 가자 하더라
7 그들이 성읍 중앙에 이를 때에 느
다냐의 아들 이스마엘이 자기와 함

기록일 : . . .

께 있던 사람들과 더불어 그들을
죽여 구덩이 가운데에 던지니라
8 그 중의 열 사람은 이스마엘에게
이르기를 우리가 밀과 보리와 기름
과 꿀을 밭에 감추었으니 우리를
죽이지 말라 하니 그가 그치고 그
들을 그의 형제와 마찬가지로 죽이
지 아니하였더라
9 이스마엘이 그다랴에게 속한 사람
들을 죽이고 그 시체를 던진 구덩
이는 아사 왕이 이스라엘의 바아사
왕을 두려워하여 팠던 것이라 느다
냐의 아들 이스마엘이 그가 쳐죽인
사람들의 시체를 거기에 채우고
10 미스바에 남아 있는 왕의 딸들과
모든 백성 곧 사령관 느부사라단이
아히감의 아들 그다랴에게 위임하
였던 바 미스바에 남아 있는 모든
백성을 이스마엘이 사로잡되 곧 느
다냐의 아들 이스마엘이 그들을 사
로잡고 암몬 자손에게로 가려고 떠
나니라
11 가레아의 아들 요하난과 그와 함
께 있는 모든 군 지휘관이 느다냐
의 아들 이스마엘이 행한 모든 악
을 듣고
12 모든 사람을 데리고 느다냐의 아들
이스마엘과 싸우러 가다가 기브온
큰 물 가에서 그를 만나매
13 이스마엘과 함께 있던 모든 백성이
가레아의 아들 요하난과 그와 함께
있던 모든 군 지휘관을 보고 기뻐
한지라
14 이에 미스바에서 이스마엘이 사로
잡은 그 모든 백성이 돌이켜 가레
아의 아들 요하난에게로 돌아가니
15 느다냐의 아들 이스마엘이 여덟 사
람과 함께 요하난을 피하여 암몬
자손에게로 가니라
16 가레아의 아들 요하난과 그와 함
께 있던 모든 군 지휘관이 느다냐
의 아들 이스마엘이 아히감의 아들
그다랴를 죽이고 미스바에서 잡아
간 모든 남은 백성 곧 군사와 여자
와 유아와 내시를 기브온에서 빼앗
아 가지고 돌아와서
17 애굽으로 가려고 떠나 베들레헴 근
처에 있는 게롯김함에 머물렀으니
18 이는 느다냐의 아들 이스마엘이 바
벨론의 왕이 그 땅을 위임한 아히
감의 아들 그다랴를 죽였으므로 그
들이 갈대아 사람을 두려워함이었
더라

42 이에 모든 군대의 지휘관과 가레
아의 아들 요하난과 호사야의 아들
여사냐와 백성의 낮은 자로부터 높
은 자까지 다 나아와
2 선지자 예레미야에게 이르되 당신
은 우리의 탄원을 듣고 이 남아 있
는 모든 자를 위하여 당신의 하나

님 야훼께 기도해 주소서 당신이
보는 바와 같이 우리는 많은 사람
중에서 남은 적은 무리이니
3 당신의 하나님 야훼께서 우리가 마
땅히 갈 길과 할 일을 보이시기를
원하나이다
4 선지자 예레미야가 그들에게 이르
되 내가 너희 말을 들었은즉 너희
말대로 너희 하나님 야훼께 기도하
고 무릇 야훼께서 너희에게 응답하
시는 것을 숨김이 없이 너희에게 말
하리라
5 그들이 예레미야에게 이르되 우리
가 당신의 하나님 야훼께서 당신을
보내사 우리에게 이르시는 모든 말
씀대로 행하리이다 야훼께서는 우
리 가운데에 진실하고 성실한 증인
이 되시옵소서
6 우리가 당신을 우리 하나님 야훼께
보냄은 그의 목소리가 우리에게 좋
든지 좋지 않든지를 막론하고 순
종하려 함이라 우리가 우리 하나님
야훼의 목소리를 순종하면 우리에
게 복이 있으리이다 하니라
7 십일 후에 야훼의 말씀이 예레미야
에게 임하니
8 그가 가레아의 아들 요하난과 그와
함께 있는 모든 군 지휘관과 백성
의 낮은 자로부터 높은 자까지 다
부르고
9 그들에게 이르되 너희가 나를 보내
어 너희의 간구를 이스라엘의 하나
님 야훼께 드리게 하지 아니하였느
냐 그가 이렇게 이르니라
10 너희가 이 땅에 눌러 앉아 산다면
내가 너희를 세우고 헐지 아니하며
너희를 심고 뽑지 아니하리니 이는
내가 너희에게 내린 재난에 대하여
뜻을 돌이킴이라
11 야훼의 말씀이니라 너희는 너희
가 두려워하는 바벨론의 왕을 겁내
지 말라 내가 너희와 함께 있어 너
희를 구원하며 그의 손에서 너희를
건지리니 두려워하지 말라
12 내가 너희를 불쌍히 여기리니 그도
너희를 불쌍히 여겨 너희를 너희
본향으로 돌려보내리라 하셨느니라
13 그러나 만일 너희가 너희 하나님
야훼의 말씀을 복종하지 아니하고
말하기를 우리는 이 땅에 살지 아
니하리라 하며
14 또 너희가 말하기를 아니라 우리는
전쟁도 보이지 아니하며 나팔 소리
도 들리지 아니하며 양식의 궁핍도
당하지 아니하는 애굽 땅으로 들어
가 살리라 하면 잘못되리라
15 너희 유다의 남은 자여 이제 야훼
의 말씀을 들으라 만군의 야훼 이
스라엘의 하나님께서 이와 같이 말
씀하시되 너희가 만일 애굽에 들어

기록일 : . . .

가서 거기에 살기로 고집하면
16 너희가 두려워하는 칼이 애굽 땅으
로 따라가서 너희에게 미칠 것이요
너희가 두려워하는 기근이 애굽으
로 급히 따라가서 너희에게 임하리
니 너희가 거기에서 죽을 것이라
17 무릇 애굽으로 들어가서 거기에 머
물러 살기로 고집하는 모든 사람은
이와 같이 되리니 곧 칼과 기근과
전염병에 죽을 것인즉 내가 그들에
게 내리는 재난을 벗어나서 남을
자 없으리라
18 만군의 야훼 이스라엘의 하나님께
서 이와 같이 말씀하시되 나의 노
여움과 분을 예루살렘 주민에게 부
은 것 같이 너희가 애굽에 이를 때
에 나의 분을 너희에게 부으리니
너희가 가증함과 놀램과 저주와 치
욕 거리가 될 것이라 너희가 다시는
이 땅을 보지 못하리라 하시도다
19 유다의 남은 자들아 야훼께서 너희
를 두고 하신 말씀에 너희는 애굽
으로 가지 말라 하셨고 나도 오늘
너희에게 경고한 것을 너희는 분명
히 알라
20 너희가 나를 너희 하나님 야훼께
보내며 이르기를 우리를 위하여 우
리 하나님 야훼께 기도하고 우리
하나님 야훼께서 말씀하신 대로 우
리에게 전하라 우리가 그대로 행하
리라 하여 너희 마음을 속였느니라
21 너희 하나님 야훼께서 나를 보내사
너희에게 명하신 말씀을 내가 오늘
너희에게 전하였어도 너희가 너희
하나님 야훼의 목소리를 도무지 순
종하지 아니하였은즉
22 너희가 가서 머물려고 하는 곳에서
칼과 기근과 전염병에 죽을 줄 분
명히 알지니라

43 예레미야가 모든 백성에게 그들
의 하나님 야훼의 말씀 곧 그들의
하나님 야훼께서 자기를 보내사 그
들에게 이르신 이 모든 말씀을 말
하기를 마치니
2 호사야의 아들 아사랴와 가레아의
아들 요하난과 모든 오만한 자가
예레미야에게 말하기를 네가 거짓
을 말하는도다 우리 하나님 야훼께
서 너희는 애굽에서 살려고 그리로
가지 말라고 너를 보내어 말하게
하지 아니하셨느니라
3 이는 네리야의 아들 바룩이 너를
부추겨서 우리를 대적하여 갈대아
사람의 손에 넘겨 죽이며 바벨론으
로 붙잡아가게 하려 함이라
4 이에 가레아의 아들 요하난과 모
든 군 지휘관과 모든 백성이 유다
땅에 살라 하시는 야훼의 목소리를
순종하지 아니하고
5 가레아의 아들 요하난과 모든 군

지휘관이 유다의 남은 자 곧 쫓겨
났던 여러 나라 가운데에서 유다
땅에 살려 하여 돌아온 자
6 곧 남자와 여자와 유아와 왕의 딸
들과 사령관 느부사라단이 사반의
손자 아히감의 아들 그다랴에게 맡
겨 둔 모든 사람과 선지자 예레미야
와 네리야의 아들 바룩을 거느리고
7 애굽 땅에 들어가 다바네스에 이르
렀으니 그들이 야훼의 목소리를 순
종하지 아니함이러라
8 다바네스에서 야훼의 말씀이 예레
미야에게 임하여 이르시되
9 너는 유다 사람의 눈 앞에서 네 손
으로 큰 돌 여러 개를 가져다가 다
바네스에 있는 바로의 궁전 대문
의 벽돌로 쌓은 축대에 진흙으로
감추라
10 그리고 너는 그들에게 말하기를 만
군의 야훼 이스라엘의 하나님께서
이와 같이 말씀하시되 보라 내가
내 종 바벨론의 느부갓네살 왕을
불러오리니 그가 그의 왕좌를 내가
감추게 한 이 돌들 위에 놓고 또 그
화려한 큰 장막을 그 위에 치리라
11 그가 와서 애굽 땅을 치고 죽일 자
는 죽이고 사로잡을 자는 사로잡고
칼로 칠 자는 칼로 칠 것이라
12 내가 애굽 신들의 신당들을 불지르
리라 느부갓네살이 그들을 불사르
며 그들을 사로잡을 것이요 목자가
그의 몸에 옷을 두름 같이 애굽 땅
을 자기 몸에 두르고 평안히 그 곳
을 떠날 것이며
13 그가 또 애굽 땅 벧세메스의 석상
들을 깨뜨리고 애굽 신들의 신당들
을 불사르리라 하셨다 할지니라 하
시니라

44

애굽 땅에 사는 모든 유다 사람
곧 믹돌과 다바네스와 놉과 바드로
스 지방에 사는 자에 대하여 말씀이
예레미야에게 임하니라 이르시되
2 만군의 야훼 이스라엘의 하나님께
서 이와 같이 말씀하시니라 너희가
예루살렘과 유다 모든 성읍에 내린
나의 모든 재난을 보았느니라 보라
오늘 그것들이 황무지가 되었고 사
는 사람이 없나니
3 이는 그들이 자기나 너희나 너희
조상들이 알지 못하는 다른 신들
에게 나아가 분향하여 섬겨서 나의
노여움을 일으킨 악행으로 말미암
음이라
4 내가 나의 모든 종 선지자들을 너
희에게 보내되 끊임없이 보내어 이
르기를 너희는 내가 미워하는 이
가증한 일을 행하지 말라 하였으나
5 그들이 듣지 아니하며 귀를 기울이
지 아니하고 다른 신들에게 여전히
분향하여 그들의 악에서 돌이키지

기록일 :　　.　　.　　.

아니하였으므로
6 나의 분과 나의 노여움을 쏟아서
유다 성읍들과 예루살렘 거리를 불
살랐더니 그것들이 오늘과 같이 폐
허와 황무지가 되었느니라
7 만군의 하나님 이스라엘의 하나님
야훼께서 이와 같이 말씀하셨느니
라 너희가 어찌하여 큰 악을 행하
여 자기 영혼을 해하며 유다 가운
데에서 너희의 남자와 여자와 아이
와 젖 먹는 자를 멸절하여 남은 자
가 없게 하려느냐
8 어찌하여 너희가 너희 손이 만든
것으로 나의 노여움을 일으켜 너희
가 가서 머물러 사는 애굽 땅에서
다른 신들에게 분향함으로 끊어 버
림을 당하여 세계 여러 나라 가운
데에서 저주와 수치 거리가 되고자
하느냐
9 너희가 유다 땅과 예루살렘 거리에
서 행한 너희 조상들의 악행과 유
다 왕들의 악행과 왕비들의 악행과
너희의 악행과 너희 아내들의 악행
을 잊었느냐
10 그들이 오늘까지 겸손하지 아니하
며 두려워하지도 아니하고 내가 너
희와 너희 조상들 앞에 세운 나의
율법과 나의 법규를 지켜 행하지
아니하느니라
11 그러므로 만군의 야훼 이스라엘의
하나님께서 이와 같이 말씀하시니
라 보라 내가 얼굴을 너희에게로
향하여 환난을 내리고 온 유다를
끊어 버릴 것이며
12 내가 또 애굽 땅에 머물러 살기로
고집하고 그리로 들어간 유다의 남
은 자들을 처단하리니 그들이 다
멸망하여 애굽 땅에서 엎드러질 것
이라 그들이 칼과 기근에 망하되
낮은 자로부터 높은 자까지 칼과
기근에 죽어서 저주와 놀램과 조롱
과 수치의 대상이 되리라
13 내가 예루살렘을 벌한 것 같이 애
굽 땅에 사는 자들을 칼과 기근과
전염병으로 벌하리니
14 애굽 땅에 들어가서 거기에 머물러
살려는 유다의 남은 자 중에 피하
거나 살아 남아 소원대로 돌아와서
살고자 하여 유다 땅에 돌아올 자
가 없을 것이라 도망치는 자들 외
에는 돌아올 자가 없으리라 하셨느
니라
15 그리하여 자기 아내들이 다른 신들
에게 분향하는 줄을 아는 모든 남
자와 곁에 섰던 모든 여인 곧 애굽
땅 바드로스에 사는 모든 백성의
큰 무리가 예레미야에게 대답하여
이르되
16 네가 야훼의 이름으로 우리에게 하
는 말을 우리가 듣지 아니하고

기록일 : . . .

17 우리 입에서 낸 모든 말을 반드시
실행하여 우리가 본래 하던 것 곧
우리와 우리 선조와 우리 왕들과
우리 고관들이 유다 성읍들과 예
루살렘 거리에서 하던 대로 하늘의
여왕에게 분향하고 그 앞에 전제
를 드리리라 그 때에는 우리가 먹
을 것이 풍부하며 복을 받고 재난
을 당하지 아니하였더니
18 우리가 하늘의 여왕에게 분향하고
그 앞에 전제 드리던 것을 폐한 후
부터는 모든 것이 궁핍하고 칼과
기근에 멸망을 당하였느니라 하며
19 여인들은 이르되 우리가 하늘의 여
왕에게 분향하고 그 앞에 전제를
드릴 때에 어찌 우리 남편의 허락
이 없이 그의 형상과 같은 과자를
만들어 놓고 전제를 드렸느냐 하는
지라
20 예레미야가 남녀 모든 무리 곧 이
말로 대답하는 모든 백성에게 일러
이르되
21 너희가 너희 선조와 너희 왕들과
고관들과 유다 땅 백성이 유다 성
읍들과 예루살렘 거리에서 분향한
일을 야훼께서 기억하셨고 그의 마
음에 떠오른 것이 아닌가
22 야훼께서 너희 악행과 가증한 행위
를 더 참을 수 없으셨으므로 너희
땅이 오늘과 같이 황폐하며 놀램과
저줏거리가 되어 주민이 없게 되었
나니
23 너희가 분향하여 야훼께 범죄하였
으며 야훼의 목소리를 순종하지 아
니하고 야훼의 율법과 법규와 여러
증거대로 행하지 아니하였으므로
이 재난이 오늘과 같이 너희에게
임하였느니라
24 예레미야가 다시 모든 백성과 모든
여인에게 말하되 애굽 땅에서 사는
모든 유다 사람이여 야훼의 말씀을
들으라
25 만군의 야훼 이스라엘의 하나님께
서 이와 같이 말씀하시되 너희와
너희 아내들이 입으로 말하고 손으
로 이루려 하여 이르기를 우리가 서
원한 대로 반드시 이행하여 하늘의
여왕에게 분향하고 전제를 드리리
라 하였은즉 너희 서원을 성취하며
너희 서원을 이행하라 하시느니라
26 그러므로 애굽 땅에서 사는 모든
유다 사람이여 야훼의 말씀을 들으
라 야훼께서 말씀하시되 보라 내가
나의 큰 이름으로 맹세하였은즉 애
굽 온 땅에 사는 유다 사람들의 입
에서 다시는 내 이름을 부르며 주
야훼의 살아 계심을 두고 맹세하노
라 하는 자가 없으리라
27 보라 내가 깨어 있어 그들에게 재
난을 내리고 복을 내리지 아니하리

기록일 : . . .

니 애굽 땅에 있는 유다 모든 사람
이 칼과 기근에 망하여 멸절되리라
28 그런즉 칼을 피한 소수의 사람이
애굽 땅에서 나와 유다 땅으로 돌
아오리니 애굽 땅에 들어가서 거기
에 머물러 사는 유다의 모든 남은
자가 내 말과 그들의 말 가운데서
누구의 말이 진리인지 알리라
29 야훼의 말씀이니라 내가 이 곳에서
너희를 벌할 표징이 이것이라 내가
너희에게 재난을 내리리라 한 말이
반드시 이루어질 것을 그것으로 알
게 하리라
30 보라 내가 유다의 시드기야 왕을
그의 원수 곧 그의 생명을 찾는 바
벨론의 느부갓네살 왕의 손에 넘긴
것 같이 애굽의 바로 호브라 왕을
그의 원수들 곧 그의 생명을 찾는
자들의 손에 넘겨 주리라 야훼께서
이와 같이 말씀하셨느니라

45 유다의 요시야 왕의 아들 여호야
김 넷째 해에 네리야의 아들 바룩
이 예레미야가 불러 주는 대로 이
모든 말을 책에 기록하니라 그 때
에 선지자 예레미야가 그에게 말하
여 이르되
2 바룩아 이스라엘의 하나님 야훼께
서 네게 이같이 말씀하셨느니라
3 네가 일찍이 말하기를 화로다 야
훼께서 나의 고통에 슬픔을 더하셨
으니 나는 나의 탄식으로 피곤하여
평안을 찾지 못하도다
4 너는 그에게 이르라 야훼께서 이와
같이 말씀하시기를 보라 나는 내가
세운 것을 헐기도 하며 내가 심은
것을 뽑기도 하나니 온 땅에 그리
하겠거늘
5 네가 너를 위하여 큰 일을 찾느냐
그것을 찾지 말라 보라 내가 모든
육체에 재난을 내리리라 그러나 네
가 가는 모든 곳에서는 내가 너에
게 네 생명을 노략물 주듯 하리라
야훼의 말씀이니라

46 이방 나라들에 대하여 선지자 예
레미야에게 임한 야훼의 말씀이라
2 애굽에 관한 것이라 곧 유다의 요
시야 왕의 아들 여호야김 넷째 해
에 유브라데 강 가 갈그미스에서
바벨론의 느부갓네살 왕에게 패한
애굽의 왕 바로느고의 군대에 대한
말씀이라
3 너희는 작은 방패와 큰 방패를 예
비하고 나가서 싸우라
4 너희 기병이여 말에 안장을 지워 타
며 투구를 쓰고 나서며 창을 갈며
갑옷을 입으라
5 야훼의 말씀이니라 내가 본즉 그
들이 놀라 물러가며 그들의 용사는
패하여 황급히 도망하며 뒤를 돌아
보지 아니함은 어찌이냐 두려움이

기록일 : . . .

그들의 사방에 있음이로다
6 발이 빠른 자도 도망하지 못하며
용사도 피하지 못하고 그들이 다
북쪽에서 유브라데 강 가에 넘어지
며 엎드러지는도다
7 강의 물이 출렁임 같고 나일 강이
불어남 같은 자가 누구냐
8 애굽은 나일 강이 불어남 같고 강
물이 출렁임 같도다 그가 이르되
내가 일어나 땅을 덮어 성읍들과
그 주민을 멸할 것이라
9 말들아 달려라 병거들아 정신 없이
달려라 용사여 나오라 방패 잡은
구스 사람과 붓 사람과 활을 당기
는 루딤 사람이여 나올지니라 하거
니와
10 그 날은 주 만군의 야훼께서 그의
대적에게 원수 갚는 보복일이라 칼
이 배부르게 삼키며 그들의 피를
넘치도록 마시리니 주 만군의 야훼
께서 북쪽 유브라데 강 가에서 희
생제물을 받으실 것임이로다
11 처녀 딸 애굽이여 길르앗으로 올라
가서 유향을 취하라 네가 치료를
많이 받아도 효력이 없어 낫지 못하
리라
12 네 수치가 나라들에 들렸고 네 부
르짖음은 땅에 가득하였나니 용사
가 용사에게 걸려 넘어져 둘이 함
께 엎드러졌음이라
13 바벨론의 느부갓네살 왕이 와서
애굽 땅을 칠 일에 대하여 선지자
예레미야에게 이르신 야훼의 말씀
이라
14 너희는 애굽에 선포하며 믹돌과 놉
과 다바네스에 선포하여 말하기를
너희는 굳건히 서서 준비하라 네 사
방이 칼에 삼키웠느니라
15 너희 장사들이 쓰러짐은 어찌함이
냐 그들이 서지 못함은 야훼께서
그들을 몰아내신 까닭이니라
16 그가 많은 사람을 넘어지게 하시
매 사람이 사람 위에 엎드러지며 이
르되 일어나라 우리가 포악한 칼을
피하여 우리 민족에게로, 우리 고향
으로 돌아가자 하도다
17 그들이 그 곳에서 부르짖기를 애굽
의 바로 왕이 망하였도다 그가 기
회를 놓쳤도다
18 만군의 야훼라 일컫는 왕이 이르시
되 나의 삶으로 맹세하노니 그가
과연 산들 중의 다볼 같이, 해변의
갈멜 같이 오리라
19 애굽에 사는 딸이여 너는 너를 위
하여 포로의 짐을 꾸리라 놉이 황
무하며 불에 타서 주민이 없을 것임
이라
20 애굽은 심히 아름다운 암송아지일
지라도 북으로부터 쇠파리 떼가 줄
곧 오리라

기록일 : . . .

21 또 그 중의 고용꾼은 살진 수송아
지 같아서 돌이켜 함께 도망하고
서지 못하였나니 재난의 날이 이르
렀고 벌 받는 때가 왔음이라
22 애굽의 소리가 뱀의 소리 같으리니
이는 그들의 군대가 벌목하는 자
같이 도끼를 가지고 올 것임이라
23 야훼의 말씀이니라 그들이 황충보
다 많아서 셀 수 없으므로 조사할
수 없는 그의 수풀을 찍을 것이라
24 딸 애굽이 수치를 당하여 북쪽 백
성의 손에 붙임을 당하리로다
25 만군의 야훼 이스라엘의 하나님께
서 말씀하시니라 보라 내가 노의
아몬과 바로와 애굽과 애굽 신들과
왕들 곧 바로와 및 그를 의지하는
자들을 벌할 것이라
26 내가 그들의 생명을 노리는 자의
손 곧 바벨론의 느부갓네살 왕의
손과 그 종들의 손에 넘기리라 그
럴지라도 그 후에는 그 땅이 이전
같이 사람 살 곳이 되리라 야훼의
말씀이니라
27 내 종 야곱아 두려워하지 말라 이
스라엘아 놀라지 말라 보라 내가
너를 먼 곳에서 구원하며 네 자손
을 포로된 땅에서 구원하리니 야곱
이 돌아와서 평안하며 걱정 없이 살
게 될 것이라 그를 두렵게 할 자 없
으리라
28 야훼의 말씀이니라 내 종 야곱아
내가 너와 함께 있나니 두려워하
지 말라 내가 너를 흩었던 그 나라
들은 다 멸할지라도 너는 사라지지
아니하리라 내가 너를 법도대로 징
계할 것이요 결코 무죄한 자로 여
기지 아니하리라 하시니라

47

바로가 가사를 치기 전에 블레셋
사람에 대하여 선지자 예레미야에
게 임한 야훼의 말씀이라
2 야훼께서 이와 같이 말씀하시되 보
라 물이 북쪽에서 일어나 물결치는
시내를 이루어 그 땅과 그 중에 있
는 모든 것과 그 성읍과 거기에 사
는 자들을 휩쓸리니 사람들이 부르
짖으며 그 땅 모든 주민이 울부짖
으리라
3 군마의 발굽 소리와 달리는 병거
바퀴가 진동하는 소리 때문에 아버
지의 손맥이 풀려서 자기의 자녀를
돌보지 못하리니
4 이는 블레셋 사람을 유린하시며 두
로와 시돈에 남아 있는 바 도와 줄
자를 다 끊어 버리시는 날이 올 것
임이라 야훼께서 갑돌 섬에 남아
있는 블레셋 사람을 유린하시리라
5 가사는 대머리가 되었고 아스글론
과 그들에게 남아 있는 평지가 잠
잠하게 되었나니 네가 네 몸 베기
를 어느 때까지 하겠느냐

기록일 : . . .

6 오호라 야훼의 칼이여 네가 언제까
지 쉬지 않겠느냐 네 칼집에 들어
가서 가만히 쉴지어다
7 야훼께서 이를 명령하셨은즉 어떻
게 잠잠하며 쉬겠느냐 아스글론과
해변을 치려 하여 그가 정하셨느니
라 하니라

48 모압에 관한 것이라 만군의 야훼
이스라엘의 하나님께서 이와 같이
말씀하시되 오호라 느보여 그가 유
린 당하였도다 기랴다임이 수치를
당하여 점령되었고 미스갑이 수치
를 당하여 파괴되었으니
2 모압의 찬송 소리가 없어졌도다 헤
스본에서 무리가 그를 해하려고 악
을 도모하고 이르기를 와서 그를
끊어서 나라를 이루지 못하게 하자
하는도다 맛멘이여 너도 조용하게
되리니 칼이 너를 뒤쫓아 가리라
3 호로나임에서 부르짖는 소리여 황
폐와 큰 파멸이로다
4 모압이 멸망을 당하여 그 어린이들
의 부르짖음이 들리는도다
5 그들이 루힛 언덕으로 올라가면서
울고 호로나임 내리막 길에서 파멸
의 고통스런 울부짖음을 듣는도다
6 도망하여 네 생명을 구원하여 광야
의 노간주나무 같이 될지어다
7 네가 네 업적과 보물을 의뢰하므로
너도 정복을 당할 것이요 그모스는
그의 제사장들과 고관들과 함께 포
로되어 갈 것이라
8 파멸하는 자가 각 성읍에 이를 것
인즉 한 성읍도 면하지 못할 것이며
골짜기가 멸망하였으며 평지는 파
멸되어 야훼의 말씀과 같으리로다
9 모압에 날개를 주어 날아 피하게
하라 그 성읍들이 황폐하여 거기에
사는 자가 없으리로다
10 야훼의 일을 게을리 하는 자는 저
주를 받을 것이요 자기 칼을 금하
여 피를 흘리지 아니하는 자도 저주
를 받을 것이로다
11 모압은 젊은 시절부터 평안하고 포
로도 되지 아니하였으므로 마치 술
이 그 찌끼 위에 있고 이 그릇에서
저 그릇으로 옮기지 않음 같아서
그 맛이 남아 있고 냄새가 변하지
아니하였도다
12 그러므로 야훼께서 말씀하시니라
날이 이르리니 내가 술을 옮겨 담
는 사람을 보낼 것이라 그들이 기
울여서 그 그릇을 비게 하고 그 병
들을 부수리니
13 이스라엘 집이 벧엘을 의뢰하므로
수치를 당한 것 같이 모압이 그모
스로 말미암아 수치를 당하리로다
14 너희가 어찌하여 말하기를 우리는
용사요 능란한 전사라 하느냐
15 만군의 야훼라 일컫는 왕께서 이와

기록일 : . . .

같이 말하노라 모압이 황폐하였도
다 그 성읍들은 사라졌고 그 선택
받은 장정들은 내려가서 죽임을 당
하니
16 모압의 재난이 가까웠고 그 고난이
속히 닥치리로다
17 그의 사면에 있는 모든 자여, 그의
이름을 아는 모든 자여, 그를 위로
하며 말하기를 어찌하여 강한 막대
기, 아름다운 지팡이가 부러졌는고
할지니라
18 디본에 사는 딸아 네 영화에서 내
려와 메마른 데 앉으라 모압을 파
멸하는 자가 올라와서 너를 쳐서
네 요새를 깨뜨렸음이로다
19 아로엘에 사는 여인이여 길 곁에 서
서 지키며 도망하는 자와 피하는
자에게 무슨 일이 생겼는지 물을지
어다
20 모압이 패하여 수치를 받나니 너희
는 울면서 부르짖으며 아르논 가에
서 이르기를 모압이 황폐하였다 할
지어다
21 심판이 평지에 이르렀나니 곧 홀론
과 야사와 메바앗과
22 디본과 느보와 벧디불라다임과
23 기랴다임과 벧가물과 벧므온과
24 그리욧과 보스라와 모압 땅 원근
모든 성읍에로다
25 모압의 뿔이 잘렸고 그 팔이 부러
졌도다 야훼의 말씀이니라
26 모압으로 취하게 할지어다 이는 그
가 야훼에 대하여 교만함이라 그가
그 토한 것에서 뒹굴므로 조롱 거
리가 되리로다
27 네가 이스라엘을 조롱하지 아니하
였느냐 그가 도둑 가운데에서 발견
되었느냐 네가 그를 말할 때마다
네 머리를 흔드는도다
28 모압 주민들아 너희는 성읍을 떠나
바위 사이에 살지어다 출입문 어귀
가장자리에 깃들이는 비둘기 같이
할지어다
29 우리가 모압의 교만을 들었나니 심
한 교만 곧 그의 자고와 오만과 자
랑과 그 마음의 거만이로다
30 야훼의 말씀이니라 내가 그의 노여
워함의 허탄함을 아노니 그가 자랑
하여도 아무 것도 성취하지 못하였
도다
31 그러므로 내가 모압을 위하여 울며
온 모압을 위하여 부르짖으리니 무
리가 길헤레스 사람을 위하여 신음
하리로다
32 십마의 포도나무여 너의 가지가 바
다를 넘어 야셀 바다까지 뻗었더니
너의 여름 과일과 포도 수확을 탈
취하는 자가 나타났으니 내가 너를
위하여 울기를 야셀이 우는 것보다
더하리로다

기록일 : . . .

33 기쁨과 환희가 옥토와 모압 땅에서
빼앗겼도다 내가 포도주 틀에 포도
주가 끊어지게 하리니 외치며 밟는
자가 없을 것이라 그 외침은 즐거
운 외침이 되지 못하리로다
34 헤스본에서 엘르알레를 지나 야하
스까지와 소알에서 호로나임을 지
나 에글랏 셀리시야에 이르는 지역
에 사는 사람들이 소리를 내어 부
르짖음은 니므림의 물도 황폐하였
음이로다
35 야훼의 말씀이라 모압 산당에서 제
사하며 그 신들에게 분향하는 자를
내가 끊어버리리라
36 그러므로 나의 마음이 모압을 위하
여 피리 같이 소리 내며 나의 마음
이 길헤레스 사람들을 위하여 피리
같이 소리 내나니 이는 그가 모은
재물이 없어졌음이라
37 모든 사람이 대머리가 되었고 모든
사람이 수염을 밀었으며 손에 칼자
국이 있고 허리에 굵은 베가 둘렸고
38 모압의 모든 지붕과 거리 각처에서
슬피 우는 소리가 들리니 내가 모
압을 마음에 들지 않는 그릇 같이
깨뜨렸음이라 야훼의 말씀이니라
39 어찌하여 모압이 파괴되었으며 어
찌하여 그들이 애곡하는가 모압이
부끄러워서 등을 돌렸도다 그런즉
모압이 그 사방 모든 사람의 조롱
거리와 공포의 대상이 되리로다
40 이는 야훼의 말씀이니라 보라 그가
독수리 같이 날아와서 모압 위에
그의 날개를 펴리라
41 성읍들이 점령을 당하며 요새가 함
락되는 날에 모압 용사의 마음이
진통하는 여인 같을 것이라
42 모압이 야훼를 거슬러 자만하였으
므로 멸망하고 다시 나라를 이루지
못하리로다
43 야훼의 말씀이니라 모압 주민아
두려움과 함정과 올무가 네게 다
치나니
44 두려움에서 도망하는 자는 함정에
떨어지겠고 함정에서 나오는 자는
올무에 걸리리니 이는 내가 모압이
벌 받을 해가 임하게 할 것임이라
야훼의 말씀이니라
45 도망하는 자들이 기진하여 헤스본
그늘 아래에 서니 이는 불이 헤스
본에서 나며 불길이 시혼 가운데
나서 모압의 살쩍과 떠드는 자들의
정수리를 사름이로다
46 모압이여 네게 화가 있도다 그모스
의 백성이 망하였도다 네 아들들은
사로잡혀 갔고 네 딸들은 포로가
되었도다
47 그러나 내가 마지막 날에 모압의 포
로를 돌려보내리라 야훼의 말씀이
니라 모압의 심판이 여기까지니라

기록일 : . . .

49 암몬 자손에 대한 말씀이라 야훼
께서 이와 같이 말씀하시되 이스라
엘이 자식이 없느냐 상속자가 없느
냐 말감이 갓을 점령하며 그 백성이
그 성읍들에 사는 것은 어찌 됨이냐
2 야훼의 말씀이니라 그러므로 보라
날이 이르리니 내가 전쟁 소리로 암
몬 자손의 랍바에 들리게 할 것이라
랍바는 폐허더미 언덕이 되겠고 그
마을들은 불에 탈 것이며 그 때에
이스라엘은 자기를 점령하였던 자
를 점령하리라 야훼의 말씀이니라
3 헤스본아 슬피 울지어다 아이가 황
폐하였도다 너희 랍바의 딸들아 부
르짖을지어다 굵은 베를 감고 애통
하며 울타리 가운데에서 허둥지둥
할지어다 말감과 그 제사장들과 그
고관들이 다 사로잡혀 가리로다
4 패역한 딸아 어찌하여 골짜기 곧
네 흐르는 골짜기를 자랑하느냐 네
가 어찌하여 재물을 의뢰하여 말
하기를 누가 내게 대적하여 오리요
하느냐
5 주 만군의 야훼의 말씀이니라 보라
내가 두려움을 네 사방에서 네게
오게 하리니 너희 각 사람이 앞으
로 쫓겨 나갈 것이요 도망하는 자
들을 모을 자가 없으리라
6 그러나 그 후에 내가 암몬 자손의
포로를 돌아가게 하리라 야훼의 말
씀이니라
7 에돔에 대한 말씀이라 만군의 야훼
께서 이와 같이 말씀하시되 데만에
다시는 지혜가 없게 되었느냐 명철
한 자에게 책략이 끊어졌느냐 그들
의 지혜가 없어졌느냐
8 드단 주민아 돌이켜 도망할지어다
깊은 곳에 숨을지어다 내가 에서의
재난을 그에게 닥치게 하여 그를
벌할 때가 이르게 하리로다
9 포도를 거두는 자들이 네게 이르면
약간의 열매도 남기지 아니하겠고
밤에 도둑이 오면 그 욕심이 차기
까지 멸하느니라
10 그러나 내가 에서의 옷을 벗겨 그
숨은 곳이 드러나게 하였나니 그가
그 몸을 숨길 수 없을 것이라 그 자
손과 형제와 이웃이 멸망하였은즉
그가 없어졌느니라
11 네 고아들을 버려도 내가 그들을
살리리라 네 과부들은 나를 의지할
것이니라
12 야훼께서 이와 같이 말씀하시니라
보라 술잔을 마시는 습관이 없는
자도 반드시 마시겠거든 네가 형벌
을 온전히 면하겠느냐 면하지 못하
리니 너는 반드시 마시리라
13 야훼의 말씀이니라 내가 나를 두고
맹세하노니 보스라가 놀램과 치욕
거리와 황폐함과 저줏거리가 될 것

기록일 : . . .

이요 그 모든 성읍이 영원히 황폐
하리라 하시니라
14 내가 야훼에게서부터 오는 소식을
들었노라 사절을 여러 나라 가운데
보내어 이르시되 너희는 모여와서
그를 치며 일어나서 싸우라
15 보라 내가 너를 여러 나라 가운데
에서 작아지게 하였고 사람들 가운
데에서 멸시를 받게 하였느니라
16 바위 틈에 살며 산꼭대기를 점령한
자여 스스로 두려운 자인 줄로 여
겼거나 네 마음의 교만이 너를 속였
도다 네가 독수리 같이 보금자리를
높은 데에 지었을지라도 내가 그리
로부터 너를 끌어내리리라 이는 야
훼의 말씀이니라
17 에돔이 공포의 대상이 되리니 그리
로 지나는 자마다 놀라며 그 모든
재앙으로 말미암아 탄식하리로다
18 야훼께서 말씀하시니라 소돔과 고
모라와 그 이웃 성읍들이 멸망한
것 같이 거기에 사는 사람이 없으며
그 가운데에 머물러 살 사람이 아
무도 없으리라
19 보라 사자가 요단 강의 깊은 숲에
서 나타나듯이 그가 와서 견고한
처소를 칠 것이라 내가 즉시 그들
을 거기에서 쫓아내고 택한 자를
내가 그 위에 세우리니 나와 같은
자 누구며 나와 더불어 다툴 자 누
구며 내 앞에 설 목자가 누구냐
20 그런즉 에돔에 대한 야훼의 의도와
데만 주민에 대하여 결심하신 야훼
의 계획을 들으라 양 떼의 어린 것
들을 그들이 반드시 끌고 다니며
괴롭히고 그 처소로 황폐하게 하지
않으랴
21 그들이 넘어지는 소리에 땅이 진동
하며 그가 부르짖는 소리는 홍해에
들리리라
22 보라 원수가 독수리 같이 날아와서
그의 날개를 보스라 위에 펴는 그
날에 에돔 용사의 마음이 진통하는
여인 같이 되리라 하시니라
23 다메섹에 대한 말씀이라 하맛과 아
르밧이 수치를 당하리니 이는 흉한
소문을 듣고 낙담함이니라 바닷가
에서 비틀거리며 평안이 없도다
24 다메섹이 피곤하여 몸을 돌이켜 달
아나려 하나 떨림이 그를 움켜잡고
해산하는 여인 같이 고통과 슬픔이
그를 사로잡았도다
25 어찌하여 찬송의 성읍, 나의 즐거
운 성읍이 버린 것이 되었느냐
26 이는 만군의 야훼의 말씀이니라 그
런즉 그 날에 그의 장정들은 그 거
리에 엎드러지겠고 모든 군사는 멸
절될 것이며
27 내가 다메섹의 성벽에 불을 지르리
니 벤하닷의 궁전이 불타리라

28 바벨론의 느부갓네살 왕에게 공격
을 받은 게달과 하솔 나라들에 대
한 말씀이라 야훼께서 이와 같이
말씀하시되 너희는 일어나 게달로
올라가서 동방 자손들을 황폐하게
하라
29 너희는 그들의 장막과 양 떼를 빼
앗으며 휘장과 모든 기구와 낙타를
빼앗아다가 소유로 삼고 그들을 향
하여 외치기를 두려움이 사방에 있
다 할지니라
30 야훼의 말씀이니라 하솔 주민아 도
망하라 멀리 가서 깊은 곳에 살라
이는 바벨론의 느부갓네살 왕이 너
를 칠 모략과 너를 칠 계책을 세웠
음이라
31 야훼의 말씀이니라 너는 일어나 고
요하고도 평안히 사는 백성 곧 성
문이나 문빗장이 없이 홀로 사는
국민을 치라
32 그들의 낙타들은 노략물이 되겠고
그들의 많은 가축은 탈취를 당할 것
이라 내가 그 살쩍을 깎는 자들을
사면에 흩고 그 재난을 여러 곳에서
오게 하리라 야훼의 말씀이니라
33 하솔은 큰 뱀의 거처가 되어 영원
히 황폐하리니 거기 사는 사람이나
그 가운데에 머물러 사는 사람이
아무도 없게 되리라 하시니라
34 유다 왕 시드기야가 즉위한 지 오
래지 아니하여서 엘람에 대한 야훼
의 말씀이 선지자 예레미야에게 임
하여 이르시되
35 만군의 야훼가 이같이 말하노라 보
라 내가 엘람의 힘의 으뜸가는 활
을 꺾을 것이요
36 하늘의 사방에서부터 사방 바람을
엘람에 오게 하여 그들을 사방으로
흩으리니 엘람에서 쫓겨난 자가 가
지 않는 나라가 없으리라
37 야훼의 말씀이니라 내가 엘람으로
그의 원수의 앞, 그의 생명을 노리
는 자의 앞에서 놀라게 할 것이며
내가 재앙 곧 나의 진노를 그들 위
에 내릴 것이며 내가 또 그 뒤로 칼
을 보내어 그들을 멸망시키리라
38 내가 나의 보좌를 엘람에 주고 왕
과 고관들을 그 곳에서 멸하리라
야훼의 말씀이니라
39 그러나 말일에 이르러 내가 엘람의
포로를 돌아가게 하리라 야훼의 말
씀이니라

50 야훼께서 선지자 예레미야에게
바벨론과 갈대아 사람의 땅에 대하
여 하신 말씀이라
2 너희는 나라들 가운데에 전파하라
공포하라 깃발을 세우라 숨김이 없
이 공포하여 이르라 바벨론이 함락
되고 벨이 수치를 당하며 므로닥이
부스러지며 그 신상들은 수치를 당

기록일 : . . .

하며 우상들은 부스러진다 하라
3 이는 한 나라가 북쪽에서 나와서
그를 쳐서 그 땅으로 황폐하게 하
여 그 가운데에 사는 자가 없게 할
것임이라 사람이나 짐승이 다 도망
할 것임이니라
4 야훼의 말씀이니라 그 날 그 때에
이스라엘 자손이 돌아오며 유다 자
손도 함께 돌아오되 그들이 울면서
그 길을 가며 그의 하나님 야훼께
구할 것이며
5 그들이 그 얼굴을 시온으로 향하여
그 길을 물으며 말하기를 너희는
오라 잊을 수 없는 영원한 언약으
로 야훼와 연합하라 하리라
6 내 백성은 잃어 버린 양 떼로다 그
목자들이 그들을 곁길로 가게 하여
산으로 돌이키게 하였으므로 그들
이 산에서 언덕으로 돌아다니며 쉴
곳을 잊었도다
7 그들을 만나는 자들은 그들을 삼키
며 그의 대적은 말하기를 그들이 야
훼 곧 의로운 처소시며 그의 조상들
의 소망이신 야훼께 범죄하였음인
즉 우리는 무죄하다 하였느니라
8 너희는 바벨론 가운데에서 도망하
라 갈대아 사람의 땅에서 나오라
양 떼에 앞서가는 숫염소 같이 하라
9 보라 내가 큰 민족의 무리를 북쪽
에서 올라오게 하여 바벨론을 대항
하게 하리니 그들이 대열을 벌이고
쳐서 정복할 것이라 그들의 화살은
노련한 용사의 화살 같아서 허공을
치지 아니하리라
10 갈대아가 약탈을 당할 것이라 그를
약탈하는 자마다 만족하리라 야훼
의 말씀이니라
11 나의 소유를 노략하는 자여 너희가
즐거워하며 기뻐하고 타작하는 송
아지 같이 발굽을 구르며 군마 같
이 우는도다
12 그러므로 너희의 어머니가 큰 수치
를 당하리라 너희를 낳은 자가 치
욕을 당하리라 보라 그가 나라들
가운데의 마지막과 광야와 마른 땅
과 거친 계곡이 될 것이며
13 야훼의 진노로 말미암아 주민이 없
어 완전히 황무지가 될 것이라 바벨
론을 지나가는 자마다 그 모든 재
난에 놀라며 탄식하리로다
14 바벨론을 둘러 대열을 벌이고 활을
당기는 모든 자여 화살을 아끼지
말고 쏘라 그가 야훼께 범죄하였음
이라
15 그 주위에서 고함을 지르리로다 그
가 항복하였고 그 요새는 무너졌고
그 성벽은 허물어졌으니 이는 야훼
께서 그가 행한 대로 그에게 내리
시는 보복이라 그가 행한 대로 그
에게 갚으시는도다

기록일 : . . .

16 파종하는 자와 추수 때에 낫을 잡
은 자를 바벨론에서 끊어 버리라
사람들이 그 압박하는 칼을 두려워
하여 각기 동족에게로 돌아가며 고
향으로 도망하리라
17 이스라엘은 흩어진 양이라 사자들
이 그를 따르도다 처음에는 앗수르
왕이 먹었고 다음에는 바벨론의 느
부갓네살 왕이 그의 뼈를 꺾도다
18 그러므로 만군의 야훼 이스라엘의
하나님이 이와 같이 말하노라 보라
내가 앗수르의 왕을 벌한 것 같이
바벨론의 왕과 그 땅을 벌하고
19 이스라엘을 다시 그의 목장으로 돌
아가게 하리니 그가 갈멜과 바산에
서 양을 기를 것이며 그의 마음이
에브라임과 길르앗 산에서 만족하
리라
20 야훼의 말씀이니라 그 날 그 때에
는 이스라엘의 죄악을 찾을지라도
없겠고 유다의 죄를 찾을지라도 찾
아내지 못하리니 이는 내가 남긴
자를 용서할 것임이라
21 이는 야훼의 말씀이니라 너희는 올
라가서 므라다임의 땅을 치며 브곳
의 주민을 쳐서 진멸하되 내가 너희
에게 명령한 대로 다하라
22 그 땅에 싸움의 소리와 큰 파멸이
있으리라
23 온 세계의 망치가 어찌 그리 꺾여
부서졌는고 바벨론이 어찌 그리 나
라들 가운데에 황무지가 되었는고
24 바벨론아 내가 너를 잡으려고 올
무를 놓았더니 네가 깨닫지 못하여
걸렸고 네가 야훼와 싸웠으므로 발
각되어 잡혔도다
25 야훼께서 그의 병기창을 열고 분노
의 무기를 꺼냄은 주 만군의 야훼
께서 갈대아 사람의 땅에 행할 일
이 있음이라
26 먼 곳에 있는 너희는 와서 그를 치
고 그의 곳간을 열고 그것을 곡식
더미처럼 쌓아 올려라 그를 진멸하
고 남기지 말라
27 그의 황소를 다 죽이라 그를 도살
하려 내려 보내라 그들에게 화 있
도다 그들의 날, 그 벌 받는 때가
이르렀음이로다
28 바벨론 땅에서 도피한 자의 소리여
시온에서 우리 하나님 야훼의 보복
하시는 것, 그의 성전의 보복하시는
것을 선포하는 소리로다
29 활 쏘는 자를 바벨론에 소집하라
활을 당기는 자여 그 사면으로 진
을 쳐서 피하는 자가 없게 하라 그
가 일한 대로 갚고 그가 행한 대로
그에게 갚으라 그가 이스라엘의 거
룩한 자 야훼를 향하여 교만하였음
이라
30 그러므로 그 날에 장정들이 그 거

기록일 : . . .

리에 엎드러지겠고 군사들이 멸절
되리라 야훼의 말씀이니라
31 주 만군의 야훼의 말씀이니라 교만
한 자여 보라 내가 너를 대적하나
니 너의 날 곧 내가 너를 벌할 때가
이르렀음이라
32 교만한 자가 걸려 넘어지겠고 그를
일으킬 자가 없을 것이며 내가 그의
성읍들에 불을 지르리니 그의 주위
에 있는 것을 다 삼키리라
33 만군의 야훼께서 이와 같이 말씀하
시니라 이스라엘 자손과 유다 자손
이 함께 학대를 받는도다 그들을
사로잡은 자는 다 그들을 붙들고
놓아 주지 아니하리라
34 그들의 구원자는 강하니 그의 이
름은 만군의 야훼라 반드시 그들
때문에 싸우시리니 그 땅에 평안
함을 주고 바벨론 주민은 불안하게
하리라
35 야훼의 말씀이니라 칼이 갈대아인
의 위에와 바벨론 주민의 위에와
그 고관들과 지혜로운 자의 위에
떨어지리라
36 칼이 자랑하는 자의 위에 떨어지리
니 그들이 어리석게 될 것이며 칼이
용사의 위에 떨어지리니 그들이 놀
랄 것이며
37 칼이 그들의 말들과 병거들과 그들
중에 있는 여러 민족의 위에 떨어
지리니 그들이 여인들 같이 될 것이
며 칼이 보물 위에 떨어지리니 그것
이 약탈되리라
38 가뭄이 물 위에 내리어 그것을 말
리리니 이는 그 땅이 조각한 신상
의 땅이요 그들은 무서운 것을 보
고 실성하였음이니라
39 그러므로 사막의 들짐승이 승냥이
와 함께 거기에 살겠고 타조도 그
가운데에 살 것이요 영원히 주민이
없으며 대대에 살 자가 없으리라
40 야훼의 말씀이니라 하나님께서 소
돔과 고모라와 그 이웃 성읍들을
뒤엎었듯이 거기에 사는 사람이 없
게 하며 그 가운데에 머물러 사는
사람이 아무도 없게 하시리라
41 보라 한 민족이 북쪽에서 오고 큰
나라와 여러 왕이 충동을 받아 땅
끝에서 일어나리니
42 그들은 활과 투창을 가진 자라 잔
인하여 불쌍히 여기지 아니하며 그
들의 목소리는 바다가 설레임 같도
다 딸 바벨론아 그들이 말을 타고
무사 같이 각기 네 앞에서 대열을
갖추었도다
43 바벨론의 왕이 그 소문을 듣고 손
이 약하여지며 고통에 사로잡혀 해
산하는 여인처럼 진통하는도다
44 보라 사자가 요단의 깊은 숲에서
나타나듯이 그가 와서 견고한 처소

기록일 : . . .

를 칠 것이라 내가 즉시 그들을 거
기에서 쫓아내고 택한 자를 내가
그 자리에 세우리니 나와 같은 자
누구며 출두하라고 나에게 명령할
자가 누구며 내 앞에 설 목자가 누
구냐
45 그런즉 바벨론에 대한 야훼의 계획
과 갈대아 사람의 땅에 대하여 품
은 야훼의 생각을 들으라 양 떼의
어린 것들을 그들이 반드시 끌어 가
고 그들의 초장을 황폐하게 하리니
46 바벨론이 약탈 당하는 소리에 땅이
진동하며 그 부르짖음이 나라들 가
운데에 들리리라 하시도다

51

야훼께서 이와 같이 말씀하시되
보라 내가 멸망시키는 자의 심령을
부추겨 바벨론을 치고 또 나를 대
적하는 자 중에 있는 자를 치되
2 내가 타국인을 바벨론에 보내어 키
질하여 그의 땅을 비게 하리니 재
난의 날에 그를 에워싸고 치리로다
3 활을 당기는 자를 향하며 갑옷을
입고 일어선 자를 향하여 쏘는 자
는 그의 활을 당길 것이라 그의 장
정들을 불쌍히 여기지 말며 그의
군대를 전멸시켜라
4 무리가 갈대아 사람의 땅에서 죽임
을 당하여 엎드러질 것이요 관통상
을 당한 자가 거리에 있으리라
5 이스라엘과 유다가 이스라엘의 거
룩하신 이를 거역하므로 죄과가 땅
에 가득하나 그의 하나님 만군의
야훼에게 버림 받은 홀아비는 아니
니라
6 바벨론 가운데서 도망하여 나와서
각기 생명을 구원하고 그의 죄악으
로 말미암아 끊어짐을 보지 말지어
다 이는 야훼의 보복의 때니 그에
게 보복하시리라
7 바벨론은 야훼의 손에 잡혀 있어
온 세계가 취하게 하는 금잔이라
뭇 민족이 그 포도주를 마심으로
미쳤도다
8 바벨론이 갑자기 넘어져 파멸되니
이로 말미암아 울라 그 상처를 위
하여 유향을 구하라 혹 나으리로다
9 우리가 바벨론을 치료하려 하여도
낫지 아니한즉 버리고 각기 고향으
로 돌아가자 그 화가 하늘에 미쳤
고 궁창에 달하였음이로다
10 야훼께서 우리 공의를 드러내셨으
니 오라 시온에서 우리 하나님 야
훼의 일을 선포하자
11 화살을 갈며 둥근 방패를 준비하라
야훼께서 메대 왕들의 마음을 부
추기사 바벨론을 멸하기로 뜻하시
나니 이는 야훼께서 보복하시는 것
곧 그의 성전을 위하여 보복하시는
것이라
12 바벨론 성벽을 향하여 깃발을 세우

고 튼튼히 지키며 파수꾼을 세우며
복병을 매복시켜 방비하라 이는 야
훼께서 바벨론 주민에 대하여 말
씀하신 대로 계획하시고 행하심이
로다
13 많은 물 가에 살면서 재물이 많은
너여 네 재물의 한계 곧 네 끝이 왔
도다
14 만군의 야훼께서 자기의 목숨을 두
고 맹세하시되 내가 진실로 사람을
메뚜기 같이 네게 가득하게 하리니
그들이 너를 향하여 환성을 높이리
라 하시도다
15 야훼께서 그의 능력으로 땅을 지으
셨고 그의 지혜로 세계를 세우셨고
그의 명철로 하늘들을 펴셨으며
16 그가 목소리를 내신즉 하늘에 많은
물이 생기나니 그는 땅 끝에서 구
름이 오르게 하시며 비를 위하여 번
개를 치게 하시며 그의 곳간에서
바람을 내시거늘
17 사람마다 어리석고 무식하도다 금
장색마다 자기가 만든 신상으로 말
미암아 수치를 당하나니 이는 그
부어 만든 우상은 거짓이요 그 속
에 생기가 없음이라
18 그것들은 헛된 것이요 조롱 거리이
니 징벌하시는 때에 멸망할 것이나
19 야곱의 분깃은 그와 같지 아니하시
니 그는 만물을 지으신 분이요 이
스라엘은 그의 소유인 지파라 그의
이름은 만군의 야훼시니라
20 야훼께서 이르시되 너는 나의 철퇴
곧 무기라 나는 네가 나라들을 분
쇄하며 네가 국가들을 멸하며
21 네가 말과 기마병을 분쇄하며 네가
병거와 병거대를 부수며
22 네가 남자와 여자를 분쇄하며 네가
노년과 유년을 분쇄하며 네가 청년
과 처녀를 분쇄하며
23 네가 목자와 그 양 떼를 분쇄하며
네가 농부와 그 멍엣소를 분쇄하며
네가 도백과 태수들을 분쇄하도록
하리로다
24 너희 눈 앞에서 그들이 시온에서
모든 악을 행한 대로 내가 바벨론
과 갈대아 모든 주민에게 갚으리라
야훼의 말씀이니라
25 야훼의 말씀이니라 온 세계를 멸하
는 멸망의 산아 보라 나는 네 원수
라 나의 손을 네 위에 펴서 너를 바
위에서 굴리고 너로 불 탄 산이 되
게 할 것이니
26 사람이 네게서 집 모퉁잇돌이나 기
촛돌을 취하지 아니할 것이요 너는
영원히 황무지가 될 것이니라 야훼
의 말씀이니라
27 땅에 깃발을 세우며 나라들 가운데
에 나팔을 불어서 나라들을 동원시
켜 그를 치며 아라랏과 민니와 아

기록일 : . . .

스그나스 나라를 불러 모아 그를
치며 사무관을 세우고 그를 치되
극성스런 메뚜기 같이 그 말들을
몰아오게 하라
28 곧 백성 곧 메대 사람의 왕들과 그
도백들과 그 모든 태수와 그 관할
하는 모든 땅을 준비시켜 그를 치
게 하라
29 땅이 진동하며 소용돌이치나니 이
는 야훼께서 바벨론을 쳐서 그 땅
으로 황폐하여 주민이 없게 할 계
획이 섰음이라
30 바벨론의 용사는 싸움을 그치고 그
들의 요새에 머무르나 기력이 쇠하
여 여인 같이 되며 그들의 거처는
불타고 그 문빗장은 부러졌으며
31 보발꾼은 보발꾼을 맞으려고 달리
며 전령은 전령을 맞으려고 달려가
바벨론의 왕에게 전하기를 그 성읍
사방이 함락되었으며
32 모든 나루는 빼앗겼으며 갈대밭이
불탔으며 군사들이 겁에 질렸더이
다 하리라
33 만군의 야훼 이스라엘의 하나님께
서 이와 같이 말씀하시되 딸 바벨
론은 때가 이른 타작 마당과 같은
지라 멀지 않아 추수 때가 이르리
라 하시도다
34 바벨론의 느부갓네살 왕이 나를 먹
으며 나를 멸하며 나를 빈 그릇이
되게 하며 큰 뱀 같이 나를 삼키며
나의 좋은 음식으로 그 배를 채우
고 나를 쫓아내었으니
35 내가 받은 폭행과 내 육체에 대한
학대가 바벨론에 돌아가기를 원한
다고 시온 주민이 말할 것이요 내
피 흘린 죄가 갈대아 주민에게로
돌아가기를 원한다고 예루살렘이
말하리라
36 그러므로 야훼께서 이와 같이 말씀
하시되 보라 내가 네 송사를 듣고
너를 위하여 보복하여 그의 바다를
말리며 그의 샘을 말리리니
37 바벨론이 돌무더기가 되어서 승냥
이의 거처와 혐오의 대상과 탄식
거리가 되고 주민이 없으리라
38 그들이 다 젊은 사자 같이 소리지
르며 새끼 사자 같이 으르렁거리며
39 열정이 일어날 때에 내가 연회를
베풀고 그들이 취하여 기뻐하다가
영원히 잠들어 깨지 못하게 하리라
야훼의 말씀이니라
40 내가 그들을 끌어내려서 어린 양과
숫양과 숫염소가 도살장으로 가는
것 같게 하리라
41 슬프다 세삭이 함락되었도다 온 세
상의 칭찬 받는 성읍이 빼앗겼도다
슬프다 바벨론이 나라들 가운데에
황폐하였도다
42 바다가 바벨론에 넘침이여 그 노도

기록일 : . . .

소리가 그 땅을 뒤덮었도다
43 그 성읍들은 황폐하여 마른 땅과
사막과 사람이 살지 않는 땅이 되
었으니 그리로 지나가는 사람이 없
도다
44 내가 벨을 바벨론에서 벌하고 그가
삼킨 것을 그의 입에서 끌어내리니
민족들이 다시는 그에게로 몰려가
지 아니하겠고 바벨론 성벽은 무너
졌도다
45 나의 백성아 너희는 그 중에서 나
와 각기 야훼의 진노를 피하라
46 너희 마음을 나약하게 말며 이 땅
에서 들리는 소문으로 말미암아 두
려워하지 말라 소문은 이 해에도
있겠고 저 해에도 있으리라 그 땅
에는 강포함이 있어 다스리는 자가
다스리는 자를 서로 치리라
47 그러므로 보라 날이 이르리니 내가
바벨론의 우상들을 벌할 것이라 그
온 땅이 치욕을 당하겠고 그 죽임
당할 자가 모두 그 가운데에 엎드
러질 것이며
48 하늘과 땅과 그 안에 있는 모든 것
이 바벨론으로 말미암아 기뻐 노래
하리니 이는 파멸시키는 자가 북쪽
에서 그에게 옴이라 야훼의 말씀이
니라
49 바벨론이 이스라엘을 죽여 엎드러
뜨림 같이 온 세상이 바벨론에서
죽임을 당하여 엎드러지리라
50 칼을 피한 자들이여 멈추지 말고 걸
어가라 먼 곳에서 야훼를 생각하며
예루살렘을 너희 마음에 두라
51 외국인이 야훼의 거룩한 성전에 들
어가므로 우리가 책망을 들으며 수
치를 당하여 모욕이 우리 얼굴을 덮
었느니라
52 보라 날이 이르리니 내가 그 우상
들을 벌할 것이라 부상자들이 그
땅에서 한숨을 지으리라 야훼의 말
씀이니라
53 가령 바벨론이 하늘까지 솟아오른
다 하자 높은 곳에 있는 피난처를
요새로 삼더라도 멸망시킬 자가 내
게로부터 그들에게 임하리라 야훼
의 말씀이니라
54 바벨론으로부터 부르짖는 소리가
들리도다 갈대아 사람의 땅에 큰
파멸의 소리가 들리도다
55 이는 야훼께서 바벨론을 황폐하
게 하사 그 큰 소리를 끊으심이로
다 원수는 많은 물 같이 그 파도가
사나우며 그 물결은 요란한 소리를
내는도다
56 곧 멸망시키는 자가 바벨론에 이르
렀음이라 그 용사들이 사로잡히고
그들의 활이 꺾이도다 야훼는 보복
의 하나님이시니 반드시 보응하시
리로다

기록일 : . . .

57 만군의 야훼라 일컫는 왕이 이와
같이 말씀하시되 내가 그 고관들과
지혜 있는 자들과 도백들과 태수들
과 용사들을 취하게 하리니 그들이
영원히 잠들어 깨어나지 못하리라
58 만군의 야훼께서 이와 같이 말씀
하시니라 바벨론의 성벽은 훼파되
겠고 그 높은 문들은 불에 탈 것이
며 백성들의 수고는 헛될 것이요 민
족들의 수고는 불탈 것인즉 그들이
쇠잔하리라
59 유다의 시드기야 왕 제사년에 마세
야의 손자 네리야의 아들 스라야가
그 왕과 함께 바벨론으로 갈 때에
선지자 예레미야가 그에게 말씀을
명령하니 스라야는 병참감이더라
60 예레미야가 바벨론에 닥칠 모든 재
난 곧 바벨론에 대하여 기록한 이
모든 말씀을 한 책에 기록하고
61 스라야에게 말하기를 너는 바벨론
에 이르거든 삼가 이 모든 말씀을
읽고
62 말하기를 야훼여 주께서 이 곳에
대하여 말씀하시기를 이 땅을 멸하
여 사람이나 짐승이 거기에 살지 못
하게 하고 영원한 폐허가 되리라
하셨나이다 하라 하니라
63 너는 이 책 읽기를 다한 후에 책에
돌을 매어 유브라데 강 속에 던지며
64 말하기를 바벨론이 나의 재난 때문
에 이같이 몰락하여 다시 일어서지
못하리니 그들이 피폐하리라 하라
하니라 예레미야의 말이 이에 끝나
니라

52

시드기야가 왕위에 오를 때에 나
이가 이십일 세라 예루살렘에서 십
일 년 동안 다스리니라 그의 어머니
의 이름은 하무달이라 립나인 예레
미야의 딸이더라
2 그가 여호야김의 모든 행위를 본받
아 야훼 보시기에 악을 행한지라
3 야훼께서 예루살렘과 유다에게 진
노하심이 그들을 자기 앞에서 쫓아
내시기까지 이르렀더라 시드기야가
바벨론 왕을 배반하니라
4 시드기야 제구년 열째 달 열째 날
에 바벨론 왕 느부갓네살이 그의
모든 군대를 거느리고 예루살렘을
치러 올라와서 그 성에 대하여 진을
치고 주위에 토성을 쌓으매
5 그 성이 시드기야 왕 제십일년까지
포위되었더라
6 그 해 넷째 달 구일에 성중에 기근
이 심하여 그 땅 백성의 양식이 떨
어졌더라
7 그 성벽이 파괴되매 모든 군사가
밤중에 그 성에서 나가 두 성벽 사
이 왕의 동산 곁문 길로 도망하여
갈대아인들이 그 성읍을 에워쌌으
므로 그들이 아라바 길로 가더니

기록일 : . . .

8 갈대아 군대가 그 왕을 뒤쫓아 가
서 여리고 평지에서 시드기야를 따
라 잡으매 왕의 모든 군대가 그를
떠나 흩어진지라
9 그들이 왕을 사로잡아 그를 하맛
땅 리블라에 있는 바벨론 왕에게로
끌고 가매 그가 시드기야를 심문하
더라
10 바벨론 왕이 시드기야의 아들들을
그의 눈 앞에서 죽이고 또 리블라
에서 유다의 모든 고관을 죽이며
11 시드기야의 두 눈을 빼고 놋사슬
로 그를 결박하여 바벨론 왕이 그
를 바벨론으로 끌고 가서 그가 죽
는 날까지 옥에 가두었더라
12 바벨론의 느부갓네살 왕의 열아홉
째 해 다섯째 달 열째 날에 바벨론
왕의 어전 사령관 느부사라단이 예
루살렘에 이르러
13 야훼의 성전과 왕궁을 불사르고 예
루살렘의 모든 집과 고관들의 집까
지 불살랐으며
14 사령관을 따르는 갈대아 사람의 모
든 군대가 예루살렘 사면 성벽을
헐었더라
15 사령관 느부사라단이 백성 중 가난
한 자와 성중에 남아 있는 백성과
바벨론 왕에게 항복한 자와 무리의
남은 자를 사로잡아 갔고
16 가난한 백성은 남겨 두어 포도원
을 관리하는 자와 농부가 되게 하
였더라
17 갈대아 사람은 또 야훼의 성전의
두 놋기둥과 받침들과 야훼의 성전
의 놋대야를 깨뜨려 그 놋을 바벨
론으로 가져갔고
18 가마들과 부삽들과 부집게들과 주
발들과 숟가락들과 섬길 때에 쓰는
모든 놋그릇을 다 가져갔고
19 사령관은 잔들과 화로들과 주발들
과 솥들과 촛대들과 숟가락들과
바리들 곧 금으로 만든 물건의 금
과 은으로 만든 물건의 은을 가져
갔더라
20 솔로몬 왕이 야훼의 성전을 위하여
만든 두 기둥과 한 바다와 그 받침
아래에 있는 열두 놋 소 곧 이 모든
기구의 놋 무게는 헤아릴 수 없었
더라
21 그 기둥은 한 기둥의 높이가 십팔
규빗이요 그 둘레는 십이 규빗이며
그 속이 비었고 그 두께는 네 손가
락 두께이며
22 기둥 위에 놋머리가 있어 그 높이가
다섯 규빗이요 머리 사면으로 돌아
가며 꾸민 망사와 석류가 다 놋이
며 또 다른 기둥에도 이런 모든 것
과 석류가 있었더라
23 그 사면에 있는 석류는 아흔여섯
개요 그 기둥에 둘린 그물 위에 있

기록일 : . . .

는 석류는 도합이 백 개이었더라
24 사령관이 대제사장 스라야와 부제
사장 스바냐와 성전 문지기 세 사
람을 사로잡고
25 또 성 안에서 사람을 사로잡았으니
곧 군사를 거느린 지휘관 한 사람
과 또 성중에서 만난 왕의 내시 칠
명과 군인을 감독하는 군 지휘관의
서기관 하나와 성 안에서 만난 평민
육십 명이라
26 사령관 느부사라단은 그들을 사로
잡아 리블라에 있는 바벨론의 왕에
게 나아가매
27 바벨론의 왕이 하맛 땅 리블라에서
다 쳐 죽였더라 이와 같이 유다가
사로잡혀 본국에서 떠났더라
28 느부갓네살이 사로잡아 간 백성은
이러하니라 제칠년에 유다인이 삼
천이십삼 명이요
29 느부갓네살의 열여덟째 해에 예루
살렘에서 사로잡아 간 자가 팔백삼
십이 명이요
30 느부갓네살의 제이십삼년에 사령관
느부사라단이 사로잡아 간 유다 사
람이 칠백사십오 명이니 그 총수가
사천육백 명이더라
31 유다 왕 여호야긴이 사로잡혀 간
지 삼십칠 년 곧 바벨론의 에윌므
로닥 왕의 즉위 원년 열두째 달 스
물다섯째 날 그가 유다의 여호야긴
왕의 머리를 들어 주었고 감옥에서
풀어 주었더라
32 그에게 친절하게 말하고 그의 자리
를 그와 함께 바벨론에 있는 왕들
의 자리보다 높이고
33 그 죄수의 의복을 갈아 입혔고 그
의 평생 동안 항상 왕의 앞에서 먹
게 하였으며
34 그가 날마다 쓸 것을 바벨론의 왕
에게서 받는 정량이 있었고 죽는
날까지 곧 종신토록 받았더라

기록일 : . . .

LAMENTATIONS

예레미야애가

저 자	예레미야
주 제	현재의 고난과 미래의 회복에 대한 소망
기록 목적	예레미야는 멸망한 예루살렘의 비참한 상황을 처절하게 노래하면서도 자비와 긍휼을 베푸시는 하나님을 바라보고 있다[3:22-32]. 본서는 절망에 처해 있는 유다 백성들에게 언약의 하나님께서 결코 당신의 백성을 버리지 않으신다는 소망을 주려는 데 그 목적을 두고 있다.
기록 배경	예레미야서 참조
특 징	• 애가의 구조는 5개의 슬픈 시로 구성되어 있는데, 그중 처음 4개의 시는 답관체각 구절의 첫 글자를 히브리 알파벳의 순서대로 배치하는 시작법로 되어 있다. 1장, 2장, 4장은 22절씩이며 각 구절의 첫 글자가 22개의 히브리 알파벳순으로 연결되어 있다. 3장은 66절로 구성되어 있는데 세 절씩 묶여 첫머리에 알파벳이 순서대로 등장하고 있다. • 본서의 절정을 이루고 있는 제3장은 하나님의 구원에 대한 희망을 가장 강렬하게 진술하고 있다.

나의 기도

예레미야애가

1 슬프다 이 성이여 전에는 사람들
이 많더니 이제는 어찌 그리 적막하
게 앉았는고 전에는 열국 중에 크
던 자가 이제는 과부 같이 되었고
전에는 열방 중에 공주였던 자가
이제는 강제 노동을 하는 자가 되
었도다
2 밤에는 슬피 우니 눈물이 뺨에 흐
름이여 사랑하던 자들 중에 그에게
위로하는 자가 없고 친구들도 다
배반하여 원수들이 되었도다
3 유다는 환난과 많은 고난 가운데에
사로잡혀 갔도다 그가 열국 가운데
에 거주하면서 쉴 곳을 얻지 못함이
여 그를 핍박하는 모든 자들이 궁
지에서 그를 뒤따라 잡았도다
4 시온의 도로들이 슬퍼함이여 절기
를 지키려 나아가는 사람이 없음이
로다 모든 성문들이 적막하며 제사
장들이 탄식하며 처녀들이 근심하
며 시온도 곤고를 받았도다
5 그의 대적들이 머리가 되고 그의
원수들이 형통함은 그의 죄가 많으
므로 야훼께서 그를 곤고하게 하셨
음이라 어린 자녀들이 대적에게 사
로잡혔도다
6 딸 시온의 모든 영광이 떠나감이여
그의 지도자들은 꼴을 찾지 못한
사슴들처럼 뒤쫓는 자 앞에서 힘없
이 달아났도다
7 예루살렘이 환난과 유리하는 고통
을 당하는 날에 옛날의 모든 즐거
움을 기억하였음이여 그의 백성이
대적의 손에 넘어졌으나 그를 돕는
자가 없었고 대적들은 그의 멸망을
비웃는도다
8 예루살렘이 크게 범죄함으로 조소
거리가 되었으니 전에 그에게 영광
을 돌리던 모든 사람이 그의 벗었
음을 보고 업신여김이여 그는 탄식
하며 물러가는도다
9 그의 더러운 것이 그의 옷깃에 묻어
있으나 그의 나중을 생각하지 아니
함이여 그러므로 놀랍도록 낮아져
도 그를 위로할 자가 없도다 야훼
여 원수가 스스로 큰 체하오니 나
의 환난을 감찰하소서
10 대적이 손을 펴서 그의 모든 보물
들을 빼앗았나이다 주께서 이미 이
방인들을 막아 주의 성회에 들어
오지 못하도록 명령하신 그 성소에
그들이 들어간 것을 예루살렘이 보
았나이다
11 그 모든 백성이 생명을 이으려고
보물로 먹을 것들을 바꾸었더니 지
금도 탄식하며 양식을 구하나이다

기록일 : . . .

나는 비천하오니 여호와여 나를 돌보
시옵소서
12 지나가는 모든 사람들이여 너희에
게는 관계가 없는가 나의 고통과
같은 고통이 있는가 볼지어다 여호와
께서 그의 진노하신 날에 나를 괴
롭게 하신 것이로다
13 높은 곳에서 나의 골수에 불을 보
내어 이기게 하시고 내 발 앞에 그
물을 치사 나로 물러가게 하셨음
이여 종일토록 나를 피곤하게 하여
황폐하게 하셨도다
14 내 죄악의 멍에를 그의 손으로 묶
고 얽어 내 목에 올리사 내 힘을 피
곤하게 하셨음이여 내가 감당할 수
없는 자의 손에 주께서 나를 넘기
셨도다
15 주께서 내 영토 안 나의 모든 용사
들을 없는 것 같이 여기시고 성회를
모아 내 청년들을 부수심이여 처녀
딸 유다를 내 주께서 술틀에 밟으
셨도다
16 이로 말미암아 내가 우니 내 눈에
눈물이 물 같이 흘러내림이여 나를
위로하여 내 생명을 회복시켜 줄
자가 멀리 떠났음이로다 원수들이
이기매 내 자녀들이 외롭도다
17 시온이 두 손을 폈으나 그를 위로
할 자가 없도다 여호와께서 야곱의
사방에 있는 자들에게 명령하여 야
곱의 대적들이 되게 하셨으니 예루
살렘은 그들 가운데에 있는 불결한
자가 되었도다
18 여호와는 의로우시도다 그러나 내가
그의 명령을 거역하였도다 너희 모
든 백성들아 내 말을 듣고 내 고통
을 볼지어다 나의 처녀들과 나의
청년들이 사로잡혀 갔도다
19 내가 내 사랑하는 자들을 불렀으나
그들은 나를 속였으며 나의 제사장
들과 장로들은 그들의 목숨을 회
복시킬 그들의 양식을 구하다가 성
가운데에서 기절하였도다
20 여호와여 보시옵소서 내가 환난을 당
하여 나의 애를 다 태우고 나의 마
음이 상하오니 나의 반역이 심히 큼
이니이다 밖에서는 칼이 내 아들을
빼앗아 가고 집 안에서는 죽음 같
은 것이 있나이다
21 그들이 내가 탄식하는 것을 들었으
나 나를 위로하는 자가 없으며 나
의 모든 원수들은 내가 재난 당하
는 것을 듣고 주께서 이렇게 행하
신 것을 기뻐하나이다 그러나 주께
서 그 선포하신 날을 이르게 하셔서
그들이 나와 같이 되게 하소서
22 그들의 모든 악을 주 앞에 가지고
오게 하시고 나의 모든 죄악들로
말미암아 내게 행하신 것 같이 그
들에게 행하옵소서 나의 탄식이 많

기록일 : . . .

고 나의 마음이 병들었나이다

2

슬프다 주께서 어찌 그리 진노하
사 딸 시온을 구름으로 덮으셨는
가 이스라엘의 아름다움을 하늘에
서 땅에 던지셨음이여 그의 진노의
날에 그의 발판을 기억하지 아니하
셨도다
2 주께서 야곱의 모든 거처들을 삼키
시고 긍휼히 여기지 아니하셨음이
여 노하사 딸 유다의 견고한 성채
들을 허물어 땅에 엎으시고 나라와
그 지도자들을 욕되게 하셨도다
3 맹렬한 진노로 이스라엘의 모든 뿔
을 자르셨음이여 원수 앞에서 그의
오른손을 뒤로 거두어 들이시고 맹
렬한 불이 사방으로 불사름 같이
야곱을 불사르셨도다
4 원수 같이 그의 활을 당기고 대적
처럼 그의 오른손을 들고 서서 눈
에 드는 아름다운 모든 사람을 죽
이셨음이여 딸 시온의 장막에 그의
노를 불처럼 쏟으셨도다
5 주께서 원수 같이 되어 이스라엘
을 삼키셨음이여 그 모든 궁궐들을
삼키셨고 견고한 성들을 무너뜨리
사 딸 유다에 근심과 애통을 더하
셨도다
6 주께서 그의 초막을 동산처럼 헐어
버리시며 그의 절기를 폐하셨도다
야훼께서 시온에서 절기와 안식일
을 잊어버리게 하시며 그가 진노하
사 왕과 제사장을 멸시하셨도다
7 야훼께서 또 자기 제단을 버리시며
자기 성소를 미워하시며 궁전의 성
벽들을 원수의 손에 넘기셨으매 그
들이 야훼의 전에서 떠들기를 절기
의 날과 같이 하였도다
8 야훼께서 딸 시온의 성벽을 헐기로
결심하시고 줄을 띠고 무너뜨리는
일에서 손을 거두지 아니하사 성벽
과 성곽으로 통곡하게 하셨으매 그
들이 함께 쇠하였도다
9 성문이 땅에 묻히며 빗장이 부서져
파괴되고 왕과 지도자들이 율법 없
는 이방인들 가운데에 있으며 그
성의 선지자들은 야훼의 묵시를 받
지 못하는도다
10 딸 시온의 장로들이 땅에 앉아 잠
잠하고 티끌을 머리에 덮어쓰고 굵
은 베를 허리에 둘렀음이여 예루살
렘 처녀들은 머리를 땅에 숙였도다
11 내 눈이 눈물에 상하며 내 창자가
끊어지며 내 간이 땅에 쏟아졌으니
이는 딸 내 백성이 패망하여 어린
자녀와 젖 먹는 아이들이 성읍 길거
리에 기절함이로다
12 그들이 성읍 길거리에서 상한 자처
럼 기절하여 그의 어머니들의 품에
서 혼이 떠날 때에 어머니들에게
이르기를 곡식과 포도주가 어디 있

기록일 : . . .

느냐 하도다
13 딸 예루살렘이여 내가 무엇으로 네
게 증거하며 무엇으로 네게 비유할
까 처녀 딸 시온이여 내가 무엇으
로 네게 비교하여 너를 위로할까
너의 파괴됨이 바다 같이 크니 누
가 너를 고쳐 줄소냐
14 네 선지자들이 네게 대하여 헛되고
어리석은 묵시를 보았으므로 네 죄
악을 드러내어서 네가 사로잡힌 것
을 돌이키지 못하였도다 그들이 거
짓 경고와 미혹하게 할 것만 보았
도다
15 모든 지나가는 자들이 다 너를 향
하여 박수치며 딸 예루살렘을 향하
여 비웃고 머리를 흔들며 말하기를
온전한 영광이라, 모든 세상 사람
들의 기쁨이라 일컫던 성이 이 성이
냐 하며
16 네 모든 원수들은 너를 향하여 그
들의 입을 벌리며 비웃고 이를 갈며
말하기를 우리가 그를 삼켰도다 우
리가 바라던 날이 과연 이 날이라
우리가 얻기도 하고 보기도 하였다
하도다
17 야훼께서 이미 정하신 일을 행하시
고 옛날에 명령하신 말씀을 다 이
루셨음이여 긍휼히 여기지 아니하
시고 무너뜨리사 원수가 너로 말미
암아 즐거워하게 하며 네 대적자들
의 뿔로 높이 들리게 하셨도다
18 그들의 마음이 주를 향하여 부르짖
기를 딸 시온의 성벽아 너는 밤낮
으로 눈물을 강처럼 흘릴지어다 스
스로 쉬지 말고 네 눈동자를 쉬게
하지 말지어다
19 초저녁에 일어나 부르짖을지어다
네 마음을 주의 얼굴 앞에 물 쏟듯
할지어다 각 길 어귀에서 주려 기진
한 네 어린 자녀들의 생명을 위하
여 주를 향하여 손을 들지어다 하
였도다
20 야훼여 보시옵소서 주께서 누구에
게 이같이 행하셨는지요 여인들이
어찌 자기 열매 곧 그들이 낳은 아
이들을 먹으오며 제사장들과 선지
자들이 어찌 주의 성소에서 죽임을
당하오리이까
21 늙은이와 젊은이가 다 길바닥에
엎드러졌사오며 내 처녀들과 내
청년들이 칼에 쓰러졌나이다 주께
서 주의 진노의 날에 죽이시되 긍휼
히 여기지 아니하시고 도륙하셨나
이다
22 주께서 내 두려운 일들을 사방에
서 부르시기를 절기 때 무리를 부
름 같이 하셨나이다 야훼께서 진노
하시는 날에는 피하거나 남은 자가
없나이다 내가 낳아 기르는 아이들
을 내 원수가 다 멸하였나이다

기록일 : . . .

3 야훼의 분노의 매로 말미암아 고
난 당한 자는 나로다
2 나를 이끌어 어둠 안에서 걸어가게
하시고 빛 안에서 걸어가지 못하게
하셨으며
3 종일토록 손을 들어 자주자주 나를
치시는도다
4 나의 살과 가죽을 쇠하게 하시며
나의 뼈들을 꺾으셨고
5 고통과 수고를 쌓아 나를 에우셨
으며
6 나를 어둠 속에 살게 하시기를 죽
은 지 오랜 자 같게 하셨도다
7 나를 둘러싸서 나가지 못하게 하시
고 내 사슬을 무겁게 하셨으며
8 내가 부르짖어 도움을 구하나 내
기도를 물리치시며
9 다듬은 돌을 쌓아 내 길들을 막으
사 내 길들을 굽게 하셨도다
10 그는 내게 대하여 엎드려 기다리는
곰과 은밀한 곳에 있는 사자 같으사
11 나의 길들로 치우치게 하시며 내
몸을 찢으시며 나를 적막하게 하셨
도다
12 활을 당겨 나를 화살의 과녁으로
삼으심이여
13 화살통의 화살들로 내 허리를 맞추
셨도다
14 나는 내 모든 백성에게 조롱거리
곧 종일토록 그들의 노랫거리가 되
었도다
15 나를 쓴 것들로 배불리시고 쑥으로
취하게 하셨으며
16 조약돌로 내 이들을 꺾으시고 재로
나를 덮으셨도다
17 주께서 내 심령이 평강에서 멀리 떠
나게 하시니 내가 복을 내어버렸음
이여
18 스스로 이르기를 나의 힘과 야훼께
대한 내 소망이 끊어졌다 하였도다
19 내 고초와 재난 곧 쑥과 담즙을 기
억하소서
20 내 마음이 그것을 기억하고 내가
낙심이 되오나
21 이것을 내가 내 마음에 담아 두었
더니 그것이 오히려 나의 소망이 되
었사옵은
22 야훼의 인자와 긍휼이 무궁하시므
로 우리가 진멸되지 아니함이니이다
23 이것들이 아침마다 새로우니 주의
성실하심이 크시도소이다
24 내 심령에 이르기를 야훼는 나의
기업이시니 그러므로 내가 그를 바
라리라 하도다
25 기다리는 자들에게나 구하는 영혼
들에게 야훼는 선하시도다
26 사람이 야훼의 구원을 바라고 잠잠
히 기다림이 좋도다
27 사람은 젊었을 때에 멍에를 메는
것이 좋으니

기록일 : . . .

28 혼자 앉아서 잠잠할 것은 주께서
그것을 그에게 메우셨음이라
29 그대의 입을 땅의 티끌에 댈지어다
혹시 소망이 있을지로다
30 자기를 치는 자에게 뺨을 돌려대어
치욕으로 배불릴지어다
31 이는 주께서 영원하도록 버리지 아
니하실 것임이며
32 그가 비록 근심하게 하시나 그의
풍부한 인자하심에 따라 긍휼히 여
기실 것임이라
33 주께서 인생으로 고생하게 하시며
근심하게 하심은 본심이 아니시로다
34 세상에 있는 모든 갇힌 자들을 발
로 밟는 것과
35 지존자의 얼굴 앞에서 사람의 재판
을 굽게 하는 것과
36 사람의 송사를 억울하게 하는 것은
다 주께서 기쁘게 보시는 것이 아
니로다
37 주의 명령이 아니면 누가 이것을 능
히 말하여 이루게 할 수 있으랴
38 화와 복이 지존자의 입으로부터 나
오지 아니하느냐
39 살아 있는 사람은 자기 죄들 때문
에 벌을 받나니 어찌 원망하랴
40 우리가 스스로 우리의 행위들을 조
사하고 야훼께로 돌아가자
41 우리의 마음과 손을 아울러 하늘에
계신 하나님께 들자
42 우리의 범죄함과 우리의 반역함을
주께서 사하지 아니하시고
43 진노로 자신을 가리시고 우리를 추
격하시며 죽이시고 긍휼을 베풀지
아니하셨나이다
44 주께서 구름으로 자신을 가리사 기
도가 상달되지 못하게 하시고
45 우리를 뭇 나라 가운데에서 쓰레기
와 폐물로 삼으셨으므로
46 우리의 모든 원수들이 우리를 향하
여 그들의 입을 크게 벌렸나이다
47 두려움과 함정과 파멸과 멸망이 우
리에게 임하였도다
48 딸 내 백성의 파멸로 말미암아 내
눈에는 눈물이 시내처럼 흐르도다
49 내 눈에 흐르는 눈물이 그치지 아
니하고 쉬지 아니함이여
50 야훼께서 하늘에서 살피시고 돌아
보실 때까지니라
51 나의 성읍의 모든 여자들을 내 눈
으로 보니 내 심령이 상하는도다
52 나의 원수들이 이유없이 나를 새처
럼 사냥하는도다
53 그들이 내 생명을 끊으려고 나를 구
덩이에 넣고 그 위에 돌을 던짐이여
54 물이 내 머리 위로 넘치니 내가 스
스로 이르기를 이제는 멸절되었다
하도다
55 야훼여 내가 심히 깊은 구덩이에서
주의 이름을 불렀나이다

기록일 : . . .

56 주께서 이미 나의 음성을 들으셨사
오니 이제 나의 탄식과 부르짖음에
주의 귀를 가리지 마옵소서
57 내가 주께 아뢴 날에 주께서 내게
가까이 하여 이르시되 두려워하지
말라 하셨나이다
58 주여 주께서 내 심령의 원통함을
풀어 주셨고 내 생명을 속량하셨나
이다
59 야훼여 나의 억울함을 보셨사오니
나를 위하여 원통함을 풀어주옵소서
60 그들이 내게 보복하며 나를 모해함
을 주께서 다 보셨나이다
61 야훼여 그들이 나를 비방하며 나를
모해하는 모든 것
62 곧 일어나 나를 치는 자들의 입술
에서 나오는 것들과 종일 나를 모
해하는 것들을 들으셨나이다
63 그들이 앉으나 서나 나를 조롱하여
노래하는 것을 주목하여 보옵소서
64 야훼여 주께서 그들의 손이 행한
대로 그들에게 보응하사
65 그들에게 거만한 마음을 주시고 그
들에게 저주를 내리소서
66 주께서 진노로 그들을 뒤쫓으사 야
훼의 하늘 아래에서 멸하소서

4 슬프다 어찌 그리 금이 빛을 잃고
순금이 변질하였으며 성소의 돌들
이 거리 어귀마다 쏟아졌는고
2 순금에 비할 만큼 보배로운 시온의
아들들이 어찌 그리 토기장이가 만
든 질항아리 같이 여김이 되었는고
3 들개들도 젖을 주어 그들의 새끼를
먹이나 딸 내 백성은 잔인하여 마
치 광야의 타조 같도다
4 젖먹이가 목말라서 혀가 입천장에
붙음이여 어린 아이들이 떡을 구하
나 떼어 줄 사람이 없도다
5 맛있는 음식을 먹던 자들이 외롭게
거리 거리에 있으며 이전에는 붉은
옷을 입고 자라난 자들이 이제는
거름더미를 안았도다
6 전에 소돔이 사람의 손을 대지 아
니하였는데도 순식간에 무너지더니
이제는 딸 내 백성의 죄가 소돔의
죄악보다 무겁도다
7 전에는 존귀한 자들의 몸이 눈보다
깨끗하고 젖보다 희며 산호들보다
붉어 그들의 윤택함이 갈아서 빛낸
청옥 같더니
8 이제는 그들의 얼굴이 숯보다 검고
그들의 가죽이 뼈들에 붙어 막대기
같이 말랐으니 어느 거리에서든지
알아볼 사람이 없도다
9 칼에 죽은 자들이 주려 죽은 자들
보다 나음은 토지 소산이 끊어지므
로 그들은 찔림 받은 자들처럼 점
점 쇠약하여 감이로다
10 딸 내 백성이 멸망할 때에 자비로
운 부녀들이 자기들의 손으로 자기

기록일 : . . .

들의 자녀들을 삶아 먹었도다
11 야훼께서 그의 분을 내시며 그의
맹렬한 진노를 쏟으심이여 시온에
불을 지르사 그 터를 사르셨도다
12 대적과 원수가 예루살렘 성문으로
들어갈 줄은 세상의 모든 왕들과 천
하 모든 백성이 믿지 못하였었도다
13 그의 선지자들의 죄들과 제사장들
의 죄악들 때문이니 그들이 성읍
안에서 의인들의 피를 흘렸도다
14 그들이 거리 거리에서 맹인 같이 방
황함이여 그들의 옷들이 피에 더러
워졌으므로 그들이 만질 수 없도다
15 사람들이 그들에게 외쳐 이르기를
저리 가라 부정하다, 저리 가라, 저
리 가라, 만지지 말라 하였음이여
그들이 도망하여 방황할 때에 이방
인들이 말하기를 그들이 다시는 여
기서 살지 못하리라 하였도다
16 야훼께서 노하여 그들을 흩으시고
다시는 돌보지 아니하시리니 그들
이 제사장들을 높이지 아니하였으
며 장로들을 대접하지 아니하였음
이로다
17 우리가 헛되이 도움을 바라므로 우
리의 눈이 상함이여 우리를 구원하
지 못할 나라를 바라보고 바라보았
도다
18 그들이 우리의 걸음을 엿보니 우리
가 거리마다 다 다닐 수 없음이여
우리의 끝이 가깝고 우리의 날들이
다하였으며 우리의 종말이 이르렀
도다
19 우리를 뒤쫓는 자들이 하늘의 독수
리들보다 빠름이여 산 꼭대기까지
도 뒤쫓으며 광야에서도 우리를 잡
으려고 매복하였도다
20 우리의 콧김 곧 야훼께서 기름 부
으신 자가 그들의 함정에 빠졌음이
여 우리가 그를 가리키며 전에 이
르기를 우리가 그의 그늘 아래에서
이방인들 중에 살겠다 하던 자로다
21 우스 땅에 사는 딸 에돔아 즐거워
하며 기뻐하라 잔이 네게도 이를지
니 네가 취하여 벌거벗으리라
22 딸 시온아 네 죄악의 형벌이 다하
였으니 주께서 다시는 너로 사로잡
혀 가지 아니하게 하시리로다 딸
에돔아 주께서 네 죄악을 벌하시며
네 허물을 드러내시리로다

5

야훼여 우리가 당한 것을 기억하
시고 우리가 받은 치욕을 살펴보옵
소서
2 우리의 기업이 외인들에게, 우리의
집들도 이방인들에게 돌아갔나이다
3 우리는 아버지 없는 고아들이오며
우리의 어머니는 과부들 같으니
4 우리가 은을 주고 물을 마시며 값
을 주고 나무들을 가져오며
5 우리를 뒤쫓는 자들이 우리의 목을

기록일 : . . .

눌렸사오니 우리가 기진하여 쉴 수
없나이다
6 우리가 애굽 사람과 앗수르 사람과
악수하고 양식을 얻어 배불리고자
하였나이다
7 우리의 조상들은 범죄하고 없어졌
으며 우리는 그들의 죄악을 담당하
였나이다
8 종들이 우리를 지배함이여 그들의
손에서 건져낼 자가 없나이다
9 광야에는 칼이 있으므로 죽기를 무
릅써야 양식을 얻사오니
10 굶주림의 열기로 말미암아 우리의
피부가 아궁이처럼 검으니이다
11 대적들이 시온에서 부녀들을, 유다
각 성읍에서 처녀들을 욕보였나이다
12 지도자들은 그들의 손에 매달리고
장로들의 얼굴도 존경을 받지 못하
나이다
13 청년들이 맷돌을 지며 아이들이 나
무를 지다가 엎드러지오며
14 노인들은 다시 성문에 앉지 못하며
청년들은 다시 노래하지 못하나이다
15 우리의 마음에는 기쁨이 그쳤고
우리의 춤은 변하여 슬픔이 되었사
오며
16 우리의 머리에서는 면류관이 떨어
졌사오니 오호라 우리의 범죄 때문
이니이다
17 이러므로 우리의 마음이 피곤하고
이러므로 우리 눈들이 어두우며
18 시온 산이 황폐하여 여우가 그 안
에서 노나이다
19 야훼여 주는 영원히 계시오며 주의
보좌는 대대에 이르나이다
20 주께서 어찌하여 우리를 영원히 잊
으시오며 우리를 이같이 오래 버리
시나이까
21 야훼여 우리를 주께로 돌이키소서
그리하시면 우리가 주께로 돌아가
겠사오니 우리의 날들을 다시 새롭
게 하사 옛적 같게 하옵소서
22 주께서 우리를 아주 버리셨사오며
우리에게 진노하심이 참으로 크시
니이다

기록일 : . . .

구약 7 : 이사야 - 예레미야애가

성령님과 함께 쓰는

은혜로운 필사성경 7

초판 1쇄 인쇄 2020년 5월 06일
초판 1쇄 발행 2020년 5월 27일

편 집 인 김호성
발 행 처 서울말씀사
출판등록 제2016-000172호
주 소 서울시 영등포구 은행로 55, 나동 9층
전 화 02) 846-9222
팩 스 02) 846-9225

MERCIFUL WRITING BIBLE